JN289177

現代経済システム論

Tsuruta Mitsuhiko
鶴田満彦［編著］

日本経済評論社

はしがき

　経済は，生き物であるといわれる．経済活動は，まぎれもない自然界の一生物である人間が織り成す営みのひとつなのだから，自然環境から自己の生存に必要な要素を摂取し，自己の生命圏のなかでそれらを消化・吸収しながら，みずから生存・成長・変容し，不要物を自然環境に排出するといった生物的振る舞いを示すのは当然である．もとより，人間は，単なる生物ではない．人間は，主観世界をもち，意識的に自然に働きかける「考える葦」（パスカル）であり，自然に働きかける際に生産手段をもってする「道具を作る動物」（B. フランクリン）であり，同時に，自然に働きかける際に相互に意識し，コミュニケートし合い，協働し合う「社会的動物」（アリストテレス）でもある．だからこそ，人間は自然界にひっそりと埋没しているのではなく，一方では「万物の霊長」として自動車やコンピュータや抗生物質といった自然の制約を超える生産物を作り出すとともに，他方では環境破壊や戦争によって地球とみずからの生命をも危殆におとしいれているのだ．

　近代資本主義経済は，18世紀後半から19世紀初葉にかけてのイギリス産業革命をつうじて確立し，1820年代からは，景気循環という独自の運動形態を展開して，19世紀中葉には資本主義としての必要最小限の運動機構を整備していた．この近代資本主義をイギリスを中心として分析し，資本主義一般の運動機構を明らかにしたのが，マルクス『資本論』である．しかし，マルクスの死後，19世紀末大不況を契機として，資本主義の独占化・寡占化がすすむとともに，米国，ドイツ，フランス，ロシア，日本などの「諸列強」化もすすんで，資本主義は，独占資本主義段階に入ることとなる．この独占資本主義やさらには両世界大戦を経た後の現代資本主義をも知っているわれわれは，自由競争的資本主義の独占資本主義への転化，独占資本主義の

構造，独占資本主義の現代資本主義への発展等を『資本論』にもとづいて，あるいは『資本論』とのなんらかの関連のもとに，説明しなければならないであろう．

『資本論』以後の資本主義を『資本論』にもとづいて説明するというのは，言うや易く行うに難しいのであるが，『資本論』自体，19世紀中葉の資本主義の「輪切り」の構造だけではなく，資本主義の発生・確立・成熟の歴史的発展をも明らかにすることをめざすものであった．したがって，『資本論』の随所には，生産手段の集中・独占化，労働の社会化といった，19世紀中葉にはまだ萌芽的状態にとどまっていたにせよ，資本主義の本性にもとづく「発展の萌芽」への言及が見られる．これらの「発展の萌芽」をも理論的根拠とし，さらには『資本論』以後の現実を分析することによって，独占資本主義論や現代資本主義論などの理論領域が可能となろう．

『資本論』的理論が，19世紀中葉のイギリス資本主義という限られた素材的根拠に立ちながら，およそ資本主義であるかぎりの無限定の時間と空間に適用可能性をもつのに対し，独占資本主義論や現代資本主義論は，資本主義のなかの有限の時間と空間にしか適用可能性をもたず，そこで取り扱う法則性や必然性も，『資本論』的理論のそれらとはレベルを異にしている．限られた時期の資本主義の，しかも地域的・国民的な多様性を明らかにする方法としては，経済システム論的アプローチが有用であると考えられる．

システム論は，もともと有機的生命体（生き物）を把握する方法であって，経済システム論は，社会システムを一定の自然的・歴史的環境のもとでの有機的生命体として把握し，そこには自己維持的・循環的要素と自己否定的・歴史的要素とがともに作動しているものと考える．経済システムは，社会システムのサブ・システムにほかならない．

経済システムを直接に動かしているものは，自然的・歴史的環境との相互作用と所与の制度のもとでの諸経済主体の行動である．したがって，諸経済システムの個性や特性は，自然的・歴史的環境，制度・慣行，および諸経済主体の行動様式とそれらの相互関係によって規定される．同じ資本主義とい

っても，環境，制度，諸経済主体の行動様式やそれらの相互依存関係によってさまざまな経済システムがありうる．またこのようなアプローチによって，資本主義システムと社会主義システムとの相違性と共通性も明らかとなる．

19世紀末に自由競争的資本主義が独占資本主義に移行して，独占資本主義の時代は1世紀を超えた．それは，自由競争的資本主義の時代よりはるかに長い．経済システム論的アプローチによって，独占資本主義そのものを，19世紀末から第1次大戦までの古典的独占資本主義，第2次大戦後から1970年代末までの国家独占資本主義，1970年代末以降のグローバル資本主義に分けて考えることもできるであろう．また，資本主義の地域的・国民的・文化的相違に注目すれば，市場優位のアングロ・サクソン型経済システム，社会優位の欧州型経済システム，企業優位の日本型経済システムという分類も可能であろう．いずれも試論の域を出るものではないにせよ，『資本論』にもとづき，『資本論』以後の資本主義を具体的に説明するうえで一定の有用性をもつものと考えられる．

本書は，上記のような観点に立って，現代資本主義の経済システムの歴史的発展方向を追究するとともに，その地域的・国民的な特質と変容形態とを明らかにしようとしたものであり，第Ⅰ部「現代経済システムの生成と展開」，第Ⅱ部「日本型経済システムの特質と変容」，第Ⅲ部「グローバル資本主義と比較経済システム」の3部からなっている．それぞれの部の役割と目標は，標題によっておのずから明らかであろう．

われわれが，現代経済システムの歴史的発展方向や地域的・国民的特性を分析するのは，単なる学問的関心によるばかりではない．旧ソ連型社会主義の成立と崩壊を含む激動に満ちた20世紀の歴史が示していることの1つは，人々に支持されない経済システムは必ず崩壊し，人々はその主体的・知的努力いかんによっては，より望ましい経済システムを選択できるということであった．現在の米国主導のグローバル資本主義は，ある意味では資本主義の本性を赤裸々に示すものであり，全世界を席巻しているようにもみえるが，それだけに全世界の人々の反発も強まっており，けっして不死身ではない．

より望ましい経済システムを求め，選択するためには，何よりも現在の経済システムの仕組みや発展方向を知らなければならないであろう．われわれは，そのような人々の主体的・知的努力への一助になるようにとの願望をもこめて本書を作成したのである．

　私事で恐縮ではあるが，私は，2005年3月末をもって40年間勤務した中央大学を定年退職することとなり，本書は，私の定年退職記念の性格をももっている．中央大学大学院商学研究科における私の演習を修了した工藤昌宏，上川孝夫，藤田実の3君が，私の定年退職を記念した本の作成を提案し，熱心に企画を練り上げてくれた．したがって，本書の実質的な編集者は上記の3君なのであるが，年長で，記念の当事者でもある私が，形のうえでは編著者の役割を引き受けさせていただいた次第である．

　したがって，本書の執筆者の大部分は，かつて中央大学大学院商学研究科でともに学んだ年下の研究仲間であり，それぞれに忙しいなか，本書の趣旨に賛同して執筆に協力を惜しまなかったかれらの変わらぬ友情に感謝したい．唯一の例外は，第III部第13章「社会主義システムの問題性と可能性」を担当された長砂實関西大学名誉教授である．本章については，当初の執筆予定者が教員行政職に就いて執筆不可能となったため，急遽，日本学術会議第17期で苦楽をともにした畏友長砂氏に執筆を依頼した次第である．突然の依頼を快諾して，期限内に力作をお寄せくださった長砂氏に心から感謝するとともに，同氏の参加によって，本書がいっそう充実したものになったと確信する．

　出版に当たっては，日本経済評論社の清達二氏のお世話になった．同氏の適切な督励ときわめて敏速な編集業務のお陰で，本書を計画どおりに刊行することができた．同氏のさまざまなご配慮に心からお礼を申し上げたい．

　2004年12月

鶴　田　満　彦

目　次

はしがき

第 I 部　現代経済システムの生成と展開　　　　　　　鶴田満彦

第 1 章　マルクス経済学と経済システム論 …………… 2

1. 既存社会主義の崩壊とマルクス経済学　　2
2. 『資本論』のエッセンス　　4
3. 労働価値論の意義　　6
4. 搾取論　　9
5. 資本主義の発展と経済システム論　　12

第 2 章　独占資本主義 ……………………………………… 18

1. はじめに　　18
2. 生産の集積と独占の形成　　19
   - (1) 諸資本の競争と資本の蓄積・集積・集中　19
   - (2) 生産の集積と参入障壁の形成　21
   - (3) 独占資本主義の確立　24
3. 金融資本と金融寡頭制　　28
   - (1) 株式会社における資本の集中と支配の集中　28
   - (2) 銀行の新しい役割　29
   - (3) 金融資本の支配構造：金融寡頭制　32

第3章　第2次世界大戦後の資本主義　　38

1. 第2次世界大戦後の歴史的諸条件　　38
2. 国家独占資本主義の確立　　41
3. 国際的枠組みの形成　　46
   - (1) ブレトン・ウッズ体制　46
   - (2) 多国籍企業の展開　50
   - (3) 経済の軍事化　52
4. 1970年代における転換　　55

第4章　グローバル資本主義　　62

1. グローバリゼーションの概念　　62
2. 現代グローバリゼーションの推進力　　65
3. グローバリゼーションと国民経済　　70
4. グローバル資本主義の矛盾　　74

第5章　21世紀の資本主義　　78

1. 20世紀社会主義の崩壊　　78
2. 21世紀資本主義の新地平　　80
3. 地球環境の制約　　82
4. 資本主義の倫理的限界　　84

コラム1　『独占資本主義分析序論』をめぐって　………　鈴木　健　87
コラム2　マルクス経済学数学化の試み　……………………　佐藤智秋　91

第II部　日本型経済システムの特質と変容

第6章　経済構造の変容とその帰結　……………………　工藤昌宏　96

1. 経済変動の実態　　96

2．経済停滞の要因　99
　3．経済構造の変容　102
　　(1) 産業再編成と格差の拡大　102
　　(2) 財政・金融構造の変容　104
　　(3) 労働市場と景気循環の変容　106
　4．経済危機の深化　107

第7章　金融のグローバル化と日本版ビッグバン … 山田博文　114

　1．金融のグローバル化と世界の金融再編成　114
　　(1) 金融ビジネスのグローバル化・情報化・ハイリスク化　114
　　(2) 世界各国で進展する金融再編成　116
　　(3) 浸透する米系多国籍投資銀行業の市場支配　117
　2．金融ビッグバンと金融システムの「将来ビジョン」　119
　　(1) 日本版金融ビッグバンの内容と背景　119
　　(2) 預金・貸出市場から証券市場へのシフト　121
　　(3) 「市場金融モデル」と金融システムの「将来ビジョン」　122
　3．金融再編成と公的金融システムの解体　124
　　(1) 金融持株会社と3大金融グループへの統合　124
　　(2) 郵貯の民営化と公的金融システムの解体　126
　　(3) 残されたシステム改革とその方向性　129

第8章　企業集団体制の再編 …………………………… 鈴木　健　131

　1．大企業体制の金融的中枢，銀行・金融機関の再編　131
　　(1) 都市銀行・長期信用銀行の再編　131
　　(2) 生命保険・損害保険の再編　134
　2．グローバル経済下での産業再編　136
　　(1) 素材産業における再編　136
　　(2) 加工組立産業における再編　138

3．銀行再編と企業集団の再編　　　　　　　　　　　　　　　　139
　　　　（1）銀行再編とメインバンク関係の再編　139
　　　　（2）金融再編と企業集団体制の再編　147

第9章　ITバブル・IT不況と日本型情報化……………藤田　実　153

　　1．IT技術革新と経済成長　　　　　　　　　　　　　　　　　　153
　　2．ITバブルからIT不況へ　　　　　　　　　　　　　　　　　　154
　　3．ITバブル崩壊以後の日本のIT産業　　　　　　　　　　　　　157
　　　　（1）ITバブル崩壊と日本　157
　　　　（2）ITハード（情報通信機器製造層）生産の急減　158
　　　　（3）不安定な情報サービス産業　162
　　4．IT不況の意味　　　　　　　　　　　　　　　　　　　　　　167

コラム3　『現代日本経済論』によせて ………………工藤昌宏　173
コラム4　株式会社論の課題 ……………………………跡部　学　177

第III部　グローバル資本主義と比較経済システム

第10章　世界市場のアメリカ的展開………………神山義治　182

　　1．世界市場にまで発展する資本　　　　　　　　　　　　　　　182
　　　　（1）労働の現代的意味　182
　　　　（2）資本と世界市場　184
　　　　（3）資本と地域　185
　　2．世界的展開をつらぬく矛盾としての資本　　　　　　　　　　186
　　　　（1）世界的展開による変容　186
　　　　（2）世界的制御の必要性　187
　　　　（3）資本の諸世紀の意味　189
　　3．アメリカという問題性　　　　　　　　　　　　　　　　　　191
　　　　（1）アメリカナイゼーションとしての資本の時代　191

       (2) アメリカの進歩性と資本の進歩性　193
       (3) 課題としての地球的公共性の実現　195
　　4．自由な諸個人の豊かな発展へ　195
       (1) 市場と共同体　195
       (2) 自由な諸個人の世界性　196

第11章　欧州の統合と経済システム………上川孝夫　199

　　1．欧州統合の歴史と理念　199
       (1) 欧州統合の歴史　199
       (2) 欧州統合の理念　202
　　2．欧州通貨統合の展開　205
       (1) 安定通貨圏の構築　205
       (2) 通貨バスケットの創出　207
       (3) 通貨協力基金の創設　209
　　3．欧州単一通貨ユーロと経済システム　211
       (1) 単一通貨ユーロと経済政策　211
       (2) 単一通貨ユーロと国際経済　214

第12章　東アジア経済システムと共同体構想………岩田勝雄　219

　　1．WTOシステムの展開と東アジア　219
　　2．WTOシステム下での中国の高度経済成長　221
       (1) 中国経済成長の軌跡　221
       (2) 外資導入政策の展開　223
       (3) 外資の波及効果　224
　　3．中国開放政策の諸課題　227
       (1) 経済特区・開放政策　227
       (2) 金融改革　229
       (3) 開放政策の課題　231

4. 東アジア経済システムと共同体構想 234
　(1) 地域経済統合の進展 234
　(2) 東アジア経済共同体への道 236

第13章　社会主義システムの問題性と可能性　……… 長砂　實 239

1. 科学的社会主義の古典における社会主義論 239
2. 「ソビエト社会主義」における社会主義論 242
　(1) レーニンの時代（1917-24） 243
　(2) スターリンの時代（1924-53） 244
　(3) フルシチョフの時代（1953-63） 246
　(4) ブレジネフの時代（1963-83） 246
　(5) ゴルバチョフの時代（1985-91） 247
3. 「ソビエト社会主義」の特異性，その崩壊の諸原因 248
　(1) 「一国革命」と「一国社会主義」建設，「戦時社会主義」 248
　(2) 社会・経済的後進性克服の苦闘 249
　(3) 「全体主義的」政治体制 250
　(4) 「集権的・動員的」国家計画経済 251
　(5) 「社会主義」の到達・成熟度の自己過大評価 253
4. 社会主義に未来はあるか？ 254
　(1) 資本主義の歴史的限界，社会主義の必然性 254
　(2) 社会主義革命，それに先行する民主主義革命 254
　(3) 資本主義社会から共産主義社会への過渡期 255
　(4) 「新しい」社会主義社会 256

第14章　グローバル資本主義の行方 ………………… 佐々木康文 260

1. 資本主義とグローバル化 260
　(1) 生産の発達から商品交換へ 261
　(2) 貨幣から資本へ 262

(3) グローバルな諸関係を形成するものとしての資本　262
　　　(4) 資本主義社会の歴史的意義　265
　2. グローバル資本主義をめぐる諸論点　　　　　　　　　　　　268
　　　(1) グローバル資本主義とマネーの暴走　268
　　　(2) グローバル化推進論　270
　　　(3) グローバル資本主義と国家　272
　3. 自己と他者の分離から同一性の経済システムへ　　　　　　　275

コラム5　日本のモノづくりから東アジア共生の道を探る
　　　　　……………………………………………………　渡辺博子　280
コラム6　ロシアのコーポレート・ガバナンス改革 …　井本沙織　284

あ と が き　288
事 項 索 引　293

第 I 部

現代経済システムの生成と展開

鶴田満彦

第1章
マルクス経済学と経済システム論

1. 既存社会主義の崩壊とマルクス経済学

　1980年代末から90年代初頭にかけての旧ソ連などの既存社会主義の崩壊は，世界秩序を激変させただけでなく，いわゆるマルクス経済学にも深刻な影響を与えた．つまり，既存社会主義の崩壊は，マルクス経済学の崩壊につながる筈であるという論調が，ジャーナリズムや論壇に蔓延し，少なからぬマルクス経済学者の中からも，それを受け入れる傾向が，あらわれたのである．

　たしかに，旧ソ連など既存社会主義国が，マルクス理論を国是とし，マルクス経済学を国定の経済学とすることによって，マルクス理論の守護者として振る舞ってきたことは，事実である．また，この事実によって，資本主義諸国のマルクス経済学者の多くも，マルクス理論を基本的には正しいとする以上は，マルクス理論の守護者である既存社会主義を擁護しなければならないといういわれなき責務感を負わされ，マルクスが断片的にスケッチしている未来社会像とは似ても似つかぬグロテスクな既存社会主義の現実をあえて無視する傾向がなかったわけではなかった[1]．

　しかし，旧ソ連など既存社会主義国が，マルクス理論の守護者にふさわしい実在ではなかったことは，今日では，まぎれもなく明らかになっている．既存社会主義は，実は国家資本主義であったのではないかという見解[2]も存在するが，どのように好意的にみても，既存社会主義はマルクス理論の幼稚

で，誤った適用だったというほかないであろう．このような既存社会主義をマルクス理論の守護者と誤認したマルクス経済学者は，深刻に反省しなければならない．

だが，この反省は，けっして思考停滞や思考後退になってはならないであろう．個性的なマルクス経済学者であった故高須賀義博氏は，まさにソ連が崩壊しようとする時期にマルクス経済学の教科書を書き，その中で「マルクス主義が社会主義の体制擁護のイデオロギーから解放された現在こそ本来のマルクスの真価が問われる」[3]と述べたが，そのとおりである．

ほんらい，マルクス経済学は，資本主義を人間にとって自然な，永遠的な経済体制とみるブルジョア経済学を批判する経済学批判として成立したものである．周知のように，マルクスは，リカード以後のブルジョア経済学の様相について次のように書いている．「いまや問題は，これとあれとどちらの定理が正しいかではなく，それが資本にとって有益か有害か，好都合か不都合か，反警察的であるかそうでないか，だった．私利をはなれた研究に代わって，金で雇われた喧嘩売りが現れ，とらわれない科学的探求に代わって弁護論の無良心と悪意が現われた」[4]．

マルクス自身，在野の経済学者・社会主義者として，既存の資本主義体制からもっとも解放された社会的位置にあり，資本にとって有益か有害かについてもっとも無関心な立場にあった．このような資本から自由な立場が，資本主義とブルジョア経済学へのもっとも徹底的な批判を可能にしたのである．資本にとってであれ，ソヴィエト政権にとってであれ，「有益か有害か，好都合か不都合か」を考慮するかぎり，「とらわれない科学的探求」は不可能となるのだ．マルクス経済学は資本主義体制の批判において鋭利で，生産的であり，既存社会主義の弁護と正当化にまわったとき退廃したことを肝に銘ずべきであろう．したがって，旧ソ連などの既存社会主義体制の崩壊は，マルクス経済学の過去に対しては深刻な批判を迫るものだとはいえ，マルクス経済学の未来にたいしては，より自由で解放された条件をつくり出したものといってよい．

2. 『資本論』のエッセンス

　もともとマルクス経済学のように個人の名を冠した経済学の場合，マルクスが述べた（あるいは述べようとした）経済学という意味と，マルクスを基礎とした経済学という意味との両義性をもつが，ここでは，後者の意味で使うことにしたい．マルクスが何を述べたか，あるいは何を述べようとしたかを研究することは，1つの価値ある研究主題であり，現在のように，『新メガ』（『マルクス＝エンゲルス全集』）が刊行途上にあり，従来未公表であったマルクスの草稿があらたに公表されつつある現状では，その重要性は高まっているといえるが，それ自体は，マルクス文献学ないし解釈学とでも呼ぶべき研究分野に属するものであって，本来のマルクス経済学とはいえない．マルクス経済学は，あくまでも特定の問題関心と特定の方法とをもった経済学の1ヴァリアントとして，マルクス『資本論』を理論的基礎としながら，経済現象の内的関連やその発展を研究する経験科学である．

　マルクス経済学をこのように限定した意味で使ったとしても，マルクス経済学の必要条件を厳密に規定することは，意外に難しい．『資本論』を理論的基礎にするといっても，実は研究者が『資本論』のエッセンス（本質）と考えるものを基礎としているわけであるが，何をもって『資本論』のエッセンスとするかは，研究者によってさまざまだからだ．この点については，マルクス自身が『資本論』のエッセンスをどう考えていたかが，参考になる．よく知られているように，マルクスは，『資本論』第1巻初版刊行直前の1867年8月24日付のエンゲルスへの手紙の中で，次のように述べている．

　「僕の本のなかの最良の点は，次の2点だ．(1)（これには，事実のいっさいの理解がもとづいている）第1章ですぐに強調されているような，使用価値で表されるか交換価値で表されるかに従っての労働の二重性，(2)剰余価値を利潤や利子や地代などというその特殊な諸形態から独立に取り扱っているということ」[5]．

ここで，マルクスが「最良の点」といっているものは，「エッセンス」と読み替えられてもいいであろう．その第1点は，労働の二重性の把握であり，『資本論』で「経済学の理解にとって決定的な跳躍点」[6]ともいわれている点である．これは，直接的には，商品生産関係（社会的分業を編成しながら，相互に独立的な私的労働にもとづく生産関係）における労働が，一面では歴史貫通的な使用価値生産労働であり，他面では，特殊歴史的な価値形成労働でもあることを示すものであるが，より広い意味では，労働にもとづく経済現象をつねに歴史貫通的な実体的側面と特殊歴史的な形態的側面から考察すべきことを指摘しているものであるように思われる．

経済現象を，このように実体と形態の2側面から複眼的・分析的に考察する方法は，古典派経済学にも現代の新古典派経済学にも欠落しているものであり，マルクス゠エンゲルスの創始した唯物史観にもとづく方法である．だから，労働の二重性の把握は，けっして労働価値論の領域だけの問題ではなく，『資本論』全体をつらぬく方法・視点であり，まさに「経済学の理解にとって決定的な跳躍点」なのだ．

第2点は，利潤・利子・地代といった諸不労所得の源泉が，剰余価値＝剰余労働にあることを明らかにした剰余価値論である．マルクスの『剰余価値学説史』（1861-63年）が示しているように，マルクス以前にも，利潤や利子や地代が支出労働からの控除であることを主張した学説は存在した．たとえば，リカードの地代論や利潤論がそうである．しかし，資本の生産過程を分析して，剰余価値という一般的カテゴリーを析出・確立し，利潤・利子・地代をその特殊な諸形態だとしたのは，マルクスの理論的功績に属する．古典派経済学の最良の代表者であるリカードでさえも，等しい大きさの資本は等しい大きさの利潤を生むという均等利潤率現象と矛盾しないような形で剰余価値論を展開することはできなかったのである．

資本制経済のメカニズムや運動法則を明らかにする経済学において，資本運動の目的となり動機となる利潤の源泉を説明することは，最大の理論的問題の1つである．利潤の源泉は何かという問いにたいして，非マルクス経済

学が提出する代替的解答は，譲渡利潤説，監督賃金説，資本の生産力説，将来財の低評価説，危険（リスク）補償説等であるが，これらは，いずれも剰余価値論を超えるものとは思われない[7]．

私は，マルクスが「僕の本のなかの最良の点」と呼んだ2点，すなわち「労働の二重性」把握に示されている唯物史観的視点・方法と，剰余価値論が『資本論』のエッセンスをなしていると考えている．それは，単にマルクス自身がそういっているからというわけではない．また，マルクスの経済学的貢献をこの2点に解消しようというものでもない．非マルクス経済学と比べたときのマルクス経済学の最大の独自性と比較優位性は，客観的に見ても，この2点にあるように考えられるからである．

3. 労働価値論の意義

マルクス経済学は，『資本論』を理論的基礎にするものであり，前節でみたように一定の独自性と比較優位性をもつものであるが，それだけに安住していては，マルクス経済学の存在意義はないといっていい．マルクス経済学の存在意義は，資本制経済の発展や代替的経済学の発展に対応して，たえずその理論体系を整備し，それによって現代の経済的諸問題を解明するところにある．

マルクス経済学も経済学の1ヴァリアントとして，経済現象の内的関連やその発展を研究する経験科学である以上，あらたな現実の発展に対応して自己革新をとげうるような，そしてみずからとは異なるヴィジョンとイデオロギーをもった経済学との交流・対決をつうじて自己革新をとげうるような，二重の意味で開放的な理論体系でなければならない．

理論的交流・対決の必要は，マルクス経済学の内部についてもいえる．マルクス経済学の内部にも，なにをもって『資本論』のエッセンスとするか，それを基礎にどのように経済学の体系を構成するか，その経済学をどのように現状分析に適用するかをめぐって，さまざまな考え方がありうる．それら

の諸マルクス経済学のあいだには，宗教を連想させるような「正統」も「異端」もあってはならず，論理的首尾一貫性と事実適合性を基準とした論争が行われなければならない[8]．

さて，『資本論』にもとづいてマルクス経済学を理論的に整備しようとする場合，第1に問題になるのが，商品の価値を労働によって規定する労働価値論である．ベーム-バヴェルク[9]以来，マルクスの労働価値論にたいしては，労働生産物だけを考察対象に選び出して，そこから共通物として労働を抽出する同義反復であるとか，生産価格論と矛盾するから不合理であるといった批判がたえなかった．また，比較的最近では，ネオ・リカーディアンのスティードマン[10]のように，価値に依存しなくても，生産価格体系と均等利潤率を決定できる以上，労働価値論は不要であるといった議論も有力である．

労働価値論は，私のみるところでは，理論（セオリー）である前に，人間と社会についての視角（ヴィジョン）である．つまり，社会的動物としての人間は，社会的分業を編成し，労働をつうじて関係を持ち合い，この労働が社会存続の基礎となっているというヴィジョンが，労働価値論の前提になっているように思われる．よく知られているように，マルクスは，1868年7月11日付のクーゲルマン宛ての手紙で次のように書いた．

「どんな国民でも，1年はおろか，2, 3週間でも労働を停止しようものなら，くたばってしまうことは，どんな子供でも知っています．どんな子供でも知っているといえば，次のことにしてもそうです．すなわち，それぞれの欲望の量に応じる生産物の量には，社会的労働のそれぞれの一定の量が必要だ，ということです．社会的労働をこのように一定の割合に配分することの必要性は，社会的生産の確定された形態によってなくなるものではなく，ただその現れ方を変えるだけというのも，自明のところです」[11]．

労働価値論が，このような子供でも知っている事実にもとづくヴィジョンを前提としているのは，ある意味では，限界効用価値論が，功利主義的人間像を前提としているのと同じであって，それ自体すこしも欠陥をなすもので

はない．問題は，特定のヴィジョンにもとづいて価値をどのように規定し，その価値を基礎に構成された理論がどの程度有効に資本主義経済の現実を説明できるかにかかっている．労働価値論は，資本主義におけるもっとも重要な現象である利潤の源泉（搾取）を説明し，生産価格論を介して商品と商品との交換比率と利潤率均等化現象を説明し，さらには，個人が市場の中で翻弄される疎外や物神化を説明するものともなっている．労働価値論は，無用の迂回経路どころか，マルクス経済学の根幹をなしている．

ただ，マルクス自身は，商品と商品との交換関係（あるいは等置関係）からただちに交換価値として現象する価値の実体を労働だと規定しているが，これは，多分に古典派経済学的常識に負っており，ベーム-バヴェルク的批判を許すものとなっている．たんなる交換関係ではなく，資本による労働・生産過程の分析においてこそ，労働が，不可欠の本源的生産要素であることが明らかになるのだから，商品に体化された「死んだ労働」および「生きた労働」による価値の規定も，労働・生産過程の分析においてなされるべきであろう．

労働価値論による価値を標準的生産係数を用いて規定して，価値を神秘世界から明るみに出し，価値の計測可能性の道を開いたのは，置塩信雄氏の不滅の功績である[12]．さらに，中谷武氏は，置塩氏の価値規定を用いて，産業連関表にもとづいて，1975-80-85 年の価値と価格の変化を計測し，とくに 75-85 年の 10 年では，価値の変化率と価格の変化率は，0.916 というきわめて高い相関係数を示すことを明らかにした[13]．もちろん，価格変化を説明するだけが，労働価値論の任務ではないが，価格変化についても，労働価値論は，実証的な成果をあげているのである．

しかし，他面では，情報化・オートメーション化の潮流の中で，労働価値論も試練を迎えつつある．すなわち，すくなくとも社会の一部には，「生きた労働」がゼロの完全オートメーション生産過程を想定できるのであるが，そこにおける生産手段価値の生産物への移転は，「生きた労働」抜きに可能なのか．その作成には多大の労働を要しながら，事実上フリーにコピーでき

るソフトウエアの価値規定はどうなるか．情報化社会における労働の多様化・異質化を考えれば，それらの単純労働への還元は可能なのか．これらの問題を指摘して，高木彰氏は，「価値概念のゆらぎ」と呼んでいる[14]．

情報化・オートメーション化における新しい現実は，労働価値論の再構築をせまっているように思われる．マルクスは，大工業の発展の未来を展望して「直接的形態での労働が富の偉大な源泉であることをやめてしまえば，労働時間は富の尺度であることをやめ，またやめざるをえないのであって，したがってまた交換価値は使用価値の［尺度］であることをやめ，またやめざるをえない」[15]と書いた．つまり，生産力発展の地平に労働価値論の止揚を想定していたのである．「価値概念のゆらぎ」は，現代情報化社会が労働価値論止揚の世界への過渡期であることを示しているように思われる．

4．搾取論

さきに記したように，『資本論』のエッセンスの1つは，資本主義のもとでの搾取のしくみを明らかにした剰余価値論であって，これは，マルクス経済学の主要内容をなす．

搾取は，もともと「利己的あるいは不正な利用」を指す用語で，資本主義以外にも存在する社会現象であり，それに対応してさまざまな搾取論がありうる．1997年にKai NielsenとRobert Wareが，『搾取』(*Exploitation*, Humanity Press, 1997) という論文集を編集して，さまざまな搾取論があることを明らかにしているが，その中で，デイヴィッド・シュワイカートは，搾取論とは，①いかなる規範的原則が破られたかという不正の性質を明らかにし，②搾取が行われるメカニズムと制度を説明し，③非搾取社会についての代替ヴィジョンを提起するものでなければならないといっている[16]．

シュワイカートによれば，これまでの搾取論は，次の5つに分類される．すなわち，ロックあるいは新ロック的搾取論，スミスあるいは新古典派的搾取論，搾取についての労働価値論，搾取についての所有関係理論，経済的搾

取についての民主主議論．

　このうち，「搾取についての労働価値論」がマルクスにもとづく理論を指していることはいうまでもないが，かれによれば，「搾取についての労働価値論」の①規範的原則は，「等労働量交換」であり，②搾取制度は，「賃労働」であり，③代替ヴィジョンは，「同等賃金」だとされている[17]．

　資本主義的搾取が，賃労働制にもとづいているという解釈は，もとより，正しい．賃金労働者は，奴隷や農奴とは違って，労働するか労働しないかの自由および職業選択の自由をもっている．ただ，賃金労働者は，社会に存在する生産手段や生活手段のストックにたいする決定権をもっていないために，労働力を売って賃金を得るほかに生活手段を獲得する方法をもたないのである．

　しかし，「搾取についての労働価値論」が，等労働量交換を規範的原則にしており，その侵害を搾取だとしているという解釈は，誤っている．生産価格論が示しているように，資本主義のもとでは，原則として生産物の等労働量交換は，行われない．だからといって，有機的構成の高い部門が低い部門を搾取しているとはいわないのだ．

　生産物が等労働量交換されるにせよ，されないにせよ，賃金が労働力の価値どおりに支払われるにせよ，支払われないにせよ，資本家と労働者のあいだには生産過程をつうじて実質的な「不等労働量交換」が恒常的に行われていることを示すのが，マルクス経済学の搾取論（剰余価値論）である．たとえば，労働者は，1日に10時間の労働を行い，その対価としてある金額の賃金を受けとり，その賃金によってBという分量の生活手段を手に入れる．労働者が実行し資本家が取得した10時間労働と，労働者が取得したB量の生活手段の大小関係を客観的に比較するためには，B量の生活手段に投下されている労働，すなわちBの価値を知らなくてはならない．そしていわゆる「マルクスの基本定理」が明らかにしているように，利潤が存在するためには，Bの価値は10時間より小さくなくてはならないのである．結局，労働者は，10時間労働を実行したことと引き換えに10時間より小さい価値の

Bを取得したのだから，実質的な「不等労働量交換」が行われていることになる．

だが，厳密にいえば，上の例における10時間労働とBとの関係は，単なる交換関係ではない．流通面では，10時間の利用権を含む1日分の労働力とBとが交換されたのである．Bが1日分の労働力を再生産するのに足りる分量であるとし，Bの価値をもって1日分の労働力の価値だと定義すれば，流通面では，まさに等労働量交換が行われていたことになる．資本家と労働者のあいだには，流通面でかりに等労働量交換が行われていたとしても，生産過程をつうじては実質的な「不等労働量交換」，つまり搾取が行われていたわけである．

搾取という用語には，利己的とか不正といった悪い意味がつきまとっている．しかし，マルクス経済学は，資本主義的搾取のしくみを明らかにするものであり，そうすることによって終局的には搾取の廃絶をめざすものではあるが，単純に搾取を道徳的・倫理的に非難しようとするものではない．搾取を可能にするような社会的条件をそのままにして，搾取を道徳的・倫理的に批判しても実質的な効果は期待されないからだ．

したがって，シュワイカートが，「搾取についての労働価値論」が提起する代替ヴィジョンを「同等賃金」だとしているのも，あたらない．資本主義的搾取は，労働者が社会の存在するストックおよび自己の労働の成果への決定権をもっていない賃労働制にもとづくものである以上，終局的な代替ヴィジョンは，「賃労働制の廃止」以外にない．ストックおよび労働成果への実質的な決定権を労働者自身がもっている場合は，賃金に相当する労働者報酬がどのようなものであろうとも，賃労働制はなくなっていると考えられる．

周知のように，マルクスは，『賃金，価格，利潤』（1865年）の最終部分で「『公正な1日の労働にたいして公正な1日の賃金を！』という保守的なモットーのかわりに，彼ら［労働者階級—引用者］はその旗に『賃金制度の廃止！』という革命的な合言葉を書きしるすべきである」[18]と述べた．この観点は，依然として重要であるように思われる．

生産における人間どうしの社会関係を考察するさいに，搾取という概念は，有効である．マルクスは，主として資本家による労働者の搾取を問題にしたが，今日では，そればかりではなく，先進国による発展途上国の搾取，人種にもとづく搾取，性差別にもとづく搾取なども重要な問題となっている．さらに，搾取概念を拡張すれば，自然環境破壊も，人間による自然の搾取の結果と考えることもできよう．

5. 資本主義の発展と経済システム論

『資本論』を書くにあたって，マルクスが研究の対象とし，素材としたのは，いうまでもなく19世紀中葉のイギリス資本主義であった．イギリスは他の諸国に先駆けて産業革命を達成して資本・賃労働関係を確立し，1820年代からは，景気循環という資本主義独自の運動形態を展開して，19世紀中葉には資本主義としての必要最小限の運動機構を整備していた．このイギリス資本主義を分析することをつうじて，マルクスは，資本主義一般の運動機構を『資本論』によって明らかにしたと考えられる．

しかし，マルクスの死後，19世紀末大不況を契機として，資本主義の独占化・寡占化がすすむとともに，米国，ドイツ，フランス，ロシア，日本などの資本主義的工業化もすすんで，資本主義は，帝国主義段階＝独占資本主義段階に入ることとなる．現実の独占資本主義を知らなかったマルクスは別として，独占資本主義やさらには現代資本主義をも知っているわれわれは，自由競争的資本主義の独占資本主義への転化，独占資本主義の構造，独占資本主義の現代資本主義への発展等を『資本論』にもとづいて，あるいは『資本論』とのなんらかの関連のもとに，説明しなければならない．これが，独占資本主義論ないし帝国主義論である．

故宇野弘蔵氏は，マルクスと同じく19世紀中葉のイギリスを素材として，そこに見出だされる資本主義への純粋化傾向を抽出して経済学原理論を構築し，19世紀末以降の資本主義の不純化・独占化・帝国主義化については段

階論で，代表的諸国の類型分析として取り扱うという独自の方法をとった[19]．この独自の方法にもとづくいわゆる宇野理論は，『資本論』の首尾一貫性を徹底させることによってその完結性を示し，20世紀初頭の修正主義論争に見られるような新しい現実を材料としたマルクス批判から『資本論』を擁護し，『資本論』と『帝国主義論』との論理次元の相違を際立たせることによって，それぞれの役割を明確にする点ではすぐれたものであった．しかし，宇野理論における原理論の完結性は，かえって原理論と段階論との連繋を困難にし，段階論を原理論から切り離された経済政策論ないし類型論とする結果になったように思われる．

『資本論』にもとづいて，『資本論』以後の資本主義を説明することは，意外に難しいのであるが，『資本論』自体，19世紀中葉の資本主義のいわば「輪切り」の構造だけではなく，資本主義の発生・確立・成熟の歴史的発展をも明らかすることをめざすものであった．それは，『資本論』第1巻初版の序文で，マルクス自身が「この著作の最終目的」とした「近代社会の経済的運動法則を明らかにすること」という表現の前後に，「たとえ一社会がその運動の自然法則を探りだしたとしても，……その社会は自然的な発展の諸段階を跳び越えることも法令で取り除くこともできない」[20]といっていることから明らかである．実際，資本主義のもとでの生産手段の集中・独占化，労働の社会化といった方向への歴史的変質，さらにはそれらの傾向と資本主義的外皮の矛盾にもとづく資本主義の「最期」については，『資本論』第1巻第7篇の資本蓄積論，第3巻第3篇の利潤率低下論，第3巻第5篇の信用論などで，かなり立ち入った言及が見られる．

生産手段の集中・独占化，労働の社会化といった傾向は，資本主義の本性であり，19世紀中葉においてはまだそれらの傾向は顕在化せず，萌芽的状態にとどまっていたとしても，「近代社会の経済的運動法則」を明らかにする『資本論』において，それらの「発展の萌芽」を指摘し，資本主義におけるその意義を明らかにしておくことは，必要なことであろう．ましてや，マルクス以後の資本主義の独占化・帝国主義化の事実を知っているわれわれが，

『資本論』的理論を再構築する場合には，それらの「発展の萌芽」をより積極的に記述しなければならない．

　しかし，『資本論』的理論は，あくまでも資本主義一般に関する理論であり，それを量的に延長ないし具体化しても，独占資本主義論や帝国主義論に転化するわけではない．本来的な独占資本主義論や帝国主義論は，『資本論』的理論が提示する「発展の萌芽」を理論的根拠とし，さらに独占資本主義の現実を分析することによって，自由競争的資本主義から独占資本主義への転化，および独占資本主義の構造・運動様式等を明らかにする一種の中間理論として独自に構成されなければならない．その意味では，『資本論』的理論と独占資本主義論とは重層的な関係に立つことになる．形式的には，宇野理論における原理論と段階論との関係に似ているといえるが，われわれの独占資本主義論は，『資本論』的理論が提示する「発展の萌芽」にもとづいて自由競争的資本主義の独占資本主義への移行の必然性を明らかにしようとしている点，たんなる政策論や類型論ではなく独占資本主義全体の運動様式を明らかにしようとしている点で，宇野理論の段階論とは異なっている[21]．

　『資本論』的理論が，19世紀中葉のイギリス資本主義という限られた素材的根拠に立ちながら，およそ資本主義であるかぎりの無限定の時間と空間に適用可能性をもつのに対し，独占資本主義論のような中間理論は，資本主義のなかの有限の時間と空間にしか適用可能性をもたず，そこで取り扱う法則性や必然性も，とうぜん『資本論』的理論のそれらとはレベルを異にしている．したがって，中間理論は，『資本論』的理論のいわゆる上向法などとは違った方法を必要とするであろう．宇野理論における段階論，レギュラシオン理論における蓄積体制論，米国の社会的蓄積構造論（SSA）などはいずれもこのような中間理論をめざすものであるが，経済システム論的アプローチも，有用な方法の1つであろう．

　マルクス理論にもとづく経済システム論については，すでに述べたことがあるが[22]，ここではそれを再論することにしよう．システム論は，もともと有機的生命体を把握する方法であって，「経済的社会構成の発展を1つの自

然史的過程と考える」[23] マルクス理論とは親和性をもっている．すなわち，社会システムを一定の自然的・歴史的環境のもとでの有機的生命体として把握し，そこには自己維持的・循環的要素と自己否定的・歴史的要素が作動しているものと考える．経済システムは，社会システムの一環をなし，社会システムのサブ・システムである．経済システムについては，さしあたり，一定の秩序・制度をもって，財・サーヴィスの生産・分配・支出を行う有機的組織体と定義しておくこととする．経済システムの内部においても，自己維持的・循環的要素と自己否定的・歴史的要素が存在する．資本主義における価格機構や景気循環は前者であり，現代における生産力の巨大化・グローバル化・情報化などは，後者をなす．

経済システムを直接に動かしているものは，自然的・歴史的環境（社会・政治システムを含む）との相互作用と所与の制度のもとでの企業・個人・政府といった諸経済主体の行動である．したがって，諸経済システムの個性や特性は，自然的・歴史的環境，制度・慣行，および諸経済主体の行動様式とそれらの相互関係によって規定される．同じ資本主義といっても，また同じ独占資本主義といっても，環境，制度，諸経済主体の行動様式やそれらの相互関係によってさまざまな経済システムがありうる．

『資本論』のような資本主義の一般理論を構築する場合は，19世紀中葉のイギリス資本主義からの抽象によって可能だったかもしれない．しかし，『資本論』的理論にもとづいて，資本主義の段階的相違や地域的・国民的・文化的相違を把握する中間理論の場合には，むしろ経済システム論的アプローチが有用であるように思われる．

19世紀末に自由競争的資本主義が独占資本主義に移行して，独占資本主義の時代は，1世紀を超えた．それは，自由競争的資本主義の時代（1820年代～60年代）よりはるかに長い．経済システム論的アプローチによって，独占資本主義そのものを，たとえば古典的独占資本主義（19世紀末～第1次大戦），国家独占資本主義（第2次大戦後～1970年代），グローバル資本主義ないし情報資本主義（1970年代末以降）という諸段階に分けて考える

こともできよう[23]．また，資本主義の地域的・国民的・文化的相違に注目すれば，市場優位のアングロ・サクソン型資本主義，社会優位のヨーロッパ型資本主義，企業優位の日本型資本主義という分類も考えられよう[24]．これらは，いずれも試論・仮説の域を出るものではないが，『資本論』にもとづいて，『資本論』以後の資本主義を説明するうえである程度の有用性をもつように思われる．

注
1) もちろん，文字どおり無視していたわけではない．日本の多くのマルクス経済学者を結集して，講座『資本論体系』全10巻（編集代表は富塚良三・服部文男・本間要一郎の3氏，有斐閣）が，1984年より刊行され2001年に完結したが，1983年10月付の編集委員一同による「刊行にあたって」は，次のような注目すべき文章を含んでいる．「他方，人類史上に『あらたな一段階』を画すべきであった既存の〈社会主義〉諸国においては，人間の解放体制たるべき本来の社会主義の理念と背反する深刻な否定面が露呈されつつあり，場合によっては，〈科学的社会主義〉の科学性自体が問われるかにみえる事態となっていることもまた，直視しなければならない事実であろう」（各巻，iページ）．
2) 代表的なものとしては，大谷禎之介・大西広・山口正之編『ソ連の「社会主義とは何だったのか」』（大月書店，1996年）の中の大谷論文を参照．
3) 高須賀義博『鉄と小麦の資本主義―下降の経済学』（世界書院，1991年）4ページ．
4) マルクス『資本論』第1巻，第2版へ後記，大月書店版，第1巻，19ページ．以下，『資本論』からの引用は，大月書店版の巻数とページ数のみをしるすことにする．
5) 『マルクス＝エンゲルス全集』第31巻，大月書店，273ページ．
6) 『資本論』第1巻，56ページ．
7) これらの非マルクス経済学の利潤論への批判としては，置塩信雄・鶴田満彦・米田康彦『経済学』（大月書店，1988年），45-47ページ参照．
8) マルクス経済学内部におけるこうした論争の好例としては，北原勇・伊藤誠・山田鋭夫『現代資本主義をどう視るか』（青木書店，1997年）をあげることができよう．
9) ベーム-バヴェルク，木本幸造訳『マルクス体系の終結』未来社，1969年．
10) Ian Steedman, *Marx After Sraffa*, New Left Books, 1978.
11) 『マルクス＝エンゲルス全集』第32巻，大月書店，454ページ．
12) 置塩信雄『資本制経済の基礎理論』創文社，1965年．

13) 中谷武『価値，価格と利潤の経済学』勁草書房，1994 年，第 2 章．
14) 高木彰『現代オートメーションと経済学』青木書店，1995 年，第 7 章．高木氏によれば，「価値概念のゆらぎ」という表現を先に使ったのは，三好正巳氏である．同書，323 ページ参照．
15) 『経済学批判要綱』III，高木幸二郎監訳，大月書店，654 ページ．
16) Kai Nielsen and Robert Ware (eds.), *Exploitation*, Humanity Press, 1997, p. 51.
17) *Ibid*., p. 65.
18) 『マルクス＝エンゲルス全集』第 16 巻，大月書店，154 ページ．
19) 『宇野弘蔵著作集』全 11 巻，岩波書店，1974-76 年，参照．
20) 『資本論』第 1 巻，10 ページ．
21) そのような独占資本主義論の 1 つの例としては，北原勇・鶴田満彦・本間要一郎編『講座資本論体系第 10 巻 現代資本主義』有斐閣，2001 年，参照．
22) 鶴田満彦「望ましい経済システムを求めて」(同編著『現代経済システムの位相と展開』大月書店，1994 年，所収) 参照．
23) 宇野弘蔵氏は，帝国主義段階を第 1 次大戦までとし，それ以降を社会主義への過渡期としたので，広い意味での宇野理論の内部では，このような宇野氏の段階規定の根本的な再考がなされている．三和良一氏の整理によると，加藤栄一氏は，重商主義と自由主義をまとめて前期資本主義とし，帝国主義と国家独占資本主義をまとめて中期資本主義とし，1970 年代を境として，後期資本主義の「萌芽期」に入ったとする．馬場宏二氏は，第 1 次大戦までの資本主義を古典的資本主義段階，第 1 次大戦以後，おそらく 1970 年代までを大衆資本主義段階，1980 年代以降をグローバル資本主義段階としている．三和氏自身は，形成期 (重商主義)，確立期 (自由主義)，第 1 変質期 (帝国主義)，第 2 変質期 (国家独占資本主義)，第 3 変質期 (1970 年代を境とした現代資本主義) としている．三和良一「資本主義はどこに行くのか？」(加藤栄一・馬場宏二・三和良一編『資本主義はどこに行くのか―20 世紀資本主義の終焉』東京大学出版会，2004 年，所収) 参照．なお同書所収の加藤論文，馬場論文をも参照．
24) C. ハムデン-ターナーと A. トロンペナールスは，「7 つの資本主義」(The Seven Cultures of Capitalism) といっている．上原一男・和田部昌澄訳『7 つの資本主義』日本経済新聞社，1997 年．なお本書については，山口重克氏が詳細な書評論文を書いている (国士舘大学『政経論叢』2002 年第 2 号～2003 年第 3 号，所収).

[**付記**] 本章の 1～4 は，旧稿「マルクス経済学の存在意義」(『経済』1997 年 10 月号，新日本出版社，所収) の一部を書きなおしたものであり，5 は，新たに書き加えたものである．旧稿の再利用を許諾された新日本出版社に感謝する．

第2章
独占資本主義

1. はじめに

　19世紀初葉，イギリスにおける産業革命の一応の完了は，イギリスを「世界の工場」とする世界資本主義体制の確立を意味するものであった．イギリスに追随し，また対抗する形で，19世紀半ばから後半にかけては，フランス，ドイツ，アメリカにおいて産業革命が展開されて資本主義化がすすみ，19世紀末から20世紀初頭にかけては，ロシアおよび日本の産業革命が進行して，19世紀末には，いわゆる資本主義の「諸列強」が勢揃いすることになる．

　「諸列強」の形成は，当然，イギリスを「世界の工場」とする体制を掘り崩すこととなった．このようなイギリスの経済的地位低下を反映して，19世紀の70年代から90年代にかけてはイギリスを中心とした大不況期が出現するのであるが，これを過渡期として，資本主義は新しい段階を迎え，新しい特徴をもつこととなった．この新しい資本主義は，イギリス中心の19世紀中葉の資本主義が綿工業などの軽工業を生産的基軸としていたのにたいし，鉄鋼，機械，鉱業といった重工業を生産的基軸としていた．また，綿工業などの軽工業は，個人企業形態あるいはパートナーシップ形態で十分に経営されたのにたいし，この新しい資本主義においては，重工業の固定資本が大規模化し，必要最小資本量が増大するので，株式会社形態で経営されるのが，通常となった．さらに，「諸列強」の並立・対立は，国家が保護関税政策・

植民地領有政策・軍備拡張政策を採用することを促進し，かつての「安上がりの政府」[1]に替わって，「経費膨脹の法則」の作用する「大きな政府」を出現させた．

このような国際関係，生産的基軸，企業形態，経済政策などのあらゆる面において新しい特徴をもった資本主義の新しい段階を独占資本主義と呼ぶこととする．資本主義のもとでの生産主体である資本がもはや相互に同質的ではなくなり，独占・寡占の力を行使しうる独占資本とそうしえない非独占資本とに分裂して，前者が経済生活において決定的重要性をもつに至ったからである．

マルクス『資本論』体系は，基本的には19世紀中葉のイギリスを観察の対象としていたのであるが，資本の蓄積運動の本質の解明をつうじて，自由競争的資本主義の独占資本主義への移行の必然性を洞察していた．本章は，マルクス理論にもとづいて，独占資本主義への移行の必然性を明らかにするとともに，独占資本主義の基本的諸特質と諸傾向を描き出すことを目的とする[2]．

2. 生産の集積と独占の形成

(1) 諸資本の競争と資本の蓄積・集積・集中

資本主義は，生産物のみならず，労働力，土地そして資本自体をも商品化（市場化）した経済システムであり，生産物市場，労働力市場，金融・資本市場における各種の競争を運動の原理としている．資本主義は，本来，無政府性を特質としているが，競争にもとづく価格機構や景気循環がスミスのいわゆる「見えざる手」の役割を果たし，競争をつうじて長期的には再生産の秩序を維持しているのである．

競争は，売り手相互の競争，買い手相互の競争，売り手と買い手の競争という3面をもつが，どのような競争においても，競争当事者は，私的生産の原則に制約されて，競争相手に関する情報を完全には持ちえない．情報の完

全性の前提は，市場経済のもとではもともと成立しえないものである．そこで，競争当事者は，相手に関する限定された情報にもとづいて推定や想像を行い，それらにもとづいて行動することになるが，競争相手も同様な行動をとるであろうから，個々の行動が全体的な法則や傾向を結果する仕方・様式は，必ずしも単純ではない．しかし，マルクスの時代にあっては，個別資本の規模が小さく，個別資本の行動が市場全体に及ぼす影響は無視できる程度であったために，そのような仕方・様式を比較的に単純化して考えることができたのである．

諸資本をして競争に駆り立てる目的と動機は，剰余価値の取得とそれにもとづく資本の蓄積である．資本は，自己増殖する価値の運動体にほかならないが，自己増殖して，自己増大をとげるためには，剰余価値の資本への再転化としての蓄積が不可欠である．自己増殖とともに，蓄積は，資本の本性であり，規定的目的である．

蓄積には，貨幣的蓄積（蓄積資金の積立＝貯蓄）と現実的蓄積（現実資本の増大＝投資）という2つの側面があり，社会的総資本の蓄積が正常に行われるためには，社会的総計において貨幣的蓄積と現実的蓄積とが一致しなければならない．さらに，個別資本の蓄積の場合，実現利潤が可能とする限りつねに最大限の貨幣的蓄積を行おうとするであろうが，必ずしもつねに最大限の現実的蓄積を行おうとするとは限らないという点も重要である．なぜならば，現実的蓄積を行っても，蓄積の結果である増大した生産物が通常の利潤を伴った価格で市場に需要される見通しがない場合は，現実的蓄積に対して消極的になるからである．蓄積が資本の本性であり，規定的目的であるというのは，このような危険や不確実性を考慮する資本の態度を含めてのことである．

ところで，所有主体が同一の個別資本の現実的蓄積は，多くの場合，その同一の所有＝決定主体に属する生産手段と労働指揮の増大，したがって経営＝生産規模の増大という形であらわれるが，このような経営＝生産規模の増大，あるいは増大した状態をマルクスは，集積（Konzentration）と呼ん

でいる．他面，剰余価値の資本への再転化を意味する限りでの資本の蓄積には，親の資本から子が分裂して，新しい独立の資本となる場合もある．

うえに述べた直接に蓄積にもとづく集積にたいして，マルクスは，集中（Zentralisation）という概念をも提起している．集中は，「すでに形成されている諸資本の集積であり，それらの個別的独立の解消であり，資本家による資本家からの収奪であり，少数のより大きな資本への多数のより小さな資本の転化」（『資本論』第1巻，816ページ）である．集中という「諸資本の集積」が，蓄積にもとづく集積から区別されるのは，それが存在している資本の配分の変化を伴うだけであって，個別資本の蓄積からは独立に行われうる点である．蓄積にもとづく集積が漸次的過程であるのにたいして，集中は，一挙的過程であり，よりダイナミックな性格をもつ[3]．

直接に蓄積にもとづく集積にせよ，集中による諸資本の集積にせよ，巨大な資本を作り出すためには，まず初めに貨幣資本の投下がなされなければならないが，資本家は，必要な貨幣のすべてを過去に蓄積した利潤によって調達することはできない．したがって，集積・集中を含めた社会的蓄積においては，信用創造にもとづいて個別資本に貨幣を貸し付ける信用制度が不可欠である．

諸資本の競争と信用制度を梃子として推進される社会的蓄積の過程には，資本の蓄積・集積・集中という相互に異なった内容の動力が作用している．この動力は，歴史的には19世紀中葉に確立した自由競争的資本主義の性格を根本的に変化させたのであるが，現代においても，依然として作用しているのである．

(2) 生産の集積と参入障壁の形成

資本の集積・集中にともなって，生産の集積，すなわち生産手段と労働指揮の増大，経営＝生産規模の増大が進行する．ところが，工業，とくに重化学工業においては，いわゆる「規模の経済」（economy of scale）あるいは「収穫逓増」（increasing return）が作用し，生産の規模がある程度以上に増

大すると，労働生産力が顕著に増大し，それにともなって生産物単位当たりのコストも顕著に低下するという傾向がある．したがって，何らかの事情で規模の経済を享受できるほどに生産の集積を達成できた個別資本と達成できなかった個別資本との間には，競争力の大きな格差が生じ，通常の規模の経済を享受できない個別資本は，事実上，市場から退出させられることになる．

　マルクスは，近代工業に内在する規模の経済の重要性にもっとも早く注目した経済学者の1人である．すなわち，「競争戦は商品を安くすることによって，戦われる．商品の安さは，他の事情が同じならば，労働の生産性によって定まり，この生産性はまた生産規模によって定まる．したがって，より大きな資本はより小さな資本を打ち倒す．さらに思い出されるのは，資本主義的生産様式の発展につれて，ある1つの事業をその正常な条件のもとで営むために必要な個別資本の最小量も大きくなるということである」(『資本論』第1巻，826ページ)．

　ここで提起されている「事業をその正常な条件のもとで営むために必要な個別資本の最小量」，いわゆる「必要最小（または最低）資本量」という概念は，マルクス経済学において決定的に重要な意義をもっている．第1に，必要最小資本量の存在は，資本家と労働者の階級障壁をつくり出す．いかなる価値量でも直接に資本に転化しうるとしたのでは，事実上，労働者はいつでも資本家になりうることとなり，階級障壁を否定することとなる．このような階級障壁を保障しているのが，必要最小資本量の存在なのである．第2に，必要最小資本量は，その概念の性質上，産業諸部門によって不均等であり，その中には，必要最小資本量が比較的に大きく，しかも増大しやすい産業と，必ずしもそうではない産業とがある．生産財部門で，かつ重工業などは，前者に属し，消費財部門で，かつ軽工業などは，後者に属するといってよい．必要最小資本量が比較的に大きく，しかも増大しやすい産業においては，その必要資本量を調達できる者だけが新規に参入できるという意味で，参入障壁（barriers to entry）が形成され，このような参入障壁に囲まれた産業内部に実存する単数または複数の資本は，多かれ少なかれ独占的地位を享

受することとなる．なぜならば，新規参入が不自由になる程度に応じて，既存参入者は，単独に，あるいは複数の場合は，相互の結託をつうじて価格を自由競争価格より高い水準につりあげ，標準的利潤率より高い利潤率を実現できるからである．

　必要最小資本量の増大が参入障壁を形成し，独占の条件をつくり出すという場合，とうぜん銀行制度や証券市場を含めた信用制度も，考慮に入れられなければならない．すなわち，機能資本家（企業）は，いつでも自由に信用制度をつうじて必要な貨幣を調達できるものとすれば，必要最小資本量がどんなに巨額になろうとも，それは直接には参入障壁とはならないはずである．もとより，のちに見るように，実際には銀行業や証券業においても，集積・集中・独占化の傾向が進み，完全に自由な信用制度という前提自体が崩壊するのであるが，この点を差し当たり度外視し，自由な信用制度を前提したとしても，必要最小資本量の増大は，参入障壁を形成することを明らかにしよう．

　必要最小資本量が比較的に巨額になるということは，当該産業における生産量を少量ずつ連続的に増加させることはできず，不連続的に階段的に増加させるほかないことを意味する．したがって，新規参入者が参入する前は，標準的利潤率を上回る利潤率が成立していたとしても，参入後は，需給関係の変化にたいする既存参入者の価格低下政策による対応の結果，標準利潤率を下回る利潤率しか成立しないことが，十分に予想される．このような場合には，新規参入者は，かりに信用制度をつうじて必要な貨幣を調達することができたとしても，参入しない方が合理的であり，通常は，参入しないのである．このような意味において，信用制度をつうずる貨幣の調達の可能性を考慮したとしても，必要最小資本量の増大は，参入障壁とそれにもとづく独占を形成する蓋然性をもつ[4]．

　もちろん，新規参入者は，上述のように，静態的・均衡論的意味でつねに合理的行動をとるとは，かぎらない．かれらは，既存参入者が価格維持政策を続けるとか，あるいは，将来に当該産業市場が拡大するであろうという楽

観的期待のもとに，参入を実行することもありうる．その場合は，すくなくとも一時的には過剰能力の顕在化，利潤率の低下等の問題が発生し，その処理をめぐって資本間の闘争と妥協が行われる．必要最小資本量が増大するにつれて，個別資本の行動が産業全体，さらには経済全体に及ぼす影響も顕著となり，「見える手」による資本間の支配・強制関係や資本の長期戦略的要素が重要となる．

(3) 独占資本主義の確立

さきに述べたように，必要最小資本量の増大にもとづく参入障壁は，国民経済のすべての産業部門において形成されるわけではない．どのような産業部門に参入障壁が形成されるかは，規模の経済の作用の程度，必要最小資本量の大きさ，産業の成長力等の要因に依存する．

19世紀初葉，イギリスを「世界の工場」として確立された資本主義体制は，綿工業などの繊維工業を生産的基軸とするものであったが，資本主義に組み込まれている生産力の発展，有機的構成の高度化，固定資本の巨大化の傾向の中で，鉄鋼，機械，鉱業，運輸といった重工業がその地位を高め，19世紀末には，重工業，とりわけ鉄鋼業が資本主義の新たな生産的基軸をなすに至った．1820-60年代の資本主義は，自由競争的資本主義と特徴づけられたのに対し，1890年代以降に確立したこの新たな資本主義は，独占資本主義と特徴づけられる．自由競争的資本主義から独占資本主義への段階的発展は，国によって多少の差異はあるものの，資本主義自体に内在する傾向の現れである．

独占資本主義は，次のような特質をもつ．

第1に，鉄鋼業に代表される重化学工業など，この時期の経済の基幹的産業部門では，規模の経済と必要最小資本量の増大にもとづいて参入障壁が形成された結果，少数の大企業が産業を支配するという独占（寡占を含めた広い意味でのそれ）に向かう傾向が強力となった．もとより，参入障壁に囲まれた少数の大企業は，自己の市場占有率を高めて操業度を高め，それによっ

て利潤率を高めようとして価格引き下げ競争に乗り出す可能性をもっているが，相互に同様な行動をとった場合には，市場占有率は高まらず，利潤率だけが下落することになるから，蓋然性としては，公然あるいは暗黙の合意にもとづいて，価格引き下げ競争を回避し，維持された価格から標準以上の高い利潤（いわゆる独占利潤）を取得することを選択するであろう．

　ここで，独占的大企業群によって維持されている価格が独占価格であり，それは，標準以上の利潤を含む価格でなければならないが，新規参入を誘発するほどの高い価格であってもならず，その意味で参入阻止価格（entry preventing price）でなければならない．独占価格は，必ずしも一義的に決定されるのではなく，当該産業の成長の程度，規模の経済の度合い，必要最小資本量等の要素によって，戦略的に決定される．既存の独占的大企業は，独占価格が維持されるように，生産量・投資制限を行い，新規参入に対して即時に対抗できるように，計画された余剰生産能力を保有しているのが普通である[5]．

　独占価格設定などの独占的行動をつうじて取得される標準以上の追加的利潤が，独占利潤である．独占利潤は，独占的大企業による売り手独占や買い手独占によってのみならず，技術革新にもとづく特別利潤の固定化・内部化によっても取得される．技術革新にもとづく特別利潤は，自由競争的状況においては，比較的に速やかに外部に流出して一般化するのであるが，独占的状況においては，比較的に長期に固定化されうる．技術独占も独占利潤の重要な源泉なのである．

　独占利潤をめざす独占的大企業の投資行動は，独占価格を維持するために生産量を制限しようとする限りでは，停滞的・制限的であり，資金調達力をもち，技術革新へのインセンティブをもっているかぎりでは，積極的・拡大的である．新産業や新市場の開発，戦争などによる外部需要の創出の際には，独占的大企業主導の独占資本主義は，急速な経済発展をとげる可能性をもつ．

　第2に，必要最小資本量の増大と固定資本の巨大化は，自由競争的資本主義におけるような個人企業的あるいはパートナーシップ的企業形態による資

金調達を不十分とし，有限責任の株式会社形態を普及させた．株式会社自体は，17世紀初めから特許主義のもとに例外的に存在していたが，1862年イギリス株式会社一般法の制定が画期となって，準則主義のもとに広く産業に普及することとなり，とくに，イギリスに比べれば後発資本主義で，個人貯蓄ストックの少ないドイツやアメリカでは急速な発展をとげた．株式会社形態の普及による金融と信用制度の変貌については，次節で詳論されるので，ここでは，株式会社制度のもたらす社会・階級的変化について述べておくことにしよう．

個人企業においては，主要な利害関係者は資本家と労働者であったが，株式会社においては，資本家が株主と経営者（企業者）に分化し，株主，経営者および労働者の3者となる．株主と経営者はともに資本を代表しているといっていいが，株主が株価と配当の最大化に関心をもつのに対し，経営者は企業者利得を含めた会社利潤の最大化と会社成長（現実資本蓄積）に関心をもつ．もとより，株主自体も多様で，その中には実質的に会社支配権を把握している大株主もいれば，労働者と重複している多数の零細株主もいる．経営者の中にも，大株主と重複しているいわゆるオーナー型の経営者もいれば，労働者に近いサラリーマン的経営者もいる．しかし，株式会社が支配的となった資本主義社会では，理念的には資本家が株主と経営者に分化したことが重要である．

マルクスは，株式会社におけるいわゆる「所有と経営の分離」にもっとも早く注目した経済学者の1人であるが，株式会社という比較的に新しい制度に幻惑されて，「所有と経営の分離」を極端に解し，経営者を一種の管理労働者とみなしている．しかし，経営者は資本機能を代表する限り資本家に属するのであって，資本所有を代表する株主とも，労働者とも利害を異にするのである．株式会社が支配的となる独占資本主義社会は，株主・経営者・労働者の重層的・複合的対立を含むことになる[6]．

第3に，独占資本主義においても，利潤の最終的源泉は，労働者による剰余労働である．この時期の支配的資本である独占的大企業のもとにおいては，

生産の大規模化・社会化に対応して，時間研究や動作研究にもとづく労働の科学的管理（テイラー主義）が体系的に展開された．その結果，労働生産性はいちじるしく上昇し，その一部は労働者に分配されたが，労働者の実質賃金は生産性に比例しては上昇しなかったので，利潤源泉は増大した．自由競争的資本主義のもとでは，利潤率均等化の傾向が作用し，産業循環をとおした長期をみれば，結果的にも，利潤率は均等化したが，独占の支配のもとでは，利潤率均等化の傾向自体は作用するものの，参入障壁の存在ために，結果的には独占力の程度におうじて利潤率は階層化する．

さらに，独占的大企業は，売り手独占，買い手独占および技術独占等をつうじて独占的超過利潤を取得する．これらの独占的超過利潤の源泉となったのは，中小企業，農業等の非独占部門の剰余労働である．独占部門が非独占部門の利潤源泉を吸い上げるため，非独占資本は，資金調達力および技術革新力において一般的には不利となるが，非独占部門も社会的に必要な商品やサービスを供給する限りにおいて，最小限の利潤を分配される．非独占部門では，参入障壁が比較的に低いため，非独占部門の利潤率は，独占部門よりも一般的には低い水準において，内部では均等化する傾向をもつ．零細資本家や自営業者（農民を含む）の所得は，実質的には賃金労働者のそれとほとんど変わらないものとなる．

以上に見てきたように，独占資本主義のもとにおいては，資本は相互に等質的ではなくなり，独占的巨大資本と非独占資本とに分裂して，それぞれ異なった行動様式をとる．資本家自体も株主と経営者に分化し，非独占の零細資本家や自営業者は，所得水準から見れば労働者と変わらぬものとなる．さらに，労働者の所得や地位も，独占部門と非独占部門とでは，大きな格差をもつようになる．一言でいえば，その基本的矛盾が総資本と総労働の対立に集約しえなくなった資本主義が独占資本主義であるが，独占資本主義の本性は，金融・資本市場における変化と国際関係の階層構造を見ることなしには，全面的には明らかにならないのである．

3. 金融資本と金融寡頭制

(1) 株式会社における資本の集中と支配の集中

さきに述べたように，鉄鋼業に代表される重工業が基軸的産業となるに伴って，必要最小資本量の増大と固定資本の巨大化は，株式会社を支配的な企業形態とするに至った．株式会社は，比較的短期間に巨大な新資本を集中・動員することを容易にする形態であると同時に，異なる所有主体のもとにある既存の諸資本を比較的にスムーズに１個の資本に集中・融合することを可能にする形態でもある．

株式会社は，新資本の動員というかたちでも既存諸資本の融合・合併というかたちでも集中を促進し，一方では鉄道，通信，電力といった公益事業的産業を勃興させるとともに，他方では，重工業におけるトラスト，コンツェルンといった独占組織を形成するのに役だった．トラストは，複数の旧企業の所有者・株主が新会社に資産を譲渡して，その対価を新会社の株式で受けとるという形式であり，コンツェルンは，会社自体が他の会社の株式を所有することによって，支配関係を縦横に拡大するという形式であって，ともに株式制度を不可欠の要素としている．

ところで，株式会社は，資本の集中をつうじて，所有の集中を上回る現実資本に対する支配の集中を実現する．すなわち，株式会社の最高意思決定は，株主総会における多数決によって行われるから，過半数の株式所有は，100パーセントの支配（決定把握）を可能にするのである．さらに，株式会社が大規模化して，株式所有の分散がすすむと，過半数に満たない比較多数の株式所有であっても，少数者による会社支配を可能とし，極限的な場合には，個人的には全く株式を所有していない経営者が，会社支配を行うこともありうる．このような株式会社における所有と経営の分離は，経営（支配）権の基礎には所有権があるとする資本主義的イデオロギーを深刻に動揺させるものではあるが[7]，けっして株式会社の私的・資本主義的性格を変えるもので

はない．独占資本主義は，一面では株式会社資本主義でもある．

　株式会社における所有と経営の分離に対応するものとして，株式資本における株式＝擬制資本形態と現実資本形態との「二重化」がある．もちろん，株式＝擬制資本は，けっして独立的には存在しえず，たとえばそれに対応する現実資本が破産等によってゼロになった場合は，同様にゼロになる．しかし，株式資本は，一方では株式＝擬制資本として所有を代表する株主のもとで証券市場での売買や配当取得をつうじて増殖し，他方では，現実資本として支配を実行する経営者のもとで生産過程・流通過程をつうじて増殖するのであって，この2つの資本運動は，相互に絡み合いながらも，資本としては別種のものであり，その限りでは二重化しているといってもいい．両者は，相互に絶対的に独立しているわけではないが，ちょうど資本家階級の内部での株主と経営者との関係と同様に，相対的には独立しており，相互間にさまざまな矛盾・軋轢をもつのである．

　株式資本＝株式会社は，重工業が生産力の基軸となった資本主義における資本の代表的存在形態であるが，株式会社のもっとも重要な特性は，現実資本としては生産過程・流通過程に固定されながら，株式＝擬制資本としては証券市場をつうじて自由に動化され，ある場合には，会社を合併・分離するのに役立ち，他の場合には，現実資本との乖離を極限にまで拡大する点にある．

(2) 銀行の新しい役割

　銀行は，資本主義経済には不可欠の信用制度の中核にある組織である．資本主義は，銀行を中核とする信用制度なしには，拡大再生産を行っていくことができないし，社会的需要に対応した資本の適正配分もスムーズには行っていくことができない．本来，銀行は，社会の中のさまざまな形態の遊休資金を預金として受け入れ，それにもとづいて銀行券や預金通貨の発行（信用創造）という形態で貸付を行って社会的再生産を調整・促進する任務を負っているのであって，いわば資本主義の枠内での社会的組織である．

銀行が資本主義内部の一種の社会的組織である以上，銀行に対しては法律的・慣習的なさまざまな規制が加えられ，信用・銀行制度が形成される．制度の形成と進化には，国家と社会・文化的要素が関わってくるから，信用・銀行制度は，国民的特質をもつ．

　銀行業の重要な特徴の１つは，それが預金通貨を含む貨幣という等質物を取り扱っている点にある．産業や流通業がある程度まで使用価値的製品差別にもとづいて顧客にアピールできるのに対し，銀行が取り扱う貨幣にはそのような差別はほとんど存在しないので，銀行と銀行との競争は，利子率といった量的なものをめぐるものにならざるをえず，過当競争（cut throat competition）になる傾向がある．他方，銀行業には，規模の経済が顕著に作用する．すなわち，通常は，銀行は大規模になるほど信用力も大きくなると考えられているので，大銀行は，中小銀行に比べてより安いコストで預金を集めることができ，より優良な貸付先を選別することができるのである．規模の経済の作用は，参入障壁を形成する．

　したがって，銀行業においては，相互間の過当競争を防止するためのカルテルを形成する傾向とともに，集中・合併をつうじて大規模銀行を形成する傾向が作用し，これらの傾向にもとづいて独占的巨大銀行とそれらの銀行によるカルテルやシンディケートが出現することになる．もちろん，中小金融機関や地方銀行がすべて消滅するわけではないが，それらは，独占的巨大銀行の系列下におかれる．産業におけると同じく，銀行業においても自由競争的発展は，その産物として独占をつくり出すのである．

　銀行業における集積と独占の形成は，他方における株式会社の発展と相互に作用した．銀行自体，その必要最小資本量の大きさのために株式会社形態で組織されることが多かったが，集中・合併の過程ではほぼ必然的に株式会社化した．銀行は，もともと短期の預金を受け入れることにもとづいて，信用創造による貸付を行うことを業務としていたが，その貸付は，預金が短期であることに対応して短期のものにならざるをえなかった．ところが，独占資本主義のもとにおいては，必要最小資本量の増大，とくに固定資本の巨大

化のために，長期の資金への需要が増大するという傾向をもった．このディレンマを解決する契機となったのが，株式会社であって，銀行は，本来の短期商業金融の他に，株式担保貸出とか株式保有というかたちで，事業会社にたいして事実上の長期資本信用を供与できることとなったのである．産業独占の形成による独占利潤の増大や固定資本の巨大化による減価償却資金の増大にもとづく銀行預金源泉の拡大と銀行カルテルの形成による銀行間市場の発展は，銀行の長期金融を支援するものとなった．

　もちろん，株式会社の発展とそれにともなう株式市場・証券市場の発展は，事業会社にとって，直接には銀行を経由することなく長期資金を調達できることを意味している．しかし，事業会社による株式や社債の発行にあたっては，実際には，直接・間接に巨大銀行が関与する場合が多いのである．すなわち，第1に，株式や社債などの証券発行に際しては，引受業者が存在していなければならないが，ドイツのように，銀行自体が，いわゆるユニバーサル・バンクとして引受業者（引受シンディケートを含む）を兼ねている場合もありうる．この場合は，銀行と事業会社の関係は直接的であり，証券引受価格と証券市場価格との差額は，銀行が，創業者利得として取得することとなる．第2に，イギリスやアメリカのように，本来の銀行とは別のマーチャント・バンクや投資銀行・証券会社等が引受業者となる場合には，銀行と事業会社との関係は間接的となり，引受業者が創業者利得を取得するが，銀行は，引受業者へ融資することをつうじて，また引受業者から株式を購買・保有することをつうじて，創業者利得の再分配に参加し，事業会社に影響力を行使することができるのである．

　このようにして，株式会社の発展にともなって，巨大独占銀行は，短期商業金融という本来の業務の他に，株式・社債等の発行・流通・保有に関連したあらたな業務を展開することとなり，長期固定資本金融を行うことも可能となった．株式・社債等の証券の引受・保有という形態での金融であれば，銀行は，必要な場合は，保有する証券を売却することによって資産を流動化することができるからである．したがって，株式会社の発展とともに，金融

市場とならんで，証券（資本）市場がいちじるしく重要性を増し，両市場の有機的一体化がすすむことになった．

この銀行の新しい役割によって，銀行と産業・商業との関係は，一面ではより長期化し，密着化する傾向をもった．本来，銀行制度は，資本主義内部の社会的組織であり，「社会的な規模での生産手段の一般的な簿記や配分の形態」（『資本論』第3巻，782ページ）なのであるが，銀行による株式・社債の保有，役員派遣・経営参加等は，銀行による事業会社の支配・管理を強めるものとなるのである．他面では，銀行を含むある種の金融機関は，証券の引受や売買による創業者利得やキャピタル・ゲインの取得にのみ関心をもつ傾向をもった．証券価格は，事業会社の収益力，利子率，証券市場の構造や規模など複雑な要素にもとづいて投機的に変動する可能性をもつが，ある種の金融機関は，情報の先取独占や大量売買による危険の極小化によって利潤を取得しうるのである．マルクスは，株式制度のこのような側面を次のようにいっている．「それ［株式制度］は，新しい金融貴族を再生産し，企画屋や発起人や名目だけの重役の姿をとった新しい種類の寄生虫を再生産し，会社の創立や株式発行や株式取引についての思惑と詐欺の全制度を再生産する．それは，私的所有による制御のない私的生産である」（『資本論』第3巻，559ページ）．

(3) 金融資本の支配構造：金融寡頭制

以上にみてきたように，産業および銀行業における生産の集積と独占化を前提とし，さらに株式制度・証券市場の発展を契機として，銀行は，産業との間に新しい関係を展開するに至るのだが，この新しい関係を20世紀初頭の経済的諸事実を表象のうちに置きながら，金融資本（Finanzkapital）という概念で説明しようとしたのが，ヒルファディングおよびレーニンである．

ヒルファディングは，『金融資本論』（1910年）第1篇においては貨幣と信用を論じ，第2篇においては株式会社の意義を明らかにし，第3篇においては，まず産業独占と大銀行との絡み合いを論じ，その後で次のように金融資

本の概念規定を行っている．すなわち，「産業の資本のますます増大する一部分は，これを充用する資本家のものではない．かれらは銀行をつうじてのみ資本の処分権を与えられ，銀行は，かれらにたいして所有者を代表する．他面，銀行は，その資本のますます増大する一部分を産業に固定せざるをえない．これによって，銀行はますます大きい範囲で産業資本家になる．このような仕方で現実には産業資本に転化されている銀行資本，したがって貨幣形態における資本を，私は金融資本と名づける」[8]．

この規定をつうじてヒルファディングが意味しようとしたことは，金融資本とは，産業に固定されているように見えながら，その所有者にたいしてはつねに擬制的に貨幣形態を保持しており，いつでも貨幣形態で回収されうるような資本，具体的には，独占的巨大会社の社債とか株式だということであろう．したがって，ヒルファディングが主張したのは，金融資本による銀行と産業の合一的支配であって，必ずしも銀行による産業支配ではない．しかし，かれは，銀行自体が証券業務を兼営して，最大の金融資本家になっているというドイツ＝オーストリア的現実に引きずられて，銀行優位のもとでの銀行と産業の緊密化を説いたのである．

レーニンの金融資本概念は，このヒルファディングの概念を踏襲しながらも，「生産の集積，そこから発生する独占，銀行と産業との融合あるいは癒着——これが金融資本の発生史であり，金融資本の概念の内容である」[9]というものであって，事実上，独占的産業資本と融合した独占的銀行資本，および独占的銀行資本と融合した独占的産業資本，あるいは両者が一体となって構成する広義の企業集団をさすものとなっている．

独占資本主義の時代において，産業独占と銀行独占とが緊密な結合をとげて，コンツェルンのような企業間関係を組織するに至ることは一般的には，明らかである．産業独占が独占的競争のもとでその地位を強大化し，危機に陥った場合にも生存し続けうるためには，なんらかの銀行独占の支持を必要とする．他方，銀行独占も，有利な融資先・投資先を独占的に確保し，より多くの預金を吸収するためには，産業独占と長期的・恒常的な結びつきを必

要としている．両者は，相互に補完しあってこそ，支配力を強化できるのだから，出資・融資・人的結合その他の形態で結合する傾向をもつのは，当然である．さらに，企業が株式会社形態で組織されていることは，企業間結合を容易にするのである．

　企業と企業とが，合併するのではなく，出資・融資・役員派遣等をつうじて結合する場合，対等・平等な結合と支配・被支配の結合とがある．協力とか提携といった対等・平等な結合関係は，「規模の不経済」(diseconomy of scale) を避けながら，リスクの分散や「範囲の経済」(economy of scope) を図ろうとするものであり，支配・被支配の結合関係は，労働条件差別化による利潤率上昇や市場と原材料・部品の安定確保を図るものである．

　ある企業Aが他の企業Bを支配しようとするとき，もっとも単純な方法は，AがBの株式の過半数を所有することであろう．同様にして，Bが企業Cを支配し，さらにCが企業Dを支配するとすれば，Aを支配する者aは，B，C，Dをも支配することになる．aは，せいぜいAの株式の過半数を所有するだけで，Aのみならず，B，C，Dを支配できるのである．実際には，株式所有が分散していれば，企業支配のためには株式の過半数所有は必ずしも必要ではなく，相対多数でも十分な場合が少なくない．また，金融機関を含めた企業が他の企業を支配する方法は，株式所有以外にも，融資，取引関係，およびそれらと結びついた役員派遣など多様である．

　このように，親会社が子会社を，子会社が孫会社を支配するという形で，企業自体が他の企業を支配しうる関係をつうじて，比較的少数者が多数の企業を同時に支配する体制が形成される．これが，金融寡頭制 (financial oligarchy) の代表的な現れ方である．株式所有の多数者による意思決定というわゆるビジネス・デモクラシーの形式をつうじて，少数者支配が貫徹するのである．したがって，この種の金融寡頭制は，株式所有の分散がすすむほど強化される傾向をもつ．

　金融寡頭制をつうずる金融資本の銀行と産業の合一的支配は，長期的な株式保有・融資・役員派遣・取引関係等にもとづく企業集団の形成というかた

ちで現れるとは限らない．いわゆる機関投資家などある種の金融資本は，企業への直接支配よりもむしろ，高利回り，企業の設立や再編に関連した証券の発行や売買による創業者利得やキャピタル・ゲインの取得に主たる関心をもつ．もともと，創業者利得やキャピタル・ゲインを効率的に実現するためには，株式を支配証券として長期保有することをあきらめて，繰り返し手放さなければならないのである．この場合でも，情報独占への参加や証券発行への関与のためには，金融寡頭制やいわゆるインナー・サークルの一環をなしている必要がある．また，この種の金融資本が，証券をつうずる企業の直接支配を行わないといっても，金融資本市場をつうじて間接的に，高利回りや高キャピタル・ゲインをもたらすように企業にたいして重圧を加える．

　金融資本は，金融寡頭制をつうじて，一方では銀行独占・産業独占を含む企業集団を作り出すとともに，他方では，貨幣資本と現実資本の分離，金利生活者と企業家・経営者との分離を大規模なものとして，独占利潤をあげているのである．

　このような金融資本の支配と活動は，国家の強制力に依存しながらも，国境を越えて国際化する傾向をもっている．なぜならば，金融資本の支配の基礎である独占は，合法的に強制力を行使しうる国家と容易に結びつきやすいと同時に，国際的であることによってより強固でありうるし，また金融資本の重要な活動の舞台である金融資本市場は，広範囲であればあるほど利得の機会が豊富だからである．したがって，金融資本の支配と活動の対外拡大は，国際カルテル，保護関税，植民地獲得，軍備拡張，金融シンジケート，国際資本移動を伴い，国家をつうずる対外支配という意味での帝国主義政策を追求する傾向をもつ．このような傾向が，もっとも赤裸々に表出したのが19世紀末から第1次世界大戦にかけての古典的帝国主義の時代であり，第1次世界大戦こそは典型的な帝国主義戦争にほかならなかった．

注
1) 穀物条例の廃止や関税の引き下げによって，19世紀中葉のイギリスに実現され

たとされる「安あがりの政府」は、けっして過大評価されてはならない．なぜならば，イギリスは，いわゆる自由貿易帝国主義として，その政治的軍事的費用のかなりの部分をインドなどの植民地財政に負わせていたからである．金子勝『市場と制度の政治経済学』東京大学出版会，1998年，72-74ページ．
2) ここで「移行の必然性」，「諸特質」，「諸傾向」といった場合，個別資本の自由裁量の余地が極小である資本主義の自由競争段階におけるそれらとは，次元の相違をもっている．この意味で「『独占資本主義の理論』は『資本主義の一般理論』とはちがって，ある程度の蓋然性を含むものとならざるをえないのである」（北原勇『独占資本主義の理論』有斐閣，1977年，6ページ）という見解に同意する．
3) 『資本論』における「集積」・「集中」概念の解釈については，野矢テツヲ氏や中川スミ氏らによる論争的研究がある．鶴田満彦「〈資本の集積・集中〉概念の検討」（『講座資本論体系3 剰余価値・資本蓄積』有斐閣，1985年，所収）参照．
4) 参入障壁にもとづく独占・寡占論としては，次の文献を参照．J.S. Bain, Barriers to New Competition, Cambridge, Mass., 1956.—Industrial Organization, 2nd ed., New York, 1968. 宮沢健一監訳『産業組織論』丸善，1970年，P. Sylos-Labini, Oligopoly and Technical Progress, revised ed., Mass., 1969. 安部一成・山本英太郎・小林好宏訳『寡占と技術進歩』（増訂版）東洋経済新報社，1971年，高須賀義博『現代価格体系序説』岩波書店，1965年，鶴田満彦『独占資本主義分析序論』有斐閣，1972年，本間要一郎『競争と独占』新評論，1974年，北原勇，前掲書．
5) 北原勇氏は，既存の参入阻止価格論を批判して，参入阻止力が価格政策より計画された過剰生産能力にあることを強調した．北原勇，前掲書，116ページ．
6) 北原勇氏は，経営者が資本機能を代表しうる根拠を「会社それ自体」による会社資産の所有に求めている．「株式会社においては，現実資本・企業資産にたいする所有は，『会社それ自体』による直接的所有と株主による間接的所有とへ分裂し，二重化する．この分裂において，それぞれの所有が一定に実質を含むがゆえに，単独では完全な資本所有とはなりえない．両者が相補い重層的に合体してはじめて1つの完全な資本所有となる」（北原勇『現代資本主義における所有と決定』岩波書店，1984年，112ページ）．
7) 株式会社は「資本の正当性否認」に繋がる点を強調するのが，有井行夫氏である．「生産力の発展を実体的内容とする資本の蓄積衝動の展開と私的所有の狭隘なバリアーとの衝突は，株式会社においてその資本主義的解決の頂点をみたが，同時に，この形態は，取得の正当化問題を提起することによって，資本のシステムの正当化モメントとしての私的所有の完結性を破綻させることとなった．取得の正当性否認は蓄積の正当性否認であり，資本の正当性否認である」（有井行夫『株式会社の正当性と所有理論』青木書店，1991年，113ページ）．
8) ヒルファディング『金融資本論』，岡崎次郎訳，岩波文庫（中），97ページ．
9) レーニン『帝国主義』，宇高基輔訳，岩波文庫，78ページ．

［付記］　本章は，旧稿「独占資本主義II-1 生産の集積と独占の形成」，「II-2 金融資本と金融寡頭制」（北原勇・鶴田満彦・本間要一郎編『講座資本論体系10　現代資本主義』有斐閣，2001年，所収）を整理・圧縮したものである．旧稿の利用を許諾された有斐閣に感謝する．

第3章
第2次世界大戦後の資本主義

1. 第2次世界大戦後の歴史的諸条件

　資本主義の歴史にはいくつかの大きな分水嶺があるが，20世紀における2つの世界大戦もそのような分水嶺をなしている．第1次世界大戦（1914-18）は，英・仏・米・日・露・独等のいわゆる諸列強が，市場と植民地の再分割をめぐって総力をあげて闘争した世界史上初の，そして典型的な帝国主義世界戦争であり，英・米・仏ブロックの勝利と独・襖ブロックの敗北に終わったのであるが，同時に，戦争当事者たちの意図に反して，次のような結果をももたらした．すなわち，第1は，帝国主義のもっとも弱い一環であったロシアが1917年革命により資本主義から離脱したこと，第2は，多くの植民地・従属国において民族自決意識が高揚し，新国民国家形成への運動が発展したこと，第3は，先進資本主義諸国の内部でも総力戦の遂行の過程で階級・人種・性の間の同権意識が前進したことである．
　ところが，戦後約10年にして，再建された国際金本位制の脆弱性とドイツに過大な賠償を課したことによる国際不均衡が重要な要因となって1929年大恐慌が勃発し，1930年代の先進資本主義諸国は，独占的蓄積様式が加重した大不況と国際経済関係におけるノン・システムのもとで呻吟することになる．ここにおいて先進資本主義諸国は，国際金本位制の解体・管理通貨制の導入を契機として，より裁量的な財政金融政策の実行を中心とする国家の経済過程への介入を強めることによって，不況からの脱却をはかろうとし

た．これが，いわゆる国家独占資本主義の生成である．しかし，国際経済関係におけるノン・システムという条件下での国家独占資本主義の追求は，ブロック経済にならざるをえず，それは，容易に国際的・軍事的対立に転化することとなった．かくして，第1次大戦後20年余にして再び世界大戦が勃発したのである．

　第2次世界大戦は，第1次大戦を上まわる総力戦であって，米・英・仏らの連合国ブロック対独・日・伊の枢軸国ブロックという帝国主義戦争であると同時に，ソ連にとっては社会主義防衛戦争であり，中国など多くのアジア諸国にとっては民族解放戦争であった[1]．その結果は，独・日・伊の枢軸国ブロックの敗北となったのであるが，大戦の性格が多面的であることに対応して，大戦の結果も多面的性格をもった．大戦が結果した歴史的諸条件は次のようなものであった．

　第1に，ソ連は，参戦国の中では最大に犠牲を払って自国を防衛することに成功したのみならず，軍事占領した東欧諸国を衛星国化し，ソ連型国家社会主義の範囲を極東からヨーロッパに及ぶものに拡大した．事実上ソ連1国であった社会主義が，第2次大戦を契機に世界体制となったのである．これは，当面は，ソ連にとって経済的・軍事的資源調達の範囲を拡大する結果となり，国家社会主義体制を強化することに役立ったのであるが，長期的には，東欧諸国への強権的支配とそれに対する当然の反抗をつうじて，自らの国家社会主義の矛盾を激化する結果ともなった．しかし，世界体制化した社会主義は，先進資本主義のあり方に強烈なインパクトを及ぼすこととなった．資本主義は，量的には社会主義をはるかに凌駕しているものの，質的には諸体制の中の1つとして，たえず社会主義と比較される存在となったのである．このように，体制として現実的比較・選択の対象になったという意味で，資本主義の危機は，深化・拡大したといってよい．

　第2に，第1次大戦時から引き続いている民族自決・民族解放の運動は，連合国と協力したり，独・日の軍事支配に勝利することによって，第2次大戦中と戦後にかけて劇的な前進をとげ，アジア・アフリカの多くの旧植民地

が独立を達成した．すなわち，1940年代後半には，中国，ヴェトナム，北朝鮮における社会主義志向の民族解放革命の勝利といわゆる人民民主主義国家の樹立と併行して，インド，東西パキスタン（現，バングラデシュ，パキスタン），インドネシア，韓国など東アジア諸国において独立国家が誕生し，50年代には，スーダン，ガーナ，ギニアなどアフリカ諸国が独立を達成した．さらに50年代末には，キューバにおいても社会主義志向の独立革命が勝利した．これらの新興独立国家は，経済的には離陸を準備する段階にあり，社会主義と資本主義とへの距離についてはさまざまな色合いをもつにせよ，アメリカとソ連との援助競争をも利用しながら，国際的発言力を強めてゆくことになった．かくして，植民地の領有・支配という意味での公然たる帝国主義は，もはや不可能となったのである．また，社会主義の世界体制化，民族解放運動の進展を前にして，先進資本主義国は新覇権国アメリカを中心に同盟・協力関係を強化せざるをえず，先進資本主義国どうしの帝国主義的対立は後景に退いた．これが，いわゆるパクス・アメリカーナの形成である．帝国主義は，独占と金融資本の段階の資本主義の必然的産物だったのであるが，その帝国主義がその本来の形では存在できなくなったことは，資本主義にとっての制約条件がより厳しくなったことを意味する．

　第3に，第2次大戦という総力戦の遂行過程をつうじて先進資本主義国内部における同権化・平等化は飛躍的にすすみ，ベヴァレッジ報告（1942年）を梃子として，社会保障と累進課税を当然のものとみなす国民意識が強まった．また，戦時経済の運営においては，参戦国は，限られた資源を軍需に集中する必要から，非市場的な計画や統制を多く用いたのであるが，この手法は，第2次大戦後においても，いわゆる冷戦が持続したという事情もあって，かなりな程度継続されることとなった[2]．さらに，資本主義経済はほんらい自動調節的には完全雇用を実現することはできないというケインズ思想の普及と定着は，大戦時に続いて戦後においても，経済における国家の役割を大きなものとすることを正当化した．このような同権化，福祉化，計画化，国家管理化，国有化といった要素の増大は，資本主義内部における労働者・農

民・中小企業経営者・自営業者らの力量の増大を反映するものであると同時に，社会主義の世界体制化と民族解放運動の進展を前にして，資本主義が，国内の反対勢力を宥和せざるをえないことを示すものであった．

2. 国家独占資本主義の確立

上記のような第2次大戦後の歴史的諸条件は，資本主義の存在形態に次のような変化をもたらした．

第1に，ソ連の軍事大国化と社会主義の世界体制化に対しては，アメリカを中心とする資本主義諸国は，1947年のトルーマン・ドクトリンを嚆矢としていわゆる冷戦体制によって対応した．冷戦体制とは，西側からみればアメリカの核兵器を中核として軍備を拡大するとともに，NATO，SEATO，CENTO，日米安全保障条約などの社会主義包囲の軍事同盟網を構築することによって東側に不断に軍事圧力を加える体制である．これに対してソ連も1940年代末から50年代初めにかけて核兵器を開発し，さらに中ソ相互援助協定やワルシャワ条約などの軍事同盟で対抗した．こうして，東西冷戦は，米ソ両超大国による軍拡競争という一面をもっていた．軍事的支出は，生産財の補塡や増加にも労働力の再生産にも役立たない限りでは不生産的支出だから，経済成長や生活水準上昇にたいしては直接には負の影響を及ぼす．したがって，軍事支出の負担に耐えうる生産力的基盤をもっている方が勝利をしめるというのが，冷戦の論理であった．先進資本主義諸国の中で，このような生産力的基盤をもっていたのはアメリカ1国であり，この事実にもとづいてアメリカはパクス・アメリカーナの覇権国となったのである．アメリカ以外の先進資本主義諸国は，軍事的・外交的にはアメリカに依存・従属しながら，アメリカの軍事力の傘の下で相対的に多くの資源を経済成長と福祉に配分するという政策を追求した．

冷戦体制は，しばしば時限的・地域的熱戦を伴った．1950年代の朝鮮戦争，60-70年代のヴェトナム戦争がそれである．戦後の体制対抗にもとづく

分裂国家で起こったこれらの戦争に，アメリカは直接に参戦し，ソ連も軍事援助その他によって間接的に参戦した．もとより，だからといって，これらの戦争を一概に米ソの代理戦争ということはできないであろう．とくに，ヴェトナム戦争には，民族解放・反米の要素が強い．しかし，両戦争ともに，程度の差こそあれ，戦後東西冷戦が部分的に熱戦に転化したという一面があったことは，否定できない．熱戦も伴ったことが，冷戦体制を維持・継続させた重要な要因となっている．

　第2に，民族自決・民族解放の運動の進展に対しては，アメリカを中心とする先進資本主義諸国は，消極的ながらこれを認めるという方向をとった．第2次世界大戦の諸結果，民族運動の高揚，民族自決原則を定めた国連の存在などを考慮すれば，民族自決・民族解放を公然と否定することは，パクス・アメリカーナの正統性を崩壊させることとなったからである．しかし，このように制約された条件のもとにおいても，国際関係をつうじて後進国・発展途上国を実質的に支配し，搾取することは，先進諸国独占資本主義の本性である．そこで，先進諸国は，いわゆる新興諸国の政治的独立を容認しながら，経済的・実質的にはそれらを支配するという新たな支配形態をとったのである．このあらたな支配形態が，いわゆる新植民地主義である．

　旧植民地主義を代表したのが，英・仏だったのに対し，第2次大戦後の新植民地主義を代表したのは，もちろん，アメリカであった．アメリカは，もともと後発資本主義国であり，しかも国内に広大なフロンティアをもっていたので，海外植民地領有の点では，英・仏などヨーロッパ諸国にたち遅れていたのであるが，そのラテン・アメリカ諸国との関係の歴史に見られるように，政治的独立を容認しながら経済的に支配する方式では，長い経験を有していた．第2次大戦後の諸条件のもとで，この方式が新植民地主義として第3世界全体に拡大されたのである．1950年代におけるフランスのインドシナ戦争やアルジェリア戦争，英・仏のスエズ侵略など，両国のあまりにも旧植民地主義的行動は，英・仏の後退とアメリカの台頭を促進する結果となった．旧植民地主義から新植民地主義への転換は，アメリカを新覇権国とするパク

第3章　第2次世界大戦後の資本主義

ス・アメリカーナの確立を意味するものであった．

　パクス・アメリカーナのもとで，新植民地主義は，一定の成功をおさめた．アメリカをはじめとする先進諸国は，新興諸国が独立するさいには，はじめから新植民地主義の支持者が権力を掌握できるように準備し，いったん反米・反新植民地主義勢力が政権をとった場合でも，クーデタによってそれを倒した上で，その後成立した軍事政権の「要請」によって軍事援助や派兵を行って新植民地主義的支配を貫徹したからである．これは，ソ連が1956年ハンガリー暴動や68年チェコ「プラハの春」を抑圧して東欧衛星諸国を支配し続けた方式に対応するものである．

　パクス・アメリカーナによる後進国・発展途上国の新植民地主義的支配を可能としたのは，もちろん，アメリカの卓越した軍事力によるばかりではない．政治的独立を達成した新興諸国も，経済的には先進諸国主導の国際分業の一環に組み込まれていて，モノカルチュアの域を脱することができず，先進諸国の資金と技術に依存していたからである．多くの新興諸国は，経済的自立をめざして輸入代替戦略をとったが，交易条件の傾向的不利化と債務の累積のために，失敗に終わった．このような南北間の経済的従属構造が解体しはじめるのは，1970年代に至ってオイル・ショックを契機に交易条件の不利化が逆転し，国際的過剰資金を吸収することによってアジアNIEsがテイク・オフを達成して以降のことである[3]．

　第3に，先進資本主義国内部における同権化，平等化の進展，労働者・農民・中小企業経営者・自営業者らの力量の増大に対しては，資本主義諸国は，経済過程への国家の大規模な管理・介入を特徴とする国家独占資本主義体制によって対応した．国家独占資本主義自体は，すでに1930年代の大不況期に，アメリカのニューディール政策などのかたちで生成していたのであるが，その本格的確立は，第2次大戦の戦時経済を経た後においてである．第2次大戦戦時経済の経験と社会主義の世界体制化は，資本主義が社会主義と経済的・軍事的・イデオロギー的に対抗するために，計画化・国有化・福祉国家の要素を自らに取り入れることを必然にしたのである．

アメリカにおける国家独占資本主義確立の重要な指標の1つは，1946年2月の「雇用法」の成立である．同法は，「1945年完全雇用法案」(45年1月提出) をめぐる長い論争の末に結実したものであって，「能力と意欲を持ちかつ仕事を求める者に有用な雇用が与えられる諸条件を創出し維持する目的のために，すべての連邦政府の計画，機能，および資源を統合し利用し，最大限の雇用，生産，および購買力を促進することが，連邦政府の持続的政策かつ責任であること」[4] を宣言した．1960年代のケネディ＝ジョンソン政権による大規模な減税 (1964-65年)，雇用機会均等委員会の設置を含む「公民権法」(1964年)，「偉大な社会計画」にもとづく医療保障＝医療補助制度の創設 (1965年) 等は，「雇用法」にもとづくケインズ政策の結実したものであり，寡占的産業資本と労働階級からなる「ケインズ連合」[5] の成立を示すものである．

ほんらい，ケインズ政策の遂行は，意識的・計画的要素を伴う．アメリカ社会には根強い個人主義・自由主義の伝統があり，このイデオロギー的障壁のために大不況期のニューディールでさえも，見るべき成果をあげえなかった．しかし，第2次大戦戦時経済は，河村哲二氏が明らかにしているように，対枢軸国総力戦勝利のための「国防プログラム」を策定し，それを財政支出をとおして支援するための財政・金融機構を形成する一方，実物的に達成するために基幹産業の寡占企業に取引を集中する産業動員体制を構築して，「戦時高蓄積」を展開したのであって，この経験が，かなりな程度までこのイデオロギー的障壁を克服した．戦後冷戦期は，準戦時期といっていいのであって，戦時経済体制の骨格が基本的には継続したのである[6]．

戦後アメリカの国家独占資本主義体制は，戦時期・冷戦期をつうずる総力戦の必要と，戦後の卓越した経済的優位にもとづいて，「雇用法」に示されるような労働者への大規模な譲歩を含むものとはいえ，基本的には軍事的ケインズ主義であった．

これに対して，イギリス，フランス，西ドイツなどの西欧諸国の国家独占資本主義は，福祉国家的性格を強くもっていた．これらの諸国は，ソ連・東

欧ブロックと地理的にも近接していて，福祉や労働条件の面でもソ連・東欧を凌駕する必要があった上に，戦前からの経験にもとづいて，労働者階級の組織的勢力と社会民主主義政党の力量が強大だったからである．イギリスは，戦間期にすでに労働党内閣を成立させていたが，戦後は，ベヴァレッジ報告（1942年）にもとづいて，「ゆりかごから墓場まで」といわれる社会保障体系を作り上げた．フランスは，1930年代人民戦線政府による成果を受け継いで，戦後も労働時間短縮，雇用保障，最低賃金制など，労働者保護制度を充実・強化した．西ドイツは，ナチスによって一旦は解体されたワイマール体制の経験を生かして，雇用保障，年金制度の充実のほか，労働者の経営参加も制度化した．スウェーデンなどの北欧諸国は，公共部門を拡大させつつ雇用を増大し，社会民主主義的福祉国家を代表した．

軍事的ケインズ主義のアメリカ，福祉国家の西・北欧に対して，戦後日本の国家独占資本主義は，戦後改革・安保条約以来の政治・軍事面における対米従属性と経済面における企業優位性によって特徴づけられている．日本は，アメリカの核とドルの傘に入り込むことにより「平和憲法」をも逆手に取りつつ軍事費をGNPの1％内外という経済規模に比べれば低い水準にとどめ，経済余剰のできる限り多くを新鋭重化学工業中心の高度成長に投入したのである．1950年代後半から70年代初頭にかけての日本の高度成長の主要な担い手となった巨大企業の多くは，財閥解体後の安定株主工作などをつうじてすすめられた株式の相互持ち合いにもとづいて「法人資本主義」といわれるような経営者支配を実現し，経営者の大部分は，いわゆる終身雇用制と年功序列制を基盤として，「本採用者」たる従業員の中から選抜された．したがって，これらの巨大企業は，資本主義的企業であると同時に，エリート従業員の生産共同体的性格をもったのである．また，これらの巨大企業は，株式の相互持ち合い，メインバンク制と系列融資，系列取引，役員派遣などをつうじて企業集団と呼ばれるヨコのネットワークをもつと同時に，低賃金労働力を擁する下請け企業との間にタテのネットワークを組織した．さらに，業種別の事業者団体から経団連に至る経済団体が組織され，産業政策や行政指

導をめぐって政府との間に公式・非公式の調整が行われた．このいわゆる政・官・財複合体が，戦後日本の国家独占資本主義の中核であった[7]．

3. 国際的枠組みの形成

(1) ブレトン・ウッズ体制

上述のような第2次大戦後の歴史的条件のもとで，資本主義が世界体制として存続しうるためには，次の2つの課題を同時に果たさなければならなかった．第1は，1930年代の大不況期に管理通貨制導入を契機として先進資本主義国の内部に生成しはじめた国家独占資本主義への傾向を定着させることであり，第2は，30年代には大戦に帰結したような資本主義世界市場の分断化・ブロック化を阻止することである．この2つの課題は，本来たがいに矛盾する性格をもっていた．なぜならば，国家の経済過程への介入・管理の増大を特徴とする国家独占資本主義は，もともと経済的ナショナリズムを追求する傾向をもっていたのに対し，分断化・ブロック化の阻止は，開放的なインターナショナリズムを再建することをめざしていたからである．

ところが，第2次大戦の結果，アメリカが政治的・軍事的・経済的に圧倒的に優越した地位に立ったという事情（パクス・アメリカーナの形成）は，新たな国際経済体制を樹立することにより，1930年代に生成してきた国家独占資本主義体制を受容しつつ，しかも統一的で開放的な世界市場を編成することを可能にしたのである．そのような国際経済体制こそブレトン・ウッズ体制にほかならない．

ブレトン・ウッズ体制とは，1944年7月にアメリカのニューハンプシャー州ブレトン・ウッズで開催された連合国通貨金融会議においてその創設が合意されたIMF（国際通貨基金）を中核とし，IBRD（国際復興開発銀行，通称世界銀行）やGATT（関税と貿易に関する一般協定）によって補足される国際経済体制を指している．ブレトン・ウッズ会議において創設が決定され，47年3月より業務を開始したIMFは，71年8月のニクソン米大統

領の金・ドル交換停止声明，それに続く73年2-3月の主要国通貨の変動相場制移行，およびそれらを追認した1978年のIMF協定改正によって崩壊といっていいほどの重大な変質をとげるので，ブレトン・ウッズ体制は，約30年存続したことになる．

1930年代の国際金本位制停止後のいわばノン・システムといった状態を打開するために開かれたブレトン・ウッズ会議において，信用創造機能をもつ世界中央銀行を創設して国際的ケインズ主義を実行しようとした英国代表ケインズの国際清算同盟案と，同じくケインズ主義に立ちながらも，パクス・アメリカーナの現実を背景にドルを基軸とした擬似的金為替本位制に復帰しようとした米国代表ホワイトのIMF案とが対立し，結局，当時の力関係によってホワイト案をベースとして決着がついたことは，よく知られている．しかし，ナショナル・インタレストの違いこそあれ，ケインズ案もホワイト案も，国内の有効需要管理による完全雇用の維持と両立するような国際通貨体制を追求していた点では，共通していた[8]．

このようにして設立されたIMFの主要な目的は，第1に，国際貿易の拡大をつうじて，全加盟国の雇用および実質所得の増大に寄与すること，第2に，為替の安定を達成して，為替ダンピングを防止することにあった．

第1の目的を達成するために，IMFは，一般的には為替の制限を禁止したり，国際収支の赤字国に対する融資の制度を設けたりしているほか，「各加盟国の通貨の平価は，共通尺度たる金により，または1944年7月1日現在の量目および純分を有する合衆国ドルにより表示する」（IMF協定第4条）と定めて，アメリカのドルを，事実上，金と等しい地位においた．そしてこれに対応してアメリカ政府も，1934年金準備法による財務長官権限にもとづいて，外国政府および外国通貨当局に対しては，金1オンス＝35ドルのレートで金の売却に応じることとしていたし，さらに54年3月にロンドン金市場が再開されたのちにはイングランド銀行をつうじてほぼ1オンス＝35ドルの相場が成立するように金の売買を行ったのである．このような限られた範囲内でのドルの金との交換性は，ブレトン・ウッズ体制の金為替本位制

の擬似的性格を示すものであるが，擬似的であるにせよ，この時期のドルは，金の裏付けをもち，金に制約されていたことは重要である．

アメリカが大戦直後の圧倒的な経済力にもとづいて世界の貨幣用金の過半のシェアを保有し，ドル＝金の擬制が続く限りは，アメリカは，国際収支の制約をほとんど無視して，国家独占資本主義的諸政策＝国内的・対外的なドル散布政策を推進することができ，同時に，アメリカのこのようなドル散布によって，アメリカ以外の資本主義諸国の生産と雇用も拡大的影響を受けることとなった．西欧や日本は，マーシャル・プランや対日援助等を含むアメリカの積極的なドル・スペンディングをつうじて比較的早期に「ドル不足」を克服することができ，国家独占資本主義的諸政策をすすめていく際の国際収支面からの制約をよりゆるいものとすることができたのである．

このブレトン・ウッズ体制の基本的矛盾は，世界経済の成長にともなって国際流動性を増大させるためには，アメリカが国際収支の赤字を持続せざるをえず，アメリカの国際収支赤字の持続は金の流出を招くことである[9]．この矛盾はドル危機というかたちで1950年代末より現実化し，アメリカの「黄金の60年代」の中で深化し，70年代初頭のニクソン・ショックで爆発することになる．

第2の目的である為替の安定を実現するために，IMFは，「加盟国は，基礎的不均衡を是正しようとする場合を除くほか，自国通貨の平価の変更を提議してはならない」（IMF協定第4条第5項）として，いわゆる固定レート制を設けた．本来の国際金本位制であれば，金現送点の範囲内で自動的に固定レート制となるのであるが，擬似的金為替本位制であるブレトン・ウッズ体制においては，人為的・政策的に固定レート制を実現して，1930年代にみられたような為替ダンピング競争を防ごうとしたのである．この結果，加盟国は，基本的には，生産性の向上・合理化をすすめることによってしか輸出競争に勝利しえなくなったわけであって，このことが，1950-60年代の資本主義世界の相対的に高度な経済成長の重要な一因となった．

しかし，この固定レート制にも重要な矛盾が内包されていた．すなわち，

この制度は，固定レートを原則としながらも，「基礎的不均衡」の場合にはレートを変更しうるとしていたのであるが，「基礎的不均衡」は，循環的な不均衡とは違って誰の目にも明らかな不均衡がある程度持続するものと考えられていたから，その期間に膨大な投機資金の介入を許し，それに対抗しようとする通貨当局に一方的な損失をもたらす結果となったからである．したがって，この固定レート制のサステイナビリティは，もともと問題を含んでいた[10]．この矛盾は，当初は目立たないものにとどまっていたのであるが，生産力の不均等発展がすすんで「基礎的不均衡」が顕著となり，ユーロ・ダラーなどという形で国際的投機資金が形成されてくると，しだいに現実化してくるのである．

ブレトン・ウッズ会議で創設が合意されたもう1つの国際金融機関であるIBRDは，IMFが国際収支赤字国に対する短期の融資を行ったのに対し，西欧や日本などの先進資本主義国の戦後復興と発展途上国の開発のために長期・低利の融資を行うことを目的としていた．通常の民間銀行では十分に担うことができない多分に公共的な業務を遂行するこのような金融機関が設立されたこと自体は積極的意義をもっていたのであるが，その意思決定は事実上アメリカに把握されていたために，IBRDは，米ソ冷戦におけるアメリカ側経済戦略を担う一機関ともなった．

国際通貨・金融体制と表裏の関係にある貿易体制についても，第2次大戦中から戦後にかけて米・英両国を中心にルールづくりのための協議が行われた．ここでは，一方では，保守的・古典派的イデオロギーにもとづいて自由貿易体制に復帰すべきか，大恐慌以後の経験にもとづいて自由貿易よりも国内の雇用確保を優先すべきかという対立軸があり，他方では，結果的にはアメリカに有利となる自由貿易体制を実現するか，英連邦諸国の特恵関税のような帝国主義的差別貿易を許容するかという対立軸があり，利害関係は錯綜していた．これらの協議にもとづいて，1948年にアメリカ主導の自由貿易主義的なITO（国際貿易機関）憲章が調印されたが，アメリカ国内の保守派の反対のために議会の批准を得るに至らず，ITOは流産に終わった．戦

後貿易体制の基本的枠組みとなったのは，より穏便に自由主義的で，自由・多角・無差別の原則を掲げる GATT であった．GATT は，関税や貿易の面で，1930 年代のブロック経済の再現を阻止しようとしたものであって，原則として貿易の数量制限を禁止し，包括的な協議をつうじて関税率を引き下げ，しかも引き下げた関税率を無差別に適用させることを目的としていた．第 2 次大戦直後のアメリカと他の諸国との圧倒的な生産力格差のもとで，関税障壁を相互に引き下げることは，さしあたっては，アメリカ資本のために市場を開放することを意味したのであるが，西欧や日本の資本にたいしても，生産性向上による輸出競争力強化の衝動をもたらし，先進資本主義諸国の持続的成長の一要因となったのである．

(2) 多国籍企業の展開

第 2 次大戦直後のアメリカの圧倒的な経済的・軍事的優位のもとで，ドルを金と等置して国際通貨とするブレトン・ウッズ体制と人為的・政策的に自由貿易状況を創出する GATT 体制は，資本主義世界に対して拡大的影響を与えた．アメリカは，この事実上の国際通貨発行権にもとづき，トルーマン・ドクトリン（1947 年 3 月）で明らかにされたような冷戦遂行の基本戦略にしたがって，戦災と「ドル不足」のために戦後復興が遅れていた西欧や日本に対して，総額 112 億ドルに及ぶマーシャル・プランと約 21 億ドルの対日援助を提供した．これらの無償援助によって，西欧と日本は，経済危機からくる体制危機を克服して，急速に資本主義的再建をなしとげることができた．また，アメリカは，西欧と日本を冷戦・反社会主義の防波堤とすることに成功したばかりでなく，国内では吸収できない過剰な商品を西欧や日本に放出することができ，さらに再建された西欧や日本の経済の中でのアメリカ資本の影響力を強めることもできた．

マーシャル・プランや対日援助は，アメリカにとって，国際的な国家独占資本主義的スペンディングにほかならなかったが，1950-53 年の朝鮮戦争は，アメリカの国内外への軍事スペンディングをいっそう拡大するものとなった．

西欧は，西ドイツを先頭として急速な経済回復をとげ，ドル不足を克服して1957年には通貨の交換性回復を達成し，58年にはEEC（欧州経済共同体）を発足させて地域内の貿易自由化と分業の深化を推進する．日本は，とくに朝鮮戦争による「特需」を奇貨として早期に経済自立を達成し，1955年からは新鋭重化学工業化主導の高度経済成長を展開した．

このようにしてアメリカの援助や軍事スペンディングを梃子として西欧や日本の資本主義が本格的な復活をとげてくると，1950年代後半から60年代にかけてとくに西欧にたいするアメリカ民間資本の進出が活発になってきた．IMF・GATT体制は，加盟国にたいして原則として貿易・為替の自由化を義務づけていたが，資本取引の自由化については加盟国の裁量に委ねていた．しかし，マーシャル・プランの受入れ機関として西欧先進資本主義諸国によって構成されていたOEEC（欧州経済協力機構）が1961年にOECD（経済協力開発機構）に改組され，アメリカや日本も加盟しうる「先進国クラブ」になると，加盟国間では原則として直接投資を含む資本取引を自由化することとした．これは，先進国間の水平的相互直接投資の増大を反映するものであると同時に，それをいっそう促進するものとなった．このような先進資本主義諸国からの対外直接投資の代表的形態が，多国籍企業（multinational corporation あるいは transnational corporation）であった．

多国籍企業は，1960年から用いられはじめた新造語であり，第2次大戦後の歴史的諸条件のもとで形成された輸出資本の形態であって，マルクスの時代にもあった高賃金の低利潤率国から低賃金の高利潤率国への輸出資本とも異なるし，レーニンが規定した帝国主義に特有な過剰資本の輸出形態とも異なっている．多国籍企業は，巨大独占企業の生産活動が一国内にとどまりえず，国際的に展開されるようになったことにもとづいている．たんなる低賃金労働力や原料や販売市場目当てではなく，巨大独占企業の企業内分業の国際化こそが，多国籍企業を特徴づけているのである[11]．すなわち，IMF・GATT体制のもとで国際的に展開された国家独占資本主義においては，先進資本主義国の巨大独占企業にとっては，国外市場と国内市場は多分に同質

的となり，巨大企業内の分業を行うには国内市場は狭隘となって，企業内分業を国際的に編成することが合理的となり，必然となったのである．

このような多国籍企業の在外生産は，輸出代替的な性格をもち，市場の拡大が急速で，生産条件の整備されている先進国に立地することが多かった．したがって，第2次大戦後における国際経済関係の緊密化・統合化は，先進国対発展途上国の垂直的関係におけるよりも先進国どうしの水平的関係においてより急速にすすみ，しかも，多国籍企業の発展のために，すくなくとも欧米関係においては，貿易よりも在外生産の面においてより急速にすすんだ．先進資本主義諸国の中で，海外直接投資の供与の面でも受入れの面でももっとも遅れをとっていたのが日本であって，日本の海外直接投資が本格化してくるのは，円高と資源危機下の70年代以降のことである．

多国籍企業はけっして無国籍ではなく，その多くはアメリカや欧州や日本を母国とする巨大企業であり，企業という社会的存在である以上，母国や現地の国家の保護と規制の下にあるのだが，その活動が国際的になればなるほど，特定国の規制を桎梏と受け止めるようになってくる．そこで，多国籍企業は，無税のタックス・ヘイヴンに本拠を移して利潤の国際移転を行ったり，遊休資金を特定国の規制の及ばないユーロ市場で運用して，しばしば母国国家の利害と衝突するに至る．多国籍企業は，独占資本主義の生み出した鬼子であり，伝統的な国民経済を解体に導く可能性をもつものであった．

(3) 経済の軍事化

第2次大戦後，アメリカは，ブレトン・ウッズ体制の基軸通貨国になると同時に，パクス・アメリカーナの軍事的覇権国として，資本主義世界を統括して東西冷戦を主導する地位についた．パクス・ブリタニカの時代のイギリスがそうであったように，世界システムの覇権国は，はっきりした軍事的優位性をもっていなければならない．しかも，第2次大戦後の世界は，アメリカ中心の資本主義世界とソ連中心の社会主義世界に分裂し，さらに旧植民地・従属国が独立して第3世界を形成していたから，覇権国としてのアメリ

第3章　第2次世界大戦後の資本主義

カの軍事的必要は，いっそう高いものがあった．急速な重工業化をすすめたソ連は，大戦直後の1940年代末には核兵器を開発し，57年には人口衛星の打上げに成功して，アメリカに匹敵する軍事大国になろうとしていたし，朝鮮戦争やヴェトナム戦争などの地域熱戦のいくつかは，反米独立・社会主義志向の要素をもっていたからである．アメリカは，ソ連など社会主義圏を封じ込め，反米・民族独立闘争を抑圧するために，軍事力を増大する必要にせまられると同時に，それを正当化してきたのである．

1950年代から60年代にかけての戦後冷戦期のアメリカでは，GNPの7％前後が広義の軍事費にあてられていた．これに対して，経済力ではアメリカより劣るものの対等な軍事力を保持しようとしたソ連は，GNPの約15％を軍事費にあてていたとみられる．冷戦期をつうじてのこの過大な軍事費負担が，のちのソ連崩壊の重要な要因の1つとなったように思われる．

いうまでもなく，軍事費は，生産財としても賃金財としても役立たぬ奢侈品の一種としての軍需品の消費のための支出であって，軍需品の生産に必要な生産財は拡大再生産にあてうる余剰生産財からの控除をなし，軍需品の生産と消費に必要な労働力も全体労働力からの控除要因となるので，いわゆる供給条件側からみれば，経済成長に対して否定的効果をもつ．しかし，需要条件側からみると，軍事支出は，生産能力に余裕がある限り，もしそれがなければ利用されないような生産物への需要を創出して現実の生産水準を増大させ，生産設備の稼働率を高め，実現利潤率を上昇させる効果をもつ．

しかも，通常の商品とは違って軍需品の価格設定は，市場的にではなく，いわば計画経済的に政府規則にもとづいて評価されたコスト・プラス・適正利潤の方式によって行われるので，恣意的になりがちである[12]．軍需企業は，市場を介することなく直接に政府と交渉・協力し，さらには一体化し，「軍産複合体」といわれるような組織体を出現させた[13]．第2次大戦後冷戦期の資本主義世界の中心国アメリカにおいて，GNPの1割弱の規模で軍需産業が確固たる地位を占め続けたということが，現代資本主義の重要な特質の1つである．しかも，アメリカ資本主義の中で戦略的位置を占めた軍需産業が，

多分に非市場的環境のもとで，政府と民間企業との事実上の複合体という形態で存在したことは，皮肉な現象である．

アメリカを起点として全世界に張りめぐらされたNATO, SEATO, CENTO, 日米安全保障条約などの社会主義包囲の軍事同盟網は，ソ連などの相手国側に軍備拡張の圧力を加えるとともに，同盟国にも圧力を加えた．GNPに占める軍事費の比率は，イギリス，フランスが5～4％，ドイツ，イタリアが3～2％，日本がほぼ1％であった．日本は，日米安全保障条約によって軍事力増強の義務を負ったものの，ある程度まで「平和憲法」を逆手にとりつつ，軍事面ではアメリカにほとんど依存することによって軍事費を相対的に低位に抑え，より多くの資源を新鋭重化学工業化を伴った高度経済成長に集中したのである．東西冷戦は，全世界に軍拡の圧力を加えたが，資本主義世界では，アメリカの軍事支出が突出していた．

経済の軍事化は，アメリカのように余裕生産能力を保有する国においては，短期的には，稼働率と利潤率を高め，生産と雇用を増大させるが，長期的には，財政赤字の累積，資源の軍需産業への過度のシフト，民生産業の国際競争力の弱化，そしてやがては国際収支の赤字をもたらす．アメリカの経常収支は，1952-60年において年平均44億ドルの黒字，60-64年において年平均42億ドルの黒字なのであるが，ヴェトナム戦争初期の65-67年には黒字は年平均17億ドルに減少し，ヴェトナム戦争が激化した68年には9億ドル，69年には11億ドルのそれぞれ赤字となり，以後，基本的には赤字基調に転化するのである．経済の軍事化と経常収支の赤字化との関連は明白であり，もしアメリカが基軸通貨国でなければ，その軍拡は国際収支面から抑制されたであろう．しかし，アメリカは基軸通貨国の特権を行使して，70年代以後も，軍事超大国の地位を保持し続けた．

戦後アメリカにおける経済の軍事化は，財政赤字や民生産業の国際競争力の弱化をつうじて，必ずしもアメリカ経済の地位の相対的低下をもたらしたわけではない．政府と国防企業の協同によって，軍事戦略的観点から市場や予算の制約にとらわれることなく，目標を設定し，新技術の開発を行うとい

う軍事化に特有の手法は，大規模な技術革新を生み出した．航空・宇宙関連，核・原子力関連，電子・情報・コンピュータ関連，生物・化学兵器関連の技術が，それである．これらの先端技術の多くは，戦後アメリカにおける経済の軍事化なしには，開発されえなかったであろう．また，これらの先端技術のうちの若干は，既存産業に波及して，既存産業を再活性化することにも役立った．かくして，軍事超大国アメリカは，60年代末以降，日本・西欧などの追い上げにあって，既存産業では陰りをみせ始めるものの，情報・通信技術をはじめとする先端技術では世界的優位を確立するのである．

4. 1970年代における転換

第2次大戦後の資本主義の相対的な高成長にピリオドを打ったのは，1973-74年の第1次石油危機であった．すなわち，1973年10月に勃発した第4次中東戦争にさいして，OPEC（石油輸出国機構）諸国は，石油を武器に用いることとし，原油価格をそれまでの1バレルあたり約3ドルから，4倍の約12ドルに引き上げ，先進国にとって相対的に低廉であった原燃料の供給構造を根底から動揺させたのである．OPEC諸国が，このような石油戦略を発動して，成功することができたのは，先進国の工業製品価格に比べて石油をはじめとする1次産品の価格が長年にわたって低く据え置かれ，先進諸国の生産構造が，低価格の原燃料・原材料依存型になっていたことにもとづいている．

この第1次石油危機は，1971年のいわゆるニクソン・ショックの必然的結果でもあった．すなわち，アメリカ巨大企業の多国籍化，アメリカ経済の軍事化に関わって，アメリカの国際収支の赤字が累積（西欧や日本のドル保有が累積）し，それにともなって外国保有ドルの金との交換も増大して，アメリカの公的金保有は，必要最低限といわれていた100億ドル近くにまで減少したので，1971年8月，ニクソン大統領（当時）は，1オンスの金＝35ドルの交換を停止したのである．この金・ドル交換停止にともなって一時的に

変動相場制が出現したが，71年末のスミソニアン会議において，固定レート制の再構築がはかられた．しかし，ブレトン・ウッズ体制の固定レートは，疑似的にもせよ，ドルが金の裏付けをもっていたことにもとづいていた．スミソニアン体制は，ドルを金の裏付けを欠いたままの状態にしておきながら，固定レート制を再建しようとしたのであるが，このような体制が長続きするはずがない．1973年2-3月には，主要先進国の通貨は，すべて変動相場制に移行し，かくして金・ドル交換と固定レート制を2大支柱としていたブレトン・ウッズ体制は事実上崩壊した．

金・ドル交換の停止は，アメリカが，公的保有金の制約からより自由に対外支出を行うことを可能とし，変動相場制は，アメリカ以外の先進諸国が，ドルに対する自国通貨の大幅な値上がりを抑制するために一種の調整インフレ政策を実施することを可能とした．この結果，国際的に大量の過剰流動性（遊休資金）が形成され，インフレ期待も高まっていて，このような条件のなかで，第1次石油危機が勃発したのである．ニクソン・ショックと石油危機という相互に結びつく2つの要因が，第2次大戦後の相対的な高成長の条件を喪失させたものと考えられる．

第1次石油危機を契機に，世界経済は1974-75年恐慌に突入し，マイナス成長を記録した．この恐慌は，先進資本主義国のほとんどすべてを巻き込んだ戦後初の同時的な本格的恐慌であると同時に，その後しばらくは続く世界的なスタグフレーションの引き金ともなった．すなわち，先進石油消費国にとっては，石油価格の大幅引き上げは，一方では国内所得の産油国への移転をもたらして，国内では需要不足・生産過剰を出現させるとともに，他方では，需要不足・生産過剰にもかかわらず商品の供給価格を大幅に上昇させて，停滞とインフレーションの同時進行を結果したのである．

1974-75年恐慌とその後のスタグフレーションの過程を契機として，資本主義は，低成長，情報化，金融化，グローバル化，福祉削減・民営化の新自由主義などの諸現象によって特徴づけられる新しい局面を展開してきた．この新しい局面の資本主義については，「ポスト・フォーディズム」とか，「逆

流する資本主義」とか,「世界大の国家独占資本主義」とか,「情報資本主義」といったさまざまな規定が提案されているが[14], ここではさしあたり, それをグローバル資本主義と呼んでおくことにしよう[15]. 第2次大戦後の国家独占資本主義は, 1970年代末にグローバル資本主義に転換したのではないかと考えられる.

グローバル資本主義への転換の基礎には, つぎのような変化がある.

第1に, 石油危機を契機に従来のエネルギー多消費型の重化学工業に替わって, ME（マイクロ・エレクトロニクス）革命に起点を有する電機・電子・通信などのハード・ソフトを含めた情報産業が, 産業的基軸になった. 情報産業においても, 基礎的な部品や基本ソフトの開発と生産には巨額の資本を必要とし, 必要最小資本量は重化学工業に劣らぬほど大きい. その意味では, 情報産業を基軸とするグローバル資本主義も, 依然として独占資本主義であることには変わりはない. ただ, CIM（コンピュータ統合の生産）は, 多品種少量生産を可能にするので, 大企業による大量生産の優位性を若干は掘り崩すものとなっている.

第2に, 直接的生産過程および事務労働における情報化・コンピュータ化は, 従来の労働のあり方を一変させた. それは, 一方ではホワイト・カラー, ブルー・カラーの区別なく, 1人で1日中コンピュータ画面を黙視し続けるような密度の高い分散的労働をつくりだすとともに, 他方ではソフトウエアの開発のように創造性を要求される高度な科学的労働をつくりだして, 労働の一体化を解体させた. このような労働の多様化・分散化・個別化は, 雇用形態の多様化をもつくりだして, 70年代末以降, 世界的な規模で労働運動・労働組合運動の弱体化をもたらしているようにみえる.

第3に, 70年代以降のコンピュータ情報化は, 90年代のインターネット革命と結びついて通信の高速化・大容量化, 低廉化をもたらし, それをつうじて経済活動のグローバル化をすすめた. とくに, 前述のブレトン・ウッズ体制の崩壊とともに形成された大量の国際的遊休資金とそれを媒介する金融業が, この情報通信革命と結合したとき, 巨大な相乗効果をもたらした. も

ともとこれらの遊休資金は，外国為替相場，利子率，証券価格の変動をつうじて，世界のあらゆる地域に収益機会を求めて浮動する資金なのであるが，情報通信革命は，デリバティブを含む金融商品をつぎつぎと作り出して市場を拡大しただけではなく，資金移動を画期的に迅速化して，グローバルな金融革新を生み出し，グローバル化と経済の金融化をすすめた．1980年代以降のグローバリゼーションの潮流の先頭に立ったのが，金融グローバリゼーションだったのである．

第4に，経済政策の面では，70年代末以降，規制緩和・民営化の新自由主義が台頭してくる．サッチャーリズム，レーガノミクス，中曽根臨調路線などが，その代表である．グローバル化・国際化のなかでは，国家による規制は無用になるという面もあるが，それだけではない．第2次大戦後の国家独占資本主義のもとで主流をなしてきたケインズ的需要管理政策は，70年代のスタグフレーションに対しては有効性を発揮できず，いたずらに赤字国債を累積させるという結果になるという傾向があったので，その代替政策を必要としたという事情もある．また，独占資本が，低成長・大量失業という現実を利用して，従来の福祉国家体制を見直し，低福祉・低賃金のもとでの蓄積体制の再構築を追求したという面もあろう．とくに運輸，通信部門における規制緩和・民営化は，広範なビジネス・チャンスを作り出し，情報化・グローバル化を促進した．

最後に，国際関係の変化についても取り上げる必要があろう．アメリカの金・ドル交換の停止に端を発するブレトン・ウッズ体制の崩壊は，すくなくとも当時はアメリカとドルの権威を失墜させるものであった．また，石油価格大幅引き上げに連動した資源ナショナリズムの高揚と「新国際経済秩序宣言」(1974年国連第6回特別総会)は，先進諸国にとっては脅威であった．さらに資本主義世界の盟主として自他ともに任じてきたアメリカが，ヴェトナム戦争で敗退し，撤兵したことは，アメリカの後退を世界中に印象づけた．第2次世界大戦後のいわゆるパクス・アメリカーナは，70年代において一旦は凋落した．1975年から始まるサミット(先進5か国首脳会議)体制は，

第3章 第2次世界大戦後の資本主義

パクス・アメリカーナに替わるパクス・コンソルティスの第一歩であるかのように考えられたのである．

このように産業構造，労働形態，経済体制，経済政策，国際関係のいずれにおいても，1970年代においては重要な転換が生じている．もとより国家独占資本主義のグローバル資本主義への転換といっても，この転換によって国家の経済過程への介入がなくなったとか，福祉国家体制が崩壊したといっているのではない．グローバル資本主義のもとにおいても，国家は依然として deus ex machina（とりなしの神）の役割を果たしており，福祉国家体制もスリム化はしているが，現存している．しかし，1980年代以降の経済システムを主導し，特徴づけている要素は何かといえば，それはけっして国家介入や福祉国家ではなく，重点は明らかにグローバル化・情報化・自由化にシフトしているように思われる．

注

1) 第2次世界大戦をいち早く「思想戦」・「機械戦」・「経済戦」からなる総力戦として特徴づけた労作として，川上忠雄『第2次世界大戦論』風媒社，1972年，参照．
2) 1930年代アメリカの大不況はいわゆるニューディール政策によってはほとんど克服されず，第2次大戦時の戦時経済によってはじめて克服されたこと，さらに戦時経済のもとで確立された資本蓄積構造が一定の再編と変容を経た上で戦後アメリカの「持続的成長」をもたらした点については，河村哲二『パクス・アメリカーナの形成—アメリカ「戦時経済システム」の分析』（東洋経済新報社，1995年），および河村哲二『第2次大戦期アメリカ戦時経済の研究』（御茶の水書房，1998年）の2労作に詳しい．
3) 野口真「戦後世界システムの転換と中心・周辺関係の変容」（伊藤誠編『現代資本主義のダイナミズム』御茶の水書房，1999年，所収）参照．
4) 「雇用法」セクション2「政策の布告」に述べられている同法立法の目的の基本的部分．平井規之『大恐慌とアメリカ財政政策の展開』岩波書店，1988年，1ページ．
5) 萩原伸次郎氏は，第2次大戦後から1970・80年代に至るアメリカ資本主義の展開を，「ケインズ連合」の成立・危機・崩壊として把握している．「ケインズ連合の基礎とは，いうまでもなく生産的投資に利害を有する生産階級（productive class）の連合であり，具体的には，支配的な寡占資本階級と労働階級との

広範な連合であり，その基礎は寡占市場から生ずる超過利潤と労働者の高賃金にほかならない」(萩原伸次郎『アメリカ経済政策史―戦後「ケインズ連合」の興亡』有斐閣，1996年，64ページ).

6) 「戦後『パックス・アメリカーナ』全盛期のアメリカ経済は，『準戦時期』的性格をもっていたのである……．『戦後期』のアメリカ経済のそうした『軍事的』性格は，米ソ対立を軸とする冷戦構造をその最大の原因とするもので，戦後アメリカ経済の顕著な特徴として，すでに内外で指摘されてきた点である……」(河村哲二，前掲書，388ページ).

7) 戦後日本の国家独占資本主義の特質については，鶴田満彦「高度経済成長の矛盾と帰結」(『講座・今日の日本資本主義2』大月書店，1981年，所収)，同「望ましい経済システムを求めて」(鶴田満彦編『現代経済システムの位相と展開』大月書店，1994年，所収)，井村喜代子『現代日本経済論[新版]』有斐閣，2000年，とくに第3章，参照．

8) ケインズ案とホワイト案との角逐については，R. Kuttner, The End of Laissez-Faire—National Purpose and the Global Economy after the Cold War, New York, 1991. 佐和隆光・菊谷達也監訳『新ケインズ主義の時代―国際経済システムの再構築』日本経済新聞社，48-57ページ，参照．

9) R. Triffin, Gold and Dollar Crisis : The Future of Convertibility, NewYork, 1959. 村野孝・小島清監訳『金とドルの危機』勁草書房，1961年．トリフィン理論への評価と批判については，富塚文太郎『ドル体制の矛盾と帰結』読売新聞社，1990年，とくに第2章，参照．

10) 固定レート制の重要な欠点として早くからこの点を強調していたのが，吉富勝氏である．吉富勝『現代日本経済論』東洋経済新報社，1977年，12-15ページ，参照．

11) 佐藤定幸『多国籍企業の政治経済学』有斐閣，1984年，4ページ．

12) S. Melman, Pentagon Capitalism—The Political Economy of War, 1970. 高木郁朗訳『ペンタゴン・キャピタリズム』朝日新聞社，1972年，参照．

13) 戦後アメリカの軍需経済については，岩城博司『現代世界体制と資本蓄積』東洋経済新報社，1989年，とくに第4編「政治経済体制としての軍産複合体」を参照．

14) 山田鋭夫氏は「ポスト・フォーディズム」，伊藤誠氏は，「逆流する資本主義」，北原勇氏は「世界大の国家独占資本主義」という規定を採っている．北原勇・伊藤誠・山田鋭夫『現代資本主義をどう視るか』青木書店，1997年．「情報資本主義」という規定を採るのは，北村洋基氏である．北村洋基『情報資本主義論』大月書店，2003年．

15) 70年代末以降の新しい経済システムについては，かつて「ME適応型経済システム」と規定したことがある．鶴田満彦編著『現代経済システムの位相と展開』大月書店，14-15ページ参照．「ME適応型」ではややスケールが小さすぎ

ると思われるので，ここでは「グローバル資本主義」とした．「グローバル資本主義」については，ジョージ・ソロスの有名な著書（『グローバル資本主義の危機』，大原進訳，日本経済新聞社，1999年）もあり，SGCIME編『マルクス経済学の現代的課題』シリーズ（御茶の水書房，2003年～）も，現代資本主義の現局面を「グローバル資本主義」と規定している．同シリーズ第1巻I所収の河村哲二氏の総序論「戦後パックス・アメリカーナの転換と『グローバル資本主義』」参照．なお，馬場宏二氏も，資本主義の最近の段階を「グローバル資本主義段階」としている．加藤栄一・馬場宏二・三和良一編『資本主義はどこに行くのか―20世紀資本主義の終焉』東京大学出版会，2004年，参照．

[付記]　本章は，旧稿「現代資本主義をめぐる歴史的諸条件とそのもとでの特質形成」（北原勇・鶴田満彦・本間要一郎編『講座資本論体系10　現代資本主義』有斐閣，2001年，所収）を圧縮し，4を新たに書き加えたものである．旧稿の再利用を許諾された有斐閣に感謝する．

第4章
グローバル資本主義

1. グローバリゼーションの概念

　20世紀の80年代頃から21世紀にかけての世界を特徴づけている最も重要な政治経済的現象は，グローバリゼーションである．この現代のグローバリゼーションのなかでの資本主義のあり方（存在様式）が，グローバル資本主義にほかならない．とくに1990年代初頭のソ連崩壊以後，中国やヴェトナムといった社会主義国の市場経済化もすすみ，市場経済と民主主義こそが，現代世界の普遍的原理であるとして，グローバリゼーションの名のもとに，アメリカは，世界システムの一体化・統合化を推進しているようにみえる．

　グローバル資本主義とは何かを明らかにするためには，まず，グローバリゼーションとは何かを明らかにしておかなければならないが，グローバリゼーションという用語は，比較的に最近に登場しただけに，その概念はきわめて多義的で，まさに論者の数だけの定義があるといっても過言ではないほどである．

　たとえば，A.ギデンズは，グローバリゼーションがさまざまなプロセスが重なりあった複合的現象であることを強調しつつ，「グローバリゼーションは，経済的な相互依存だけでなく，日常生活における時間と空間を変換するという効果を併せ持つのである．経済と関係があろうとなかろうと，はるか遠くの出来事の影響が，以前とは比べようもないほど，直接的に，間髪を入れずに私たちに及んでくる」[1]といっている．

第4章 グローバル資本主義

またR.ギルピンは,「『グローバリゼーション』という用語は,1980年代後半に,多国籍企業による対外直接投資の急増にともなって一般に使われるようになった」として,「多国籍企業と対外直接投資はグローバル経済のきわめて重要な特徴である.多国籍企業の重要性が増してきたことによって,グローバル経済の構造と機能は根本的に変化してきた」[2]といっている.

これらを見る限り,ギデンズは,グローバリゼーションを時間と空間の変換一般に解消し,現代グローバリゼーションの先頭に経済グローバリゼーションがあることを軽視しているように思われるし,逆にギルピンは,現代グローバリゼーションを多国籍企業の対外直接投資活動に絞り過ぎているように思われる.

グローバリゼーションは,まず,資本・商品・サービス・労働力・技術・情報といった諸資源の国際的移動の増大といった実態にあらわれている.『通商白書2000』(「グローバル経済と日本の針路」)によると,1980年から1997年の間に,世界全体の貿易依存度(輸出+輸入を名目GDPで除したもの)は,35%から45%に上昇し,対内直接投資依存度(対内直接投資を総固定資本形成で除したもの)は,2.4%から7.4%に上昇したという[3].グローバリゼーションはまた,このような諸資源の国際的移動の増大を推進してきた国民国家や国際諸機関の自由化・規制緩和の政策をも指す場合もある.さらに,グローバリゼーションは,世界的な自由放任(レッセ・フェール)こそが,ベストの効率と経済的厚生をもたらすという市場原理主義的イデオロギー=グローバリズムとも結びついている.グローバリゼーションといわれているものの中には,実態と政策とイデオロギーという3つの要素があることに注意しなければならない.私は,グローバリゼーションを主として上述の意味での実態を指すものとして定義し,グローバリゼーションを推進する政策やイデオロギーについては,これをグローバリズムと呼ぶことにしたい.

1990年代におけるグローバリゼーションに関連した最も大きな世界制度的転換は,ウルグアイ・ラウンド(1986-94年)による協定締結と,それに

もとづくGATTのWTOへの改組（1995年）である．第2次大戦後の国際経済関係を律してきた制度の1つであるGATTは，基本的には鉱工業品目のみを対象として，関税の包括的引き下げにより貿易の多角的自由化を推進してきたのであるが，ウルグアイ・ラウンド交渉の結果として設立されたWTOは，あらたに農産物，金融・保険・司法などのサービス，貿易関連投資，知的財産をも自由化推進の対象とするに至ったのである．農産物貿易の自由化は，各国民経済の生存保障や環境保全にかかわり，サービス・知的財産取引の自由化は，多様な歴史的背景のもとに形成されてきた文化や制度の画一化（いわゆるグローバル・スタンダード）にかかわる．WTOの設立は，グローバル市場経済化をモノのレベルから，生活・文化・制度のレベルにまで押し進めたという点で，グローバリゼーションの新たな段階を画したものといえよう．

　グローバリゼーションによって千年王国が実現するという推進者側の言説とは対照的に，1990年代は，通貨・金融危機の頻発によっても特徴づけられている．すなわち，92年の欧州通貨危機，94年のメキシコ通貨危機，97年の東アジア（日本を含む）通貨・金融危機，98年のロシア通貨・金融危機とその中南米諸国への波及等が，それである．これらの通貨・金融危機自体，金融グローバリゼーションの必然的結果なのであるが，危機に際しては，とくに発展途上国や旧社会主義からの移行途上国の場合，IMFなどの国際機関は，緊急融資と引換えに，緊縮政策や，いわゆるグローバル・スタンダードに従った経済改革の実行を条件づけ，現地の住民からグローバリズムへの二重の反感を買っている．グローバリゼーションの重圧の前では，国民経済の自立性・自主性は，危殆に瀕している．

　これらの住民を含めて，企業の国際的統合によってリストラに直面している労働者，農業自由化によって仕事を奪われた農民など，グローバリゼーションの否定的影響を受けている人々の多くは，グローバリゼーションに対して反感と反発の念を抱きながらも，深い無力感とニヒリズムにとらわれているようにみえる．なぜならば，グローバリゼーションは，科学技術の進歩や

社会システムの国際化にともなう必然的現象であるかのようにみえる上に，かりにグローバリゼーションに対して闘争しようとしても，対象自体を把握することが困難だからである．実体はさだかでないにもかかわらず，世界中の人間に対して死活の影響を及ぼし，しかも不死身であるかにみえるグローバリゼーションは，まさに現代の怪物である[4]．

　1990年代末になってようやく，環境NGO，労働組合，市民団体合等による反自由化・反グローバリズムの運動が高まってきた．1998年11月30日から12月3日にかけて米国シアトル市で開催された第3回WTO閣僚会議は，会場を取り巻くデモのために，十分に意見を調整することができず，流会するに至った．また，1999年4月16日～17日に米国ワシントン市で開催されたIMF総会・世界銀行総会の際にも，反グローバリズムの大規模なティーチ・インやデモが行われた．さらに，2001年7月下旬のジェノバ・サミットの際にも，反グローバリズムの大規模なデモが繰り返され，警備側の発砲によって死者1名を出すまでに至った．

　グローバリゼーションがこれほど大きく人々の現実の経済生活や生き方や考え方に影響を及ぼしている以上，グローバリゼーションに対する政治経済学的検討は不可欠である．本章で取り上げる論点は，次のようなものである．現代のグローバリゼーションを押し進めている推進力は何か？　グローバリゼーションは国民経済にどのような影響を及ぼしつつあり，その結果をどのように評価すべきか？　グローバル資本主義の矛盾は何か？

2．現代グローバリゼーションの推進力

　モノやサービスの生産を利潤目的で行う資本主義は，ほんらいグローバリゼーションを志向するものである．なぜならば，生産を担う資本主義企業は，制約されない限り，国境や民族といったあらゆる限界を超えて，安い原料や労働力を調達し，生産物をいかなる市場に対してでも販売しようとするからである．すでに150年以上前に，マルクス＝エンゲルスの『共産党宣言』は，

「自分の生産物の販路をつねにますます拡大しようという欲望にかりたてられて，ブルジョア階級は全地球をかけまわる．どんなところにもかれらは巣を作り，どんなところをも開拓し，どんなところとも関係を結ばねばならない．／ブルジョア階級は，世界市場の搾取を通して，あらゆる国々の生産と消費とを世界主義的なものに作り上げた」[5]と述べて，グローバリゼーションを予見していたのである．

しかし，20世紀末から21世紀初頭にかけてという特定の時点におけるグローバリゼーションは，単に資本の文明開化的傾向や科学技術の発展といった一般的要因には帰せられない特質をもっている．

現代におけるグローバリゼーションの推進力の第1は，1970年代以降の情報技術革命である．すなわち，1971年のインテル社によるi4004プロセサーの開発を起点とするME（マイクロ・エレクトロニクス）革命は，コンピュータの小型化・高性能化・低廉化をつうじて産業技術への広範な浸透を可能にした．折しも，70年代には2度のオイル・ショックを契機として重化学工業を基軸とした国家独占資本主義的蓄積体制が挫折し，新技術と新産業とが求められていたのであるが，ME技術はそれに応えたのである．80年代は，日本を先頭として，ME技術の生産過程への導入が本格的にすすみ，情報技術と機械体系との一体化によって多品種少量生産をも可能にするFMS（フレキシブル・マニュファクチュアリング・システム）も進行し始めるとともに，パソコンの急速な普及によってOA（オフィス・オートメーション）が推進された時代である．

さらに90年代には，パソコンの低廉化・高性能化が一段とすすむとともに，通信技術の進展と情報通信に関する規制緩和とあいまって，あらゆるコンピュータ・ネットワークをグローバルに結び付けるいわゆるインターネットが構築・展開された．本来，インターネットは，1969年に軍事的堅牢性を目ざしてアメリカ国防省高等研究計画局のARPANETとして始まったものであるが，89年には全米科学財団（NSF）に移管され，とくに93年以降は，WWW（World Wide Web）の導入とともに，拡張性・接続性・開放

性・双方向性をもった情報通信手段として爆発的に普及するに至った[6].

　アメリカを先頭とする先進資本主義国にとって，このインターネットは，新たな内延的拡張の場を創出するものであった．なぜならば，インターネットは，企業―企業間，企業―消費者間，企業―政府間，消費者―政府間における瞬時の情報の流通を可能にすることによって，金融を含むEコマースともいうべき新たなビジネス領域を生み出すとともに，インターネット接続サービス，検索サービス，コンテンツ提供などの新たな産業を創出したからである．70年代以降の情報通信革命の最後の産物であるインターネットは，資本主義本来のグローバリゼーションを最高度にレベルアップしたというべきであろう．

　現代グローバリゼーションの第2の推進力は，上述のこととも関連するが，経済における金融の比重の増大，あるいは経済の金融化である．70年代以降，実体経済に対する金融の比重は顕著に高まっている．たとえば，日本において名目GNPに対する金融資産の倍率は，1970年度の3.75から95年度には8.32に増大している．名目GNP成長の2倍以上のスピードで，金融資産が増大しているわけだ．これは，程度の差こそあれ，他の先進資本主義経済にも共通した現象である．

　このような金融肥大化をもたらした根源には，70年代初頭における旧IMF体制の崩壊，いわゆるニクソン・ショックがあった．すなわち，戦後ブレトン・ウッズ体制のもとでは，米ドルと金とは等しい地位に置かれ，アメリカ政府は，原則として他国の政府や中央銀行に対しては，1オンスの金＝35米ドルの比率で金とドルとの交換に応じていたのであるが，日本やヨーロッパ諸国の経済成長による競争力強化と，うち続くヴェトナム戦争による戦費の増大のために，アメリカ経常収支赤字と金流出が増大し，71年8月には，当時のニクソン大統領は，金・ドル交換停止を宣言するに至ったのである．これは，米ドルから金の裏付けを取り去り，事実上のドル本位制の成立を意味するものであった．これによって，アメリカは，従来以上に自国の経常収支赤字を優雅に無視して（ビナイン・ネグレクト）ドル散布を行う

ことができるようになり，さらに旧 IMF 体制下の固定レート制も不可能となって変動相場制が導入された．

アメリカのドル散布がより無規律的となり，世界的に流動性が過剰傾向となり，しかも外国為替相場が不安定になったことへの当然の反応が，70 年代の 2 度のオイル・ショックであった．もちろん，オイル・ショックには，石油をはじめとする資源に対する先進資本主義国の過剰蓄積や産油国側の資源ナショナリズムといった要因もあるが，最大のものは，旧 IMF 体制の崩壊である．オイル・ショックによって産油国があらたに取得した石油輸出代金（オイル・ダラー）の一部は，産油国の輸入増加によって費消され，石油消費国に還流したが，産油国の費消しきれない大量のオイル・ダラーは，50 年代ごろから形成されてきたユーロ・ダラー市場に流れ込み，同市場を巨大化させ，そのことによってオイル・ダラー以外の先進資本主義諸国の遊休資金をも誘引して，ユーロ・ダラー市場を累積的に巨大化させた．高田太久吉氏の推計によれば，73 年には 1,320 億ドルであったユーロ・ダラー市場は，79 年には 5,000 億ドルを超える規模にまで膨脹したという[7]．

ユーロ・ダラーをはじめとして，ユーロ・ポンド，ユーロ円などのユーロ・カレンシーは，特定国の規制から自由で，しかも世界のあらゆる地域に収益機会を求めている資金であり，80 年代アメリカのレーガノミクスによる「双子の赤字」，国際不均衡の増大に伴ってさらに増殖した．外国為替相場，利子率，証券価格の変動は，これらの資金に，リスクとともに収益の機会を与えるからである．これらの資金こそ，金融資本のもっとも現代的な形態であると考えられる．金融資本のもっとも現代的形態は，産業独占との融合・癒着によってよりも，グローバルな外国為替・金融・証券市場の価格変動をめぐる投機をつうじて短期・最大限の利潤をあげることをめざしているようにみえる．

このような金融資本とそれを媒介する各種金融機関の運動に，まさに梃子のような力を与えたものが，前述の情報技術革命である．ME 革命とオイル・ショックに伴うユーロ・カレンシー市場の膨脹がともに 70 年代に始ま

ったのは，さしあたりは偶然であったが，両者の結合は，相乗的効果を生み出した．すなわち，金融業が取り扱う資金は，質的には無差別で量的にのみ異なる独特の商品であって，コンピュータ上の情報処理には最適のものである．コンピュータをつうじてデリバティブを含む各種金融商品を次々と作りだして市場を拡大できただけでなく，オン・ライン・ネットワーク，さらにはインターネットをつうじて資金移動を迅速化した．オン・ライン・ネットワークに係る膨大な初期投資が銀行業への新たな参入障壁を形成し，銀行の吸収・合併への誘因となった．また，金融業は，情報技術産業にとってももっとも重要な市場を形成した．こうして，情報技術革命と金融業との結合は，グローバルな金融革新を生み出し，グローバリゼーションの巨大な推進力となったのである．

現代グローバリゼーションの第3の推進力は，すでに1970年代には凋落したパクス・アメリカーナ（アメリカの覇権）を情報と金融と軍事を梃子として再構築しようとするアメリカの死活の努力である．70年代におけるニクソン・ショック，ヴェトナム戦争敗退によって，アメリカの経済的・軍事的覇権国としての地位は劇的に後退した．さらに，80年代後半には，経常収支赤字が続く中で，アメリカは世界最大の純債務国に転落し，1990-91年の湾岸戦争においては，アメリカは戦費をすべて日本，ドイツ，サウディ・アラビアなどの外国に依存するという醜態を演じて，パクス・アメリカーナの終焉を全世界に印象づけたのである．およそ，外国の資金に依存しながら，ヘゲモニーを行使した覇権国は，史上空前だったからである．ところが，90年初頭のソ連・東欧社会主義の崩壊による政治的・軍事的対抗力の消滅を契機として，アメリカは，パクス・アメリカーナ再構築の試みに乗り出した．これが，アメリカ主導のグローバリゼーション戦略である．

この戦略は，かなりな程度に成功をおさめたといっていい．というのは，アメリカの戦略的産業部門である情報と金融においては，収穫逓増（規模の経済）が顕著に作用し，初期の参入者が圧倒的な競争力優位をもつことができる上に，自己に有利な標準・制度を設定し，それをいわゆるグローバル・

スタンダードとして全世界に押し付けることができるからである．90年代アメリカの「ニュー・エコノミー」なるものは，労働力の流動化による所得格差の増大，軍需部門から情報・金融部門への労働力の移動，そしてウインドウズ，インテル，BIS規制など情報・金融部門におけるグローバル・スタンダードの把握によって果たされたのであった．現代グローバリゼーションの重要な一側面は，情報・金融におけるアメリカン・スタンダードを政治的・軍事的ヘゲモニーのもとに全世界に押し付けようとするアメリカナイゼーションにほかならない．

3. グローバリゼーションと国民経済

これまでに見てきたとおり，現代グローバリゼーションは，主として情報通信と金融部門において進行しているのであるが，それは経済のあらゆる分野における規制緩和・自由化政策を伴い，さらに自由放任（レッセ・フェール）こそがベストの状態をもたらすという市場原理主義的イデオロギー＝グローバリズムを伴っているがゆえに，経済・社会生活の全体に深刻な影響を及ぼしつつある．否定的な影響のうちの最大のものは，国民国家によって総括された市場経済，すなわち国民経済を危機に陥れていることであろう．

本来，市場経済あるいはその最高度に発展した形態である近代資本主義経済は，国家という合法的にその成員に強制力を行使できる機関による支持を必要としている．なぜならば，資本主義経済がスムーズに運営されるためには，所有制度・貨幣制度が安定的に維持される必要があり，そのためには国家による強制力が不可欠である上に，資本主義はもともと社会生活の深部からというよりも外部から生まれたものであるがゆえに，労働力の再生産，社会保障，公共財の供給のためには，国家の介入を必要としているからである．

近代資本主義に適応的な国家形態は，いわゆる国民国家（nation state）であった．国民は，民族や社会という自生的集合とは違って，ある程度まで言語・習慣・宗教・文化等を共有する人工的集合であって，むしろ初めに近代

第4章　グローバル資本主義

国家の成立があり，民族的・地域的関係からその成員とされた人間集合が，国民とされるのである．国民国家の人工性は，多民族国家としてのアメリカ合衆国や旧ソ連崩壊後の国家体制の再編成の状況をみても明らかである．国民国家は，けっしてヘーゲルが妄想したような理性を体現する絶対的存在ではない．資本主義が必要とするのは，なんらかの形態の国家であって，その中では，国民国家は比較的に正統性を得やすい国家であったために，近代資本主義に適応的であったに過ぎないのである．国民国家の人的・地域的境界に画されて，言語や貨幣や制度を共通にしながら営まれる経済が，国民経済である．

　21世紀の初頭に立って激動に満ちた20世紀を回顧したとき，激動の主役の少なくとも1つは，この国民国家であった．20世紀初頭はまさに帝国主義の時代であり，市場と植民地をめぐる諸列強の闘争は，第1次世界大戦を結果したのであるが，それは，戦争当事者たちの意図に反して次のような事態をつくりだした．すなわち，第1に，帝国主義のもっとも弱い一環であったロシアが1917年革命により資本主義世界から離脱したこと，第2に，植民地・従属国においてナショナリズムが高揚し，新国民国家形成への運動が発展したこと，第3に，先進資本主義国の内部でも総力戦の遂行の過程で，階級・人種・性の間の同権意識が前進したことである．1929年恐慌につづく30年代大不況は，管理通貨制の導入を契機として，国家の経済過程への介入の増大とブロック経済を作りだし，その帰結は，第2次世界大戦であった．

　第2次大戦後およそ四半世紀の間，資本主義世界においては，IMF・GATT体制のもとで，国家独占資本主義が国際的に展開され，アメリカの対内的・対外的スペンディングを梃子として持続的経済成長が実現された．戦後国家独占資本主義のメダルの表がアメリカに代表される軍事国家だったとすれば，その裏面は，北・西欧に代表される福祉国家であったといってよい．ところが，70年代以降になると，国家独占資本主義的諸機構が機能麻痺におちいり，規制緩和・民営化の新自由主義的潮流の中で，経済に対する

国家の主導性は後退する．先進資本主義国家の政策決定権は，国連・IMF・世界銀行・サミット・EUなどのインターナショナルな組織にある程度まで吸収されるのに加えて，自治体・NGOといったローカルな組織にも浸食されるのである．

　他方，ソ連における国有・国営中心の国家社会主義ともいうべきシステムは，第2次大戦後，東欧諸国や中国・ヴェトナム等を加えて「世界体制化」し，一時は軍事技術や労働者福祉の面で資本主義に拮抗するほどの力量を持つに至るのであるが，その中央集権的計画経済の硬直性と，政治的抑圧体制のもとでの技術革新へのインセンティブ不足のために70年代後半以降は停滞状態に陥り，90年代初頭には崩壊する．

　70年代後半以降，多くの先進諸国が，程度の差はあれ，国家の役割を縮減する方向で情報化・規制緩和・グローバリゼーションの経済を追求してきたのに対し，同じ時期にアジアNIEs，ASEAN諸国および改革・開放以後の中国が，どちらかといえば国家主導の産業政策を追求しながら急速にテイク・オフを達成し，80年代後半から90年代前半にかけては「世界の成長センター」になったことは，注目すべきことであった．ところが，1997年にはこれら東アジア諸国の多くは，突如として激しい通貨・金融危機に襲われ，タイ，インドネシア，韓国等はIMFの緊急融資を求めて，IMFの厳しいコンディショナリティを受け入れることを余儀なくされたのである．この東アジア通貨・金融危機の原因が，①投機資金を含む外国資金の急速な国内民間部門への流入，②それに基づく国内経済の多分にバブル的な発展，③それを見越した投機的外国資金の急速な流出にあったことは，明白である．

　このように，第2次大戦後半世紀以上を経た現在，先進資本主義の福祉国家は後退し，ソ連型国家社会主義は崩壊し，中国を除く東アジア開発国家も弱体化しているのであるが，その特殊的要因はさまざまであるにせよ，大きな原因がグローバリゼーションにあることは，否定しがたいように思われる．とくに，東アジアの通貨・金融危機をもたらして，東アジアの人々を塗炭の苦しみに陥れたものが，金融グローバリゼーションであったことは，間違い

第4章 グローバル資本主義

ない．投機資金ヘッジ・ファンドのマネージャーでもあるジョージ・ソロスは，こういっている．「世界はいまや深刻な不均衡の時代に突入しており，そこではいかなる個々の国家もグローバル金融市場の権力に抗することができないし，国際的スケールではルールづくりのできる機関は実際はないに等しい」[8]．

問題は，グローバリゼーションに拘束されている国家の危機自体にあるのではなく，国家によって総括される国民経済が危機に瀕していることにある．超グローバリスト的立場からすれば，グローバルな統治機構さえあれば国民国家も国民経済も不必要であり，国民経済の衰退はグローバリゼーションの当然の帰結ということになろう．だが，はたして国民経済をグローバリゼーションの潮流の中に投げ捨てていいのであろうか？

私は，国民国家と国民経済をあくまでも守るべきだというナショナリストの立場に立つものではない．さきに述べたように，国民国家もそれに総括される国民経済も，かなりの程度に人工的・便宜的なものであって，それ自体として守るに値する価値のあるものではない．しかし，現在および近未来においては，個人と民主主義的チャンネルで結ぶグローバルな統治機構（地球政府・地球議会）は想定できないのに対し，国民としての個人と国民国家との間には選挙をつうじて多かれ少なかれ民主主義的チャンネルが開かれているという事実は重要である．つまり，個人の声が1人1票といったかたちで民主主義的に反映される限りで，国民国家・国民経済の自主性・自立性を維持してゆくことが必要であるように思われる．

資本主義の確立期において，国民経済の担い手となったのは産業資本であった．帝国主義の時代においても，植民地獲得・対外支配の原動力となったのは，本国内の産業独占と融合・癒着した金融資本であった．第2次大戦後，貿易・為替の自由化に続いて資本の自由化が認められるようになると，巨大独占企業は有利な市場，低賃金労働力，資源の確保，税金の回避（タックス・ヘイヴン）をめざして，全世界に複数の生産拠点を展開し，多国籍企業として活躍するようになった．多国籍企業は，本国の産業空洞化を促進して

雇用問題を引き起こすなど，すでに国民経済との矛盾をはらんでいたが，生産拠点を保有している限り，その移動には限界があった．しかし，1980年代以降のグローバリゼーションの主役をなしているのは，旧IMF体制崩壊の鬼子といっていい国際的投機資金である．金との連繫を失ったドルは節度なく全世界に流出し，各国銀行の信用創造をつうじて巨大な国際的マネーに増殖し，有利な運用先を求めて世界中を飛びまわる．各国は，この資金を受け入れて自国の経済に利用しようとするので，受入れを拒否しないし，逆に拒否しようとすると，市場をつうじて報復を受ける．報復を避けようとすれば受け入れざるを得ない．このような国際投機資金主導のグローバリゼーションに，国民経済の運命を委ねることはできないであろう．

4. グローバル資本主義の矛盾

現代は，16世紀，19世紀末に次ぐ世界史上第3期目のグローバリゼーションの時代だといわれている[9]．たしかに，生産力の発展にともなって国際的相互依存が，その範囲においても緊密度においても進行するのは歴史の必然であり，人類の世界的連帯の基礎もその点にあることは，いうまでもない．しかし，20世紀末から21世紀初頭を特徴づけている現代グローバリゼーションは，東西冷戦体制の崩壊に情報技術革命と金融肥大化が結びついて，アメリカ化とアメリカ的投機的金融資本の支配とを主要な側面としている．そしてこのことこそが，グローバル資本主義の展開を困難にしているように思われる．

第1に，アメリカ主導のグローバリゼーションは，次第にアメリカのユニラテラリズム（単独行動主義）に転化しつつある．東西冷戦と90-91年湾岸戦争に勝利し，90年代のITバブルを含んだ「繁栄」をも謳歌したアメリカは，アメリカ本位の世界秩序づくりを強行しようとしているのである．ブッシュ政権のもとで，アメリカは，地球温暖化防止京都議定書，包括的核実験禁止条約，国際刑事裁判所規定などの批准を拒否し，弾道弾迎撃ミサイル

(ABM) 制限条約からの脱退もきめた．ほんらい，グローバリゼーションは，主導国ないし中心国の開放的・譲許的行動によって推進される．地球環境の保全や世界平和よりも自国の安全と国益を優先するこのようなアメリカの単独行動主義が，まさにグローバリゼーションの時代において，世界の他のパートナーに受け入れられるはずがない．2001年9月の同時多発テロ事件も，このような世界的文脈のなかで発生したものと考えられる．

第2に，投機的金融資本の跳梁にもとづく金融危機の頻発になかで，資本自由化政策への反省も行われている．世界銀行の副総裁も務めたスティグリッツは，こういっている．「ヨーロッパ諸国は70年代まで資本の自由な流れを規制してきたのだ．それなのに，銀行システムがほとんど機能していない発展途上国に，リスクの大きい資本市場の自由化を求めるのはフェアではないとも言えるだろう．しかし，フェアかどうかはともかく，それは悪しき経済政策だった．資本市場の自由化のあとにたいてい起こるホット・マネーの流出入は，その過程で大混乱を引き起こす．発展途上の小国は，小さな船のようなものだ．IMFがやらせたような急激な資本市場の自由化は，小船を荒海に送り出すようなものだ」[10]．

1997年のアジア金融危機の際，マレーシアのマハティール首相は，新自由主義者らの批判に抗して，対ドル・レート固定相場の導入と資本流出入規制によって，危機を乗り切り，これは，のちにIMF当事者たちによっても評価された．投機的金融資本が国民経済を翻弄し，押しつぶそうとするとき，国民経済が，国家権力をも動員して防衛的行動をとるのは当然である．そして，このような国民国家の金融資本にたいする規制的行動が，金融グローバリゼーションの暴走を食い止め，辛うじて世界経済秩序の維持に役立っているといえるのかも知れない．この意味で，グローバル資本主義は，国民経済を完全には乗り越えていないのである．

第3に，グローバル資本主義のもっとも深刻な矛盾は，一部先進資本主義諸国の「過剰富裕化」と地球環境との矛盾である．先進資本主義諸国の「過剰富裕化」について早くから警告を発してきた馬場宏二氏は，こういってい

る.「資本主義は成立後200年足らずの発展の中で爛熟期に達し,地上のほんの一部に定着したのみで,人類もろとも消滅する危機を迎えた.定着した一部は過剰富裕状態にある.この状態はとうてい世界人類全体には及び得ない.過剰富裕資本主義の中心アメリカから発せられた強烈な同化作用は,非資本主義地域にも破壊作用を及ぼし人類存続の余地をますます狭めつつある」[11].また,D.コーテンは,次のようにもいっている.「生命と資本主義が平和的に共存することを期待するのも現実的ではない.……限りある生命維持装置しかなく,たくさんの生物がひしめきあってくらすこの地球の一生物である私たちには,資本主義を脱却した生き方を選ぶか,深刻な地球規模の社会崩壊と環境破壊を受け入れる他に道は残されていない」[12].

グローバル資本主義のイデオロギー＝グローバリズムは,現代の文脈においては,生産力・成長・効率優先の価値観にもとづくものである.20世紀における資本主義と社会主義の歴史は,生産力発展と経済成長それ自体では必ずしも世界的なレベルでの公正と平等には結びつかず,むしろ地球環境破壊という負の副産物をもたらすことを示した.21世紀においては,何よりもまず,グローバル資本主義の暴走に歯止めをかけ,世界的なレベルでの公正と平等,地球環境保全の国際秩序を構築することが,人類生存にとっての急務である.

注
1) A.ギデンズ『第三の道』,佐和隆光訳,日本経済新聞社,1999年,62ページ.
2) R.ギルピン『グローバル資本主義』,古城佳子訳,東洋経済新報社,2001年,20-21ページ.
3) 『通商白書2000』(グローバル経済と日本の針路),60ページ.
4) D.コーテン『グローバル経済という怪物』,西川潤監訳,シュプリンガー・フェアラーク東京,1997年,参照.本書の原題は,When Corporations Rule the World(大会社が世界を支配する時)というものであるが,内容は,人間や市民社会の手から離れた大会社による世界制覇としてグローバル経済を把握したものであって,きわめて適切な日本語版タイトルであるといっていい.
5) 『共産党宣言』,岩波文庫版,44ページ.
6) 半田正樹「現代資本主義と情報技術の射程」,伊藤誠編『現代資本主義のダイ

ナミズム』御茶の水書房，1997年，所収，参照．
7) 高田太久吉『金融グローバル化を読み解く』新日本出版社，2000年，69-70ページ．
8) G. ソロス『グローバル資本主義の危機』，大原進訳，日本経済新聞社，1999年，33ページ．
9) H. ジェイムズ『グローバリゼーションの終焉』，高遠裕子訳，日本経済新聞社，2002年，第1章，参照．
10) J.E. スティグリッツ『世界を不幸にしたグローバリズムの正体』，鈴木主税訳，徳間書店，2002年，36-37ページ．
11) 馬場宏二「自由化と過剰富裕化」(本山美彦編『グローバリズムの衝撃』東洋経済新報社，2001年，所収)，194ページ．
12) D. コーテン『ポスト大企業の世界』，西川潤監訳，シュプリンガー・フェアラーク東京，2000年，26ページ．

[**付記**]　本章は，旧稿「グローバリゼーションと国民経済」(『経済』2000年，10月号，新日本出版社，所収) および「グローバル経済の矛盾」(徳重昌志・日高克平編著『グローバリゼーションと多国籍企業』中央大学出版部，2003年，所収) をもとにして書き改めたものである．旧稿の再利用を許諾された新日本出版社および中央大学出版部に感謝する．

第5章
21世紀の資本主義

1. 20世紀社会主義の崩壊

　21世紀の初頭に立って激動に満ちた20世紀を回顧したとき，20世紀における最大の政治経済的事件は，何と言っても，ソ連社会主義の成立と崩壊であったように思われる．

　人類の歴史において，生産手段の共同管理にもとづいて，経済的にも自由・平等な社会関係を実現しようとする社会主義思想は，トマス・モーアの『ユートピア』(1516年)以来数多く存在したが，たんなる理想や願望としてではなく，産業革命を経て確立した現実の資本主義の分析にもとづいて資本主義の巨大な力とその歴史的限界を明らかにしたのが，マルクス『資本論』であった．

　『資本論』は，土地に代表される自然を土台として，人間が労働と生産財を投入して生産物を生産し，それを生産に関わった人間の間で分配し，さらのその結果が次の生産を準備するという再生産過程がすべて商品経済的に行われる形態はどのようなものであるかを首尾一貫的に説明するものであった．この説明においてコアとなるのは，労働力が商品化する資本主義においては，生産物の労働者への分配は，労働者が労働力を売って得た賃金で消費財の一部を買い戻すという形態をとり，しかも労働者の生み出した純生産と労働者の受けとる実質賃金との間には剰余が存在するという証明（置塩信雄氏のいわゆる「マルクスの基本定理」）である[1]．しかし，『資本論』は，このよう

な資本主義経済は永遠に続くものではなく，やがては限界にぶつかるものとした．その限界をなす要因としてマルクスが考えたものは，私の解釈では，(1) 生産と消費の矛盾/労働力の不足/部門間不均衡等にもとづく周期的過剰生産恐慌の激化，(2) 労働者の窮乏化あるいは労働疎外にもとづく社会秩序の解体，(3) 資本の有機的構成の高度化にもとづく利潤率の低下，などである．

1917年ロシア社会主義革命は，もちろん，このようなマルクス理論を指針とするものであったが，後発資本主義としての市民社会的制度の欠如，資本主義に包囲された一国社会主義という制約，レーニンの死によるネップの挫折とスターリンの権力掌握といった条件のために，ほんらい多様で豊富な可能性をもっていたマルクス理論が単純化・教条化あるいは歪曲化されて，ソヴィエト体制のなかに組み込まれることとなった．たとえば，資本主義にとっての限界は，無政府性と部門間不均衡に集約化され，それを克服するものとしての社会主義は中央集権的計画経済に等置され，プロレタリアートの独裁は前衛政党＝共産党の独裁に転化されるといった具合である[2]．このようなソヴィエト体制の根底には，自然，社会，人間のいずれをもエリートの英知にもとづく計画にしたがって改造・操作できるとする設計主義があったといってよい．

ソ連に代表される20世紀社会主義は，その中央集権的計画経済の硬直性と，政治的抑圧体制のもとでのインセンティブ不足のために，1990年代初頭には崩壊するのだが，少なくとも1930年代から60年代にかけてのその業績は，けっして過小評価されるべきではない．すなわち，ソ連は，後発資本主義の農業国からスタートしながら急速に重工業化を押し進めて，第2次大戦ではドイツに勝利し，戦後冷戦でもアメリカと伯仲するほどの工業力・技術力を備えるに至ったのみならず，教育・医療・社会保障の面で資本主義諸国を一時期はリードし，資本主義の福祉国家化への強いインパクトを与えたのである．

2. 21世紀資本主義の新地平

　ソ連社会主義が停滞へ向かった1970年代は，ニクソン・ショックと石油ショックを契機として先進資本主義諸国も危機に陥った時期であった．ただ，ソ連の場合は，停滞が悪循環的に累積して体制崩壊につながったのに対し[3]，資本主義の悪循環累積には，「創造的破壊」という歯止め，あるいは逆噴射力がある．70年代以降において創造的破壊の役割を果たしたものは，ME（マイクロ・エレクトロニクス）情報化と資本主義のアジア化にほかならない．

　1971年のインテル社によるi 4004プロセサーの開発を起点とするME革命は，コンピュータの小型化・低廉化をつうじて産業技術への広範な浸透を可能にし，ニクソン・ショックと石油ショックを契機として挫折した重化学工業中心の蓄積体制を革新することに寄与したのである．80年代には，日本を先頭として，ME技術の生産過程への導入が本格的にすすみ，多品種少量生産をも可能とするFMS（フレキシブル・マニュファクチュアリング・システム）が確立するとともに，OA（オフィス・オートメーション）も推進された．

　さらに，90年代には，パソコンの低廉化・高性能化が一段とすすむとともに，通信技術の進歩と情報通信に関する規制緩和とあいまって，あらゆるコンピュータ・ネットワークをグローバルに結びつけるいわゆるインターネットが出現し，拡張性・開放性・双方向性をもった情報通信手段として爆発的に普及するに至った[4]．インターネットは，金融・流通を含む既存の産業の業務形態を抜本的に革新したのみならず，Eコマースといわれる新たなビジネス領域を創出した．70年代のME革命から90年代のインターネット普及に至る情報通信革命は，その規模については未だ見定め難い面はあるにせよ，世紀の転換点を越えて継続し，21世紀資本主義の新地平の一角を形成することは間違いないであろう．情報通信革命を包摂できなかったところに，20世紀社会主義の崩壊の原因の1つがあったといってよいかも知れない．

第5章　21世紀の資本主義

　1970年代における従来型蓄積体制の危機と転換は，他方では，アジアNIEsの勃興をはじめとして，資本主義のアジア化をもたらした．第2次大戦後の国際投資は，先進諸国間（とくにアメリカとヨーロッパ）の水平的資本移動が主流をなしたのに対し，ニクソン・ショック＝ブレトン・ウッズ体制の崩壊の当然の帰結といっていい石油ショックは，一方には先進資本主義諸国の深刻な蓄積停滞と他方には膨大なオイル・マネーの累積をもたらし，国際的過剰資金の一部を東アジアに流入させて生産資本化することを可能としたのである[5]．アジアNIEsには，ASEAN諸国と改革・開放後の中国が続いた．これら東アジア諸国の多くは，60年代までは輸入障壁を設けて輸入代替工業化政策ないし「自力更生」を追求したのであるが，それが縮小均衡を招いて失敗におわると，70年代からは外資も積極的に導入した輸出指向的工業化政策に切り換えて，テイク・オフに成功したのである．この「アジア新工業化」においては，開発独裁国家と国内企業と多国籍企業との「トリプル・アライアンス」[6]が重要な役割を果たしていた．

　こうして，先進資本主義諸国の停滞とは対照的に，80年代後半から90年代前半にかけては，「アジア新工業化」は，東アジアに加えてインドなどの南アジアをも巻き込みつつ前進し，資本主義のアジア化を加速したのであるが，1997年には，それまで「世界の成長センター」をなしてきたアジア諸国の多くが突如として激しい通貨・金融危機に襲われ，IMFの緊急融資を求めて，IMFの厳しいコンディショナリティを受け入れることを余儀なくされたのである．このアジア通貨・金融危機の原因が，ブレトン・ウッズ体制解体の鬼子といっていい国際的投機資金の急激な流入と流出にあったことは明白である．

　しかし，通貨・金融危機によって重大な挫折を被ったものの，危機からの回復も急速であり，アジア諸国が，21世紀においても「成長センター」の地位を保ち続けることは，間違いないであろう．イギリス主導の19世紀資本主義が，新大陸アメリカを資本主義化することによって20世紀に新しい生命を吹き込んだように，アジア化は，21世紀資本主義の新地平の有力な

一角をなすにちがいない.

20世紀社会主義の崩壊, 情報通信革命, そして資本主義のアジア化の当然の帰結が, アメリカ主導のグローバリゼーションである. アメリカは, すでに1970年代において, その経済的・軍事的覇権国としての地位を劇的に後退させており, 80年代後半にはレーガノミクスの「双子の赤字」によって世界最大の純債務国に転落していたのであるが, 90年代初頭のソ連・東欧社会主義の崩壊による政治的・軍事的対抗力の消滅を契機に, 情報と金融と軍事を梃子としてパクス・アメリカーナの再構築に乗り出した. 製造業における優位性の多くを日本やアジア諸国に委譲せざるをえなかったアメリカにとって, 残された戦略的産業は情報と金融以外にはない. 情報と金融では, 収穫逓増（規模の経済）が顕著に作用し, 初期の参入者が圧倒的な競争力優位をもつことができる上に, 自己に有利な標準・制度をいわゆるグローバル・スタンダードとして全世界に押しつけることができる. 20世紀末から21世紀にかけて進行しつつあるグローバリゼーションの重要な一側面は, 情報・金融におけるアメリカン・スタンダードを政治的・軍事的ヘゲモニーのもとに全世界に押しつけ, 具体化している過程なのである.

グローバリゼーションは, 世界的な自由放任こそがベストの効率と経済的厚生をもたらすという市場原理主義的イデオロギー＝グローバリズムをともなっている. このイデオロギーは, ほんらい共同体と共同体との外的接点で始まったにすぎない市場関係を人間と社会の原理としようというものであって, 人間の社会生活に破壊的な作用を及ぼす可能性を持っている. グローバリズムをめぐる市場と人間社会の攻防も, 21世紀資本主義の重要な課題の1つとなろう.

3. 地球環境の制約

情報化・アジア化・グローバル化によってリードされる21世紀資本主義にとっての最大の制約は, いうまでもなく, 地球環境による制約である.

レスター・ブラウン編の『地球白書2000-01』[7]によれば,世界人口は1950年から2000年のあいだに25億人から61億人に増え,2050年には89億人になるものと予想されている.大気中の二酸化炭素（CO_2）の濃度は,200年以上前に産業革命が起きたときには,280ppm（100万分率）だったと推定されているが,1959年には316ppmとなり,98年には367ppmになった.39年間で16％の上昇である.おそらくはこれに伴って,地球の平均気温は,1969-71年の13.99℃から96-98年には14.43℃に上昇した.現在のペースでCO_2濃度が増え続ければ,21世紀中には産業革命以前のレベルの2倍になるものと予測されているが,そうなれば,地球の気温は少なくとも1℃,最大で4℃上昇し,海面水位は最小で17cm,最大で1m上昇するものと予想される.地下水位の低下をもたらすような地下水の過剰汲み上げは,主要国だけで年間1,600億トンに達するが,1トンの穀物を生産するのに約1,000トンの水を必要とするので,これは1億6,000万トンの穀物に相当し,消費からみると世界人口のうち4億8,000万人の食糧供給は持続不可能な水使用によって生産されていることになる.1人当たり穀物耕地面積は,20世紀半ば以来,0.24haから0.12haに半減し,さらに2050年には0.08haに減少するものと予想されている.海洋漁獲量は,1950年から97年のあいだに1,900万トンから9,000万トン以上に増加し,多くの海洋生物学者が考えている海洋の持続可能な生産量の限界に達した.

地球温暖化や地下水位の低下などというかたちで地球環境という現在および未来の人類の共通財（コモンズ）を食いつぶしながら行われる経済活動は,もはや正常な再生産とはいえない.本来,化石燃料にエネルギー源を依存する工業生産じたい,厳密な意味での再生産ではなかったというべきである.21世紀資本主義は,現時点ですでに「成長の限界」に達しているようにみえる.

そればかりではない.馬場宏二氏が強調しているように,現時点において,先進資本主義諸国と発展途上国のあいだには1人あたり所得で20対1に近い格差があり,途上国の人間についても先進国並みの生活水準を享受する権

利は当然に認められねばならないから，もし世界人口のすべてが現在の先進国並みの所得を生産するとすれば，世界経済の規模は現在の5倍近くに膨脹しなければならないことになる．この世界的な善あるいは正義を実現するための経済規模が地球環境のキャパシティを超えていることは明らかである．ここから，馬場氏は，「軍拡・戦争・兵器実験の類はもはや許されない贅沢」とした上で，先進資本主義諸国の1人あたりGDPを5,000米ドル（1982年）程度にまで縮減することをすすめるのである[8]．

私は，現在の先進国と途上国とのあいだでも，また現在の人類と将来の人類とのあいだでも分配の正義が実現されねばならないとする点，そこから考えて現在の先進国の経済活動が「成長の限界」を超えているとする点では，基本的に，馬場氏に同意する．

もちろん，地球環境保全と経済成長のトレード・オフの程度は，ある程度までは，技術進歩に依存している．太陽光や風力による発電が画期的に増大し，その電力によって水を分解して水素を抽出し，水素によって燃料電池エンジンを動かすといった技術を成功的に開発することができ，またバイオテクノロジーの発達によって農業・水産業の生産性を画期的に増大させることができれば，「成長の限界」は，多少は高いものとなろう．しかし，技術進歩の程度がどのようであれ，21世紀資本主義にとって環境制約・供給制約が重大問題になるという点は，変わりがないであろう．

4. 資本主義の倫理的限界

18世紀産業革命から20世紀末情報技術革命・グローバル化に至る業績をみても，資本主義が経済成長と技術革新にはきわめて好都合なシステムであったことは，疑いえない．経済成長の前提には，ある程度まで適正な資源配分があるから，資本主義は，市場をつうじた資源配分にも威力を発揮してきたというべきであろう．しかし，資本主義は，所詮，生産をはじめとするあらゆる経済活動の目的を「私的な金儲け」とするのだから，外部性を考慮し

第5章　21世紀の資本主義

ようとしない点で視野狭小であり，遠い将来を考慮しない点で刹那的であり，結果的には，分配の不平等をつくりだす．これらの欠陥をカバーするために，財政や地域社会があるのだが，資本主義は，その生来の文明化作用によって，財政や地域社会や家族にたいしても破壊的な影響を及ぼすようになる[9]．

さきにみてきたように，21世紀人類社会の課題は，成長や拡大ではない．課題は地球環境保全と地球的平等化であり，そのためには，先進資本主義諸国にはゼロ成長あるいはマイナス成長が課される可能性がある．また，20世紀資本主義によって形成され，あるいは歪められてきた企業システム・教育システム・地域社会・家族の再構築が必要であろう．ゼロ成長あるいはマイナス成長の資本主義とは，形容矛盾のようではあるが，21世紀に資本主義がサバイバルを果たすためには，それに耐えなければならないのである．資本主義の中心的存在形態としての企業は，環境破壊などの外部的・長期的コストを十分に負担できるように，また「社会の公器」としてすべてのステーク・ホールダーに介入を認めるように改革されねばならない[10]．すべての人間に自己実現の能力を与えて，分配の平等を実現するためには，教育システムの充実（資源の傾斜配分）と無料化が決定的に重要である．地域社会と家族は，人間にとっての物心両面のセーフティ・ネットとなると同時に，生きる目的とならなければならないだろう．

周知のように，マルクスは資本主義を超えた人類社会の未来に人間的能力の発展それ自体が自己目的として評価される「真の自由の国」[11]を構想していた．ケインズは，資本主義について，「本質的には，幾多の点できわめて好ましくないものである」[12]と考え，資本主義を超えた未来社会には「われわれはもう一度手段より目的を高く評価し，効用よりも善を選ぶことになる」[13]ともいっていた．マルクスのいう人間的能力の発展それ自体が自己目的として評価される社会と，ケインズのいう手段より目的を高く評価し，効用よりも善を選ぶ社会は，必ずしも同一の内容ではないが，佐和隆光氏のいう「ポスト・マテリアリズム」[14]においてのみ成立するという点では，共通する性格をもつ．20世紀資本主義の暴走と20世紀社会主義の崩壊を目の当

たりにし，地球環境の有限性と設計主義の不可能性とを思い知らされたわれわれとしては，資本主義の経済的機能よりもむしろ倫理的価値を問い直し，資本主義と市場とを社会と倫理のなかに再び埋め込まなければならない．21世紀末まで資本主義が生存するとすれば，それは，地球的なレベルで社会と倫理に包囲された資本主義であろう．

注

1) 置塩信雄『資本制経済の基礎理論』創文社，1965年，参照．
2) 伊藤誠『現代の社会主義』講談社，1992年，参照．
3) 伊藤誠『市場経済と社会主義』平凡社，1995年，第8章，参照．
4) 半田正樹「現代資本主義と情報技術の射程」（伊藤誠編『現代資本主義のダイナミズム』御茶の水書房，1999年，所収），参照．
5) 野口真「戦後世界システムの転換と中心・周辺関係の変容」（伊藤誠編『現代資本主義のダイナミズム』，所収），参照．
6) 中川信義「アジア工業化と21世紀アジア資本主義」（『経済理論学会年報』第34集，所収），参照．
7) レスター・ブラウン編著『地球白書2000-01』，浜中裕徳監訳，ダイヤモンド社，2000年，参照．
8) 馬場宏二『新資本主義論』名古屋大学出版会，1997年，342-343ページ．
9) 神野直彦『「希望の島」への改革』日本放送出版協会，2001年，第3章，参照．
10) 森岡孝二『日本経済の選択』桜井書店，2000年，第7章，参照．
11) マルクス『資本論』第3巻，大月書店版，1051ページ．
12) J.M.ケインズ「自由放任の終焉」（『ケインズ全集 第9巻』東洋経済新報社，所収）352ページ．
13) J.M.ケインズ「わが孫たちの経済的可能性」（『ケインズ全集 第9巻』，所収）399ページ．
14) 佐和隆光『市場主義の終焉―日本経済をどうするのか―』岩波書店，2000年，参照．

[付記] 本章は，拙稿「21世紀の資本主義」（森岡孝二・杉浦克己・八木紀一郎編『21世紀の経済社会を構想する』桜井書店，2001年，所収）にもとづいている．このような形での再利用を許諾された桜井書店に感謝する．

『独占資本主義分析序論』をめぐって

鈴木　健

本書が世に出た時代背景

　鶴田満彦『独占資本主義分析序論』（有斐閣）が出版されたのは，1972年12月である．世界経済にも，日本経済にも，その後の激動を予感させる出来事が溢れだした時代である．

　71年8月15日，米国大統領ニクソンの新経済政策が発表され，戦後国際金融の枠組みとして機能してきたIMF（国際通貨基金）の根幹にあるドルと金の交換が停止された．アメリカの国民通貨ドルを国際通貨として機能させる仕組みの破綻である．アメリカが国際通貨発行国の特権を乱用し，自己抑制のないドルの過剰発行によって惹き起こされたドルインフレに耐えられなくなったことの自己表白であった．

　ドルインフレの行き着くところ，ドル建て国際商品の値上がりは必至であり，それは何よりも最大の国際商品である原油価格の大幅引き上げとして反映されることになった．73年アラブ石油輸出国機構（OAPEC）は原油価格の4倍引き上げを決定した．「油漬け」の成長を謳歌した世界経済は一瞬にして成長から不況への転落を余儀なくされた．74-75年のスタグフレーションを契機に，世界経済は長期的な停滞局面に突入することになった．

　国内では，1972年に登場した田中角栄政権の「日本列島改造計画」が鳴り物入りで打ち出されたが，所詮それは公共土木事業の大拡張による高度成長維持政策の域をでるものではなかった．過剰蓄積による成長の停滞を大規模な財政支出によって打開しようとする常套的対応の帰結，それは日本列島の物理的大破壊と土地投機によるバブル膨張であり，とりわけ後者は80年代後半に大規模に再現されるバブル経済のさきがけをなすものとなった．73年の第1次石油価格の引き上げにより，世界に冠たる「油漬け」成長をとげてきた日本経済は，文字通り，不況の奈落に突き落とされることになった．

　本書はこうした時代背景のもとで世に出たのであるが，本書の内容を吟味して驚くのは，あたかも1970年代初頭に露呈する戦後世界経済の成長の破綻を予測していたかのような内容に満ちており，しかも本書にまとめられた8本の論文はすでに，本書の出版に先立つ8年の間に書かれていたということである．高度成長の真只中にあって独占資本主義の歴史的限界を闡明し，現に独占資本主義の蓄積の限界が露呈する70年代初頭，研究の成果を『独占資本主義分析

序論』として世に問うたということになる．現代資本主義それ自体の批判と，現代資本主義「論」の徹底的な批判によって築き上げられる鶴田先生の現代資本主義の一般理論＝独占資本主義論が，現代資本主義分析の強靱な方法として機能したことを思わせる．

本書の内容

本書の内容をごくかいつまんで紹介し，戦後高度成長の真只中，「永遠の繁栄」幻想さえ生み出される時代に，現代資本主義（独占資本主義）の限界を闡明すべくなされた鶴田先生の研究の軌跡を追ってみよう．

本書の目的は「独占資本主義一般」を理論化することにあると先生は述べているが，それはすなわち「独占資本主義の蓄積構造」を解明し，「独占資本主義の本質的な傾向を剔抉する」ことでもある．

第1章「独占資本主義論の方法―バラン＝スウィージーの所論によせて―」は，そもそも「独占資本主義」の原理的解明は可能かという独占資本主義論の根幹をなす問題を取り扱っている．問題の性格上，資本主義一般と独占資本主義の関係，資本一般と独占資本の関係，『資本論』と『帝国主義論』の関係，そして何よりも普遍的カテゴリーとしての一般（普遍）と特殊の関係に及ぶ諸問題の検討を必至とするが，鶴田先生はバラン＝スウィージーの『独占資本』を検討の素材としながら，この大問題を解き明かしている．独占資本主議論は，資本一般の規定を前提し，独占段階に特有の経済的事実を分析し，そこから新しい経済法則を検出すべきだというのが，鶴田先生の結論である．

第2章「金融資本の概念」では，ヒルファディングやレーニンによって与えられた金融資本概念の検討をつうじて，「金融資本の概念をいっそう明確なものとし，現代資本主義のもとでの金融資本の意義」が明らかにされる．これまでにも，金融資本について多くの解釈がなされてきたが，鶴田先生の金融資本規定には，独占資本主義の現実，支配的資本の支配の現実に対するリアルな認識が反映されていると思う．

第3章「近代独占理論とマルクス経済学」は，マルクスの生産の集積・集中論を基礎に，生産の集積がいかにして独占をつくりだすかを論じたものである．金融資本による産業市場と資本市場にわたる支配と強制の体制が参入障壁をつくりだし，価格支配による独占利潤の取得を可能ならしめるという関係が解き明かされている．

第4章「再生産論と帝国主義分析」は，マルクス再生産（蓄積）論を独占資本主義に適用する方法を明らかにすべく，諸家の見解を批判的に検討したものである．鶴田先生の結論はこうである．第1，再生産表式の操作によって資本蓄積の困難や資本主義の崩壊を証明することは無意味である．第2に，帝国主

義を，資本主義のなんらかの困難を克服する対応策として把握することは誤りである．帝国主義は資本による主観的な対応策ではない．

第5章「独占と資本蓄積」は独占資本主義の蓄積行動の特質を把握することにあてられている．「自由競争段階においては事前的な投資が事前的な貯蓄を超過し，資本蓄積は主として蓄積基金の積み立てによって制約されていたのに対し，独占段階においては，逆に事前的な貯蓄が事前的な投資を超過し，資本蓄積は主として投資誘因によって決定される」．「事前的な貯蓄の過剰，投資誘因の弱化は，いわゆる有効需要の不足として現象し，独占段階を〈資本と労働の体制的過剰の時代〉として特色づける」ことになる．鶴田先生によれば，本章はマルクス再生産論を独占資本主義の蓄積構造の特質を把握すべく，いかに適用できるかを明らかにしようとしたものだとされる．

第6章「独占資本主義と物価問題」の目的は，独占資本主義の本質的特徴との関連において物価問題をとらえることにある．鶴田先生は，20世紀初頭の金・物価論争を回顧したうえで，独占資本主義と兌換性は両立し得ないのであり，不換制こそ独占資本主義によって完成された形態を与えられた通貨機構であることを結論している．

第7章「帝国主義論と超帝国主義論」は，第2次世界大戦後の特殊な条件のもとにおける独占資本主義の世界支配体制の正確な分析のための理論的前提を確立すべく，レーニンによる超帝国主義論批判の現代的意義を検討したものである．

補論「国家独占資本主義の成立と展開」は，「独占資本主義の国家独占資本主義への成長・転化についての歴史的素描」とされている．

本書の現代性

本書を貫く独占資本主義観を一言でいうなら，「独占資本主義は支配と強制の体系であり，その本性は腐朽と停滞にある」という点にある．独占資本主義は独占を基礎として成立する金融資本の支配と強制の体制と言い換えてもよい．本書は，こうした独占資本主義観を理論的に根拠づけたものであり，鶴田先生の現代資本主義「原論」の位置を占めるものとなった．

本書以降，鶴田先生の研究は日本経済の現状分析を中心に現代資本主義の諸関係・諸側面の多面的な分析へと展開されたが，本書が鶴田先生の現代資本主義原論として分析の理論的中核に位置づけられていることは言うまでもない．

本書を武器とする鶴田先生の豊富な現状分析の成果——『現代日本経済論』に始まる一連の著書，論文——によって本書の現代的意義は確証されていると思うが，それとは別に，筆者の研究分野である日本における金融資本グループ（企業集団）の分析との関連で，本書の現代的意義として強調しておきたい点

について触れておくことにする．

第1は，鶴田先生による金融資本の概念規定についてである．レーニンの金融資本概念をめぐって多くの解釈があるが，筆者はやはり鶴田先生の解釈が正確だと思う．筆者の知る限り，野田正穂先生の解釈がほぼ共通している．筆者は企業集団の分析をつづけていて，本書で明確にされた金融資本規定こそ金融資本（独占資本）分析の理論的武器として最も有効であることを実感している．

第2は，鶴田先生は支配的資本である金融資本を「支配と強制」の主体として厳格にとらえなおしているが，これは今日改めて強調されるべき見地であると思う．独占が看過ないし軽視され，支配的資本による支配と強制の見地を欠落させる「現状分析」が氾濫するが，支配と強制を看過した議論がどれだけ深く現状を抉れるであろうか．金融資本（独占資本）による支配と強制の関係を看過して，どうして90年代後半以降に加速する世界的な規模の産業・銀行再編の意味を理解できるであろうか．例えば，世界の自動車メーカーが6つに集約されたことの意味も，日本の銀行が3つの大都市銀行グループに集約されたことの意味も，支配的資本たる金融資本（独占資本）の支配と強制の原理によってしか理解し得ない現実である．

第3は，金融資本と株式会社に関わって展開される本書の見地についてである．鶴田先生は，『パットマン委員会報告』の分析を基礎に，金融資本による少数持株支配が貫徹することこそ現代資本主義の著しい特徴であることを強調している．ここで強調されることは，あたかも今，日本で盛行する株式相互持ち合い「解消」論の批判を意図しているかのように読み直すことさえできる．本書の見地は，株式相互持ち合い「解消」論は，所詮，安定株主構造＝支配的持ち株構造の見地を欠落させた議論であり，金融資本支配の「構造」を看過した議論であることを理論的に確信させるものとなっている．

筆者は企業集団の分析に関わってきたが，今回本書を読み直し，改めてこうしたことを考え直す機会となった．

鶴田先生の文体について

最後に，鶴田先生の文体について記しておきたい．今回本書を読み直し「文は人を現す」ことを強く感じたからである．

鶴田先生の文体の特徴として，先生の人柄そのままに，穏やかで膨らみのある表現，そして簡潔で精確な表現ということを指摘できると思う．課題・問題はつねに端的に提出され，課題設定をあいまいにする冗漫な文体は忌避される．簡潔でしかも精確な表現が意識的に追求される．それでいて，文体に刺々しさは微塵もなく，むしろ抑制され，穏やかに包み込まれた文章が意を伝えて余りあるという風なのである．まさしく「文は人を現す」のである．

コラム 2

マルクス経済学数学化の試み

佐 藤 智 秋

　ここでは，私の専門領域である統計学の世界における数学化と絡めて，「鶴田先生とマルクス経済学の数学化の試み」について述べてみたい．

「統計学の数学化」

　まず，統計学という学問について少し説明すると，統計学は，17世紀に生まれた，ドイツの国状学，イギリスの政治算術，フランスの確率論という3つの源流を持つ．貴族の賭事がきっかけとなった確率論は別として，国状学や政治算術は，市場経済化が進む中で，当時の人々が，変貌していく社会に不安を抱き，自分たちの社会の状況を捉えようとしたことから始まったものである．19世紀に入り，これらは統一されて，統計学として確立する．

　その後，数理的な領域で飛躍的な展開があり，さらにその成果がさまざまな学問領域に応用されるようになると，統計学の中では，数理統計学が主流になり，やがて統計学は数学の一分野として位置づけられるようになる．現在，社会科学の諸領域，官庁統計，社会調査等において，社会のさまざまな側面を数や量で捕捉するという統計の伝統的な課題は生き続けているものの，統計学の世界では，「社会科学としての統計学」は片隅に追いやられてしまっている．また，一般の人々の意識においても，統計学は数学というイメージが支配的になっていることは否定できない．

　この「社会科学としての統計学」であるが，わが国では，かつてはマルクス経済学に立脚した上で，さまざまな経済問題に統計的手法を使って立ち向かうというものであった．近年ではバックボーンがなんなのか曖昧になってきていて，たまに，某学会では原点を探そうとしているが，それでもさほど危機感が高まっているわけでもない．

　ただ変わらずいえることは，社会現象を統計的手法で捉えようとする場合，数理的手法はあれこれ利用されるし，中には難解な手法もあるが，そうした数理的手法が重要な役割を果たすことはあまりなく，むしろ，捉えようとした社会現象への問題意識や，関係する社会科学の理論と統計的手法をどのように絡めるかが決定的に重要になるということである．数理的な領域に関心を強めていったり，あるいは数理的研究を進展させていくことは，それはそれでいいのだが，ほとんどが，当初に向き合ったはずの社会問題から遠ざかってしまい，

残念ながらもとに戻ってくることはないようである．

　要するに，社会を対象とするかぎり，数学化した統計学ではなく，「社会科学としての統計学」という立場をとらざるをえない．このことは，統計学にかぎらないのであり，学問が社会現象と向き合い続けようとするかぎり，数学を道具として使うことはあっても，それ自体が数学化したり，数学に接近することはありえないと考える．

経済学への数学利用

　さて，統計学から経済学に話題を移すが，もちろん，経済学において数学利用が有効であることはいうまでもない．数学を道具として利用する利点として，論証をより簡潔化・明確化・厳密化・緻密化できることがあげられる．とくに，ある命題がどういった条件で成り立つか，あるいは成り立たないかを論証する場合などは数学利用は不可欠といえる．

　問題は，この数学をどのように利用するかである．関恒義氏は，経済理論における数学利用のあり方に関連して次のように述べている．

　「……問題は，特定の事物の質と量との密接不可分な関連を科学的に精密に分析することである．計量経済学のように独自の量的科学を想定することは，現象の基本的規定である質的性格を無視ないし捨象して，量的諸関係を一方的に質におしつけることになる．諸科学における数学利用は質から量へであって，量から質へではない．計量経済学における数学利用の方法はさかだちしているということができよう」（関恒義『経済学と数学利用』大月書店，1979年，108ページ）．

　関氏にあっては，マルクス経済学によって社会現象の本質を捉え，そこから数学を利用してその量的諸関係を捉えるという，前者の立場に立った数学利用を主張する．マルクス経済学にかぎらずとも，社会科学であれば，社会科学の理論をバックボーンにして数学や統計的手法を利用するというのは，ある程度意識されていたことであった．近年，特定の経済理論に立脚することなく，とにかく計量分析の手法なりを使って仮説を立証するというスタイルが，つまり，量から質へという手法がますます広がる傾向にあるが，諸々の経済学の理論がおぼつかなくなる中でやむをえない状況なのかもしれない．

鶴田先生と数学

　あえて，「マルクス経済学の数学化」を表現してみるならば，立場が異なっても議論の余地がない「自明のこと」から出発し，上向法の各段階に対応して，数理的な論証を順次積み上げていき，全体のどの部分をとっても証明が覆されないそんな経済学を作ろうとすることかもしれない．しかし，そもそも，鶴田

先生の場合，そうした構想を持っているとは思われない．

　鶴田先生は，マルクスの諸命題を論証する際に，数学を積極的に利用し，マルクス経済学における数学的手法の普及に貢献されてきた．これはやはり，「マルクス経済学の数学化」というよりも，「マルクス経済学への数学利用」という表現が適切であろう．

　次の文章は，数学利用について述べられたものではないが，鶴田先生が考えておられる数学利用の姿勢を推測することができる．

　「……経済学における価値をどのように規定（定義）するかは，結局は，経済本質観によらざるをえないであろう．問題は，一定の経済本質観にもとづいて規定（定義）された価値がどのていど説得的に，また首尾一貫的に剰余価値（利潤）や生産価格を説明しうるかにある」（鶴田満彦「「下降の経済学」と数量体系」『商学論纂』中央大学，第35巻第5・6号，1994年3月，308ページ）．

　まさに，こうした問題を検討するようなときに，前述した数学利用の利点が効果的に発揮されるのである．

　もう少しいうと，鶴田先生には，私たち弟子の方がみな石頭に思えてしまうほど柔軟な発言をされ，ときどき驚かされることがある．次の文章は，1988年に出版されたテキスト『経済学』の最終章に書かれている文章であるが，新しい社会をどうやってつくっていくのか述べられており，ここからもその柔軟な姿勢を読み取れよう．

　「……そこで問題はこうである．新しい社会には，新しい矛盾がある．だから，人間の生存にかかわる生産に関する決定を，やはりいままでどおりに私的な決定者にゆだね，私的決定者は私的利潤を基準として決定を下し，それから生じる自然や社会に対する諸影響がどのようであっても，利潤が実現しさえすればよしとする資本制を維持するのか．それとも，現在の人間の自然制御能力にふさわしく，生産決定を社会的・公共的なものにとりかえし，新しい社会をつくり，その新しい社会で出てくる諸問題を人々の知識と努力を傾けて解決してゆくのか．後者の途だけが，人間の存続を保障し，人間を真に自由にする途である」（置塩信雄・鶴田満彦・米田康彦『経済学』大月書店，1988年，204ページ）．

　鶴田先生は，厳密で徹底した論理を追求する一方で，常に現実の社会問題と向き合い，その解決のために試行錯誤する人間の努力を大切にされているように思われる．

第II部

日本型経済システムの特質と変容

第6章
経済構造の変容とその帰結

工 藤 昌 宏

1. 経済変動の実態

　産業構造や企業間競争，経済変動など資本制経済の様相は国ごとに異なり，それが当該国経済を特徴づけている．特徴はとくに経済構造やそれとかかわる経済変動，さらには経済主体の行動に現れる．今日の日本経済の特徴も，1990年代の異例の長期停滞と経済構造の変容において示されることになる．そこで，日本経済の構造的特徴を検出するために，まず1990年代の経済変動の実態と問題性について考察する．またここでいう経済構造とは，経済主体の活動基盤である仕組みと機能，経済運営のあり方の全体を意味している．
　1970年代の通貨危機や2度にわたる石油危機を乗り切った日本経済は，80年代前半に対米摩擦の激化と円高不況にもまれた後，後半には反転して急激な株価や地価の高騰を軸にした資産膨張，それによる個人消費と設備投資の急激な拡大という局面を迎えた．また消費と投資の拡大は，逆に株価や地価などをさらに吊り上げた．さらにこの循環は，銀行や企業の投機を誘導し，巨額の投機資金が経済拡大を牽引するという，いわゆるバブル経済を演出した．そして政府の財政・金融政策，さらには規制緩和策などがこれに拍車をかけた．だが投機に媒介される経済は，激しい変動をつうじて交換社会の持つ危うさを助長する．急拡大に慌てた政府は1990年を前後して引き締めに転じ，これを契機に日本経済は長期の停滞に陥った．
　90年代の最初の停滞は，91年から93年にかけて発生した．投機を演出し

た企業を中心に企業破綻が続出し，銀行も巨額の不良債権を抱え込むことになった．株価は急落し，経済は一気に停滞に向かった．政府は公的資金による株価維持策を講じ，銀行も92年を元年に不良債権処理を本格化した．だが，これが逆に株価や地価のさらなる下落を招くことになった．途中，93年1-3月の鉱工業生産指数のプラス転換により，経済企画庁長官が景気底入れ宣言を出すという一幕もあった．だが事態は異なっていた．その後GDPを見る限り，日本経済は対米輸出を牽引力に93年末頃から97年にかけて上昇を続けた．輸出増大を背景に円の対ドルレートも上昇し，95年にはついに1ドル79円台に突入した．だがこの間，赤字子会社の整理を目的にしたM&A（合併・吸収）の増大などにより企業淘汰が進展し，企業倒産件数も94年から96年にかけて年間1万5,000件前後の高水準で推移した（以後，倒産件数は「帝国データバンク」による）．雇用環境も著しく悪化し，失業率は94年度2.9％，95年度3.2％，96年度3.3％と徐々に上昇していった．政府は低金利政策の他，金庫株や自社株所有の解禁，持株会社の解禁，証券取引手数料の自由化など様々な株価対策を講じた．だが株価は戻らなかった．

　このような雇用なき景気拡大にもかかわらず，政府はまたしても実態を読み違えた．政府は財政再建の好機とばかりに，97年4月に消費税率を3％から5％へ，さらに9月には医療費の患者負担をも引き上げた．経済は再び深刻な停滞に陥った．これを契機に，92年以降低下傾向にあった個人消費の伸びは急激に低下し，98年度にはついに戦後初めてのマイナスを記録した他，98年以降消費者物価も下落傾向を強めていった．また98年夏には自動車，電機，建設などの低迷から鉄鋼，石油化学，電力，通信といった分野での過剰設備が表面化し，減産と投資抑制策がとられた．これを反映して企業倒産は97年，98年度と連続して年間1万7,000件台を記録し，失業率も98年には4％台に上昇し，99年3月には4.8％に達した．この結果，GDPの実質成長率は98年度にはついにマイナスに落ち込み，名目では98, 99年度と2年連続のマイナスを記録した．

　停滞は銀行経営をも直撃した．97年には北海道拓殖銀行，徳陽シティ銀

行のほか，山一証券，三洋証券が，98年には日本長期信用銀行，日本債券信用銀行が相次いで破綻し，金融システム不安を引き起こした．また金融不安によって企業破綻は逆に増大し，このため銀行の不良債権もさらに増大するという悪循環が形成され，事態は金融恐慌へと発展していった．他方，貿易黒字は内需停滞を背景に97，98年度と再び増大していった．黒字拡大は円高を誘導し，日銀は99年以降外為市場での円売り介入を繰り返すことになった．また停滞は不採算部門の整理，規模の拡大，コスト削減を目的にしたさらなるM&Aを促し，産業と金融の双方で再編成の大きなうねりを作り出していった．その後，日本経済は99年から2000年にかけて再び拡大を示した．それは，米国のIT需要の急激な増大の影響を受けた対米輸出の増大によるものであった．だがこの拡大は長続きせず，99年末頃から中小企業の破綻が再び増大し始め，失業率も2000年3月には4.9%に達した．ITバブルが叫ばれるなか，00年4月には株価も暴落した．

　深刻な停滞が続く中，政府は毎年のように公共事業支出を中身とする緊急経済対策を実施した．その額は，90年代をつうじて総額100兆円を超えている．また日銀は91年以降，公定歩合を引き下げ続けたほか，98年には金融不安を解消するために，短期金融市場の金利水準をゼロ水準に誘導するゼロ金利政策に踏み切った．また他方では，96年に銀行の別働隊として不動産投機を演出してきた住宅金融専門会社の破綻処理にさいして，政府は6,850億円という巨額の公的資金を注入し，さらに98年に破綻した日本長期信用銀行，日本債券信用銀行については，巨額の公的資金を注入した上で外資などに売却するという前代未聞の措置を講じた．政府の露骨な銀行救済策はさらに続いた．98，99年の2年連続の銀行への公的資金の直接注入がそれである．

　だが巨額の財政支出は，大量の国債発行をともない累積債務を増大させた．93年度以降，政府財政の基礎収支（プライマリーバランス）は赤字を継続しており，98年度以降は税収の減少傾向がこれに拍車をかけている．また公的資金の注入は，銀行のモラルハザード（倫理の欠如）をもたらす．さらに

長期の金融緩和策は，金融調整機能を低下させるばかりでなく，預金者から銀行への所得移転をもたらした．失業率も高水準で推移し，94年以降今日まで一貫して離職者数が新規雇用者数を上回るという状態が続いている（厚生労働省『雇用動向調査』）．このように，日本経済は政府の様々な経済対策にもかかわらず，90年代をつうじて停滞し続けたといってよい．

2. 経済停滞の要因

90年代の長期停滞は，景気循環の一局面や偶発的停滞ではなく，構造的特質を中心にしたいくつかの要因の絡み合いによるものと見ることができる．停滞要因の第1としては，バブル経済の崩壊の影響があげられる．すなわち，80年代後半に投機に媒介されて急激に積み上げられた過剰資本が，90年代の引き締め策によって露出したことによる影響である．企業破綻と失業者が増大し，慌てた政府はその対応に追われることになった．90年代前半の不良債権処理問題の浮上がこれを示している．

第2の要因は，従来産業の競争力低下と市場の成熟化という問題である．政府の輸出促進策と公共事業に守られ巨大化を遂げてきた鉄鋼，造船，電機，石油化学，セメント，肥料などのいわゆる基幹産業は，コスト上昇や市場限界から80年代に入って軒並み停滞し始めた．停滞基調は，バブル経済によって一時的に隠蔽されたのだが，バブル崩壊とともに再び表面化した．そこでこれら既存産業は，人員削減や事業の統廃合を中身とする大幅な事業再編成に乗り出した．そしてこれが，銀行の不良債権問題に拍車をかけた．

第3の要因は，グローバリゼーションの進展である．80年代以降の商品，金融，情報の地球規模での高速移動を内容とするグローバリゼーションの波は，90年代に規制緩和とIT化の波をともなってさらに大きくなり，それによって企業間競争の激しい嵐が各国経済を襲うことになった．この嵐は日本企業を直撃し，競争力の低下を浮き彫りにして企業破綻とM&Aの波を生み出すとともに，生産現場の海外移転をも促した．これらの動きは，雇用環

境を一気に悪化させ，日本経済をさらなる停滞へと導いた．

　第4の要因は，日本経済の構造的問題に求めることができる．第2次大戦後の日本経済は，戦後の混乱期などを除き，長期にわたる経済成長を成し遂げてきた．その原動力は企業間の激しい競争であり，それはまた一方で生産力の急激な拡大をもたらすとともに，他方で内需の相対的縮小をもたらすものであった．生産力と内需のギャップである過剰生産は，一方で内需拡大のための財政出動，とりわけ公共事業支出を要請するとともに，他方で日本経済を輸出依存の構造へと誘導することになった．こうして，戦後の日本経済は企業間競争を牽引力とし，公共事業と輸出をテコにして成長を遂げることになったのだが，過剰生産圧力の強さからとくに輸出促進が経済運営の基本線におかれ，公共事業支出も主に輸出競争力基盤の拡充という観点から行われることになった．この構造は，輸出を担う大企業の成長を日本経済の生命線にすることを意味した．このため政府は，経済自立化計画の名のもとに，輸出競争力の基盤である電力や鉄鋼産業とともに，輸出関連大企業の育成を経済運営の基軸にすえることになった．こうして，大企業主義と輸出至上主義が表裏一体となった構造，いわば大企業体制が戦後の日本経済を特徴づけることになったのである．だが，大企業主義は過剰生産圧力を高めて経済停滞要因を醸成する．またその裏返しである輸出至上主義は，競争力強化のための低賃金を要求して内需を狭めるとともに，日本経済を輸出環境に振り回される不安定な状態にする．85年9月のプラザ合意による円高不況がこれを物語る．さらに大企業体制は，その延長線上で日本政府の対米従属的姿勢の強化をつうじて，経済政策の柔軟性を奪い取る．84年の日米円ドル委員会，85年のプラザ合意，89年の日米構造問題協議，さらには90年代の不良債権処理の強制など，貿易，市場構造，さらに経済政策にまで及ぶ対日圧力がそれを示している．

　こうして，大企業体制と対米従属路線は表裏一体となっているのだが，このような歪んだ体制のもとでは，経済変動も激しくなる．すなわち，増税など国民負担の増大や輸出環境の悪化が直ちに過剰資本を表面化させ，経済を

第6章 経済構造の変容とその帰結

一挙に停滞させたり，あるいは過剰資本の投機マネー化によって経済の急膨張を誘導するということである．とくに日本では，政府が誘導する大企業主義のために過剰資本を生み出しやすく，しかも株式や土地の所有構造が歪んでいるためにそれらの価格が乱高下しやすく，したがって投機を生み出しやすい体質を持っている．80年代後半のバブル経済は，このような大企業体制と歪んだ所有構造を背景に引き起こされたものであるといってよい．また，投機という思惑に誘導された資産の急激な膨張は，投機の収束とともに一挙に縮小することを余儀なくされ，その後の深刻な停滞を準備することになる．しかも歪んだ日米関係のもとでは，経済政策の選択肢は狭められ，有効な経済政策も打ち出せず，深刻な停滞に陥ることになる．

そして問題は，このように大企業体制という構造が様々な混乱の元凶であるにもかかわらず，90年代をつうじて政府はこの体制に固執し，それを踏襲したことである．巨額の財政出動による過剰資本の隠蔽，公的資金を使った株価維持や露骨な銀行救済など一連の措置がこれを示している．だがこれらの措置は，問題を先送りするだけでなく，国民負担を増大させて内需を停滞させ，さらに財政事情を悪化させることで停滞を長期化させる．さらに停滞は，グローバリゼーションなど外部からの波の打撃を強める要因となる．

また，長期停滞は経済の悪循環をも生み出した．停滞と競争激化による価格引き下げ，さらには海外からの安価製品の流入による諸物価下落は，企業収益減少，生産と雇用の削減をつうじて消費を停滞させ，それによって逆に諸物価を引き下げるという，いわゆるデフレスパイラルを引き起こした．このスパイラルは，さらに企業破綻と不良債権増大をつうじて銀行経営を直撃し，銀行の自己資本比率低下懸念から97年から98年にかけて銀行の貸し渋り（クレジットクランチ）を引き起こし，中小企業経営を破綻に追い込んだ．

こうして日本経済は90年代に入って深刻な停滞に陥ったのだが，政府は停滞の原因をバブル崩壊，労働力・設備・債務の過剰，さらには日銀の政策ミスなどのせいにし，自らの失政を認めようとはしなかった．政府が日本経済のデフレ状態を正式に認めたのは，ようやく01年になってからであった．

また深刻な停滞は，政府の経済政策の限界を浮き彫りにした．従来型の公共事業支出では，巨額の需給ギャップを埋めるには力不足で，しかも大企業体制のもとでは支出は少数の大企業に吸収されるだけで，投資や雇用，所得の拡大をつうじて経済全体を引き上げる効果は薄い．また低金利政策も，資金需要が低迷している中では効果が薄い．しかも他方では，過剰資本の隠蔽や国民負担の増大が図られているために，金融政策の景気浮揚効果が弱められるという政策矛盾まで引き起こした．経済政策の限界は，経済統計の集計方法の変更や数値の操作という形でも現れた．90年代後半には，GDP統計の集計方法が変更されたほか，数値修正まで行われた．例えば99年1-3月期には，使い残しの公共事業費を使ったことにしてGDPをかさ上げしたり，00年には逆に過去のGDP成長率を下方修正し，それによってGDP成長率を大幅に引き上げたことなどがそれである．このような修正は操作の疑念を抱かせ，政府の認識や政策に対する国民や投資家の信頼を大きく損ね，内外から激しい非難を浴びることになった．

ともあれ90年代の深刻な停滞は，大企業体制という基本構造を土台にして引き起こされたものであるといってよい．これは，停滞の原因が最終的にはこの体制に固執した政策にあるということ，つまり停滞が人災的な性格を持っていることを意味する[1]．

3. 経済構造の変容

(1) 産業再編成と格差の拡大

停滞を背景に，日本の経済構造は大きく変容した．変容は財政，金融，産業，さらには企業間関係や労使関係など日本型資本主義を特徴づけてきたものまで多岐に及ぶ．だが，構造変容の中核をなすのは市場構造の変容であり，それはまた企業行動，とくに大企業の行動に大きく左右される．つまり，経済構造の変容は，大企業体制の再編成を内容としているということができる．再編成はまず，産業再編成という形で現れる．

第6章 経済構造の変容とその帰結

　日本の産業構造は長期停滞とグローバリゼーションの進展を背景に，90年代に入って急激な変化を遂げ，主要な政府統計は農林水産業の急激な衰退と製造業とくに電機，輸送機械，精密機械などの機械分野，さらに金融・保険，運輸・通信，サービス分野の急激な拡大傾向を示している[2]．このような統計は，農業人口と農地面積が急激に減少し，従来産業とりわけ食料や衣料など競争力の弱い企業がグローバリゼーションの洗礼を受けて淘汰，再編成され，さらには生産現場の海外移転を余儀なくされ，代わって電子産業などのハイテク産業とサービス産業の比重が大幅に増大し，それによって産業間格差が拡大しているという現実と符合する．産業再編成は，一方では生産と資本の集中を押し進めて利益，設備投資などでの企業間格差を拡大し大企業のヘゲモニーを一気に高めるとともに，他方では大量の失業者を生み出すことになった．また産業間格差は，貿易構造の変化とも絡み合っている．内需の停滞を背景に，輸出関連産業とそれ以外の産業との格差が拡大傾向を示し，とくに90年代後半以降の中国市場の急激な拡大が，この傾向を助長している．

　さらに企業間格差は，収益格差となって現れる．上場企業の収益は，91年3月期に過去最高を記録した後一旦は落ち込んだもののM&Aと人員整理などをつうじて回復し，94年から96年にかけては企業倒産が増大する中，連続して高収益を計上している．98年3月期以降は再び売上高の減少に見舞われたが，これを契機に製造業とくに電機，石油化学，鉄鋼，造船などの分野ではさらなる人員削減のほかに，部品点数の削減や海外調達，系列の見直し，さらには事業の統廃合などの措置がとられ，その結果，上場企業は01年3月期にはバブル崩壊後の最高益を計上することになった．

　他方この間，急激な円高の進展，中国市場の急拡大を背景に生産現場の海外移転も活発化し，さらに海外進出企業の海外生産比率も急激に上昇していった[3]．だが多くの中小企業は，この急激な動きに対応できず，急速に窮地に追い込まれていった．また日本企業の一方通行的な工場の海外移転は，地方経済をも窮地に追い込み，多くの企業とともに地方金融機関をも窮地に追

い込んでいった．さらに地方経済の停滞は，地方財政を圧迫し，都市と地方の経済格差をさらに拡大した．とくに，電機や自動車など好調業種を抱える地域と産業や観光資源に恵まれない地域との経済格差が拡大し，それらの地域間所得格差も98年度以降顕著になっている．このような地域間格差，業績を反映した産業間および企業間賃金格差に加えて，再編成による大量の失業者の輩出などにより国民各層の所得格差は急激に拡大していった[4]．そして収益や所得の格差拡大は，消費や貯蓄の低迷をつうじて日本経済の停滞要因に転化する．しかも競争力強化のための，いわゆるリストラ圧力が強く作用している中では，輸出増大は雇用拡大，賃金上昇に直結しないばかりか，逆に雇用と賃金の抑制要因を形成する．したがって，輸出の景気牽引力は相対的に弱まり，大企業と国民の軋轢も強まることになる．

産業再編成は様々な格差を拡大しただけでなく，系列さらには三菱や三井，住友といった企業集団の再編成にも影響を及ぼした．そして，政府がこの動きを後押しした．97年以降の合併手続きの簡素化，持株会社や金融持株会社の解禁などがこれを示す．その結果，日本国内での日本企業同士のM&A件数は97年の500件台から，98年600件台，99年900件台へと推移し，00年には1,300件台に達している．目的別では既存事業の強化，供給過剰の解消，グループ内再編成がほとんどを占めており，業種別では電機，化学，機械などの産業が目立っている．またこのM&Aにより，とくに化学，鉄鋼，機械分野で，大手企業のシェアの拡大が顕著になっている[5]．産業構造の変容は，さらに国の財政や金融構造，さらには雇用や賃金形態など日本の経営システムの変容にも影響を及ぼすことになった．

(2) 財政・金融構造の変容

産業再編成は，企業淘汰をつうじて経済停滞を加速化させ，さらに停滞は政府に巨額の国債発行をともなう景気対策を強制した．新規の国債発行額は，89年の6.8兆円を底に上昇に転じ，98年度には一気に30兆円台に達し，以後30兆円台の発行を続けている．そのため，国債発行残高も急増していっ

た．これは，巨額の公共事業支出と93年度以降の税収の急激な減少による．国債発行残高の増大は，経済に様々な弊害をもたらす．例えば，長期金利の上昇圧力を生み出して企業や個人の経済活動に打撃を与えるほか，国債利払いの増大をつうじて財政のさらなる悪化を招いたり，国債価格の下落をつうじて銀行などの国債大量保有者の財務悪化を招きかねない．国債発行残高の増大とともに，国の財政赤字も95年度以降は毎年GDP比で6〜8％の高水準で推移しており，また97年度と01年度にはついに税収不足を税収以外の収入で穴埋めしきれない歳入欠陥状態に陥っている．その結果，国と地方の長期債務残高も92年300兆円台，95年400兆円台，98年500兆円台，99年600兆円台と急増していった．この間，GDPはほぼ500兆円台でほとんど変化しておらず，公的債務だけが一方的に増大していったことになる．

　財政危機は，第1に経済運営の柔軟性を奪い，第2に潜在的国民負担率の上昇圧力を高め，第3に財政支出削減圧力を高め，税収不足を招くとともに格差を拡大するという深刻な影響を及ぼす．こうして，本来は所得の再分配をつうじて不公平を是正し，経済を安定させる機能を果たすべき財政が，停滞と格差を逆に助長するという矛盾を抱え込むことになる．

　産業再編成の波は，金融構造にも影響を及ぼした．企業淘汰による不良債権の増大は銀行の統合を促し，金融再編成の大きな波を作り出した．この波は，銀行間格差を拡大するとともに地方経済の一層の停滞をもたらし，都市と地方の経済格差，財政格差の拡大を助長する．他方，経済停滞は日銀によるゼロ金利策を引き出したが，このような短期金融市場の日銀依存は，金融市場自体の機能低下をもたらす．さらに長期金利も，国債の大量発行を懸念して，資金需要が停滞する中でも上昇するという歪んだ現象を示している．

　さらに証券市場にも変化が見られる．戦後日本の株式所有構造は，長い間金融機関を含む法人間の相互所有による法人集中を特徴としてきた．だが，経済の長期停滞による株価の大幅下落，さらには企業淘汰による市況の混乱は相互持合を困難にし，株式の法人離れ現象をもたらした．他方，情報技術を利用した，いわゆるネット証券や外国人投資家による短期の株式取引が急

激に拡大している．だがこれによって，株式市場は外国人投資家などの動向に大きく左右される不安定な状況に置かれることになった．また外国人投資家による活発な日本株投資は，円相場にも影響を及ぼし，日銀の外為市場への介入とそれによる外貨準備高のいっそうの膨張をもたらしている．

(3) 労働市場と景気循環の変容

さらに再編成の波は，労働市場の変容を引き起こした．変容は，工場の統廃合や海外移転による大量の人員削減，さらには正社員の請負・派遣労働者といったパート労働者への大量置換などという形で示される．これによって大量の失業者が生み出されるとともに，製造業からサービス部門への大量の労働力移動が発生した．また外国人株主の増大による強いコスト削減圧力が，人員削減を後押ししている．変化は就業形態だけでなく，賃金形態にも及んでいる．年功型賃金から成果主義賃金への転換がそれである．そのため失業率が高止まりし，賃金の上昇も期待できない状況にある．また失業率は，農村地域，高齢者，若年層ほど高くなるという地域格差，年齢格差をともなって推移している．この結果，終身雇用，年功序列といった，いわゆる日本的経営システムも変容を余儀なくされている．だが雇用と賃金の不安定化は，国民生活を窮地に追い込むだけでなく，税収不足による財政危機，年金などの社会保障制度の動揺をつうじて国民負担を増大させ，日本経済をいっそう停滞させるという悪循環を引き起こす[6]．他方，企業収益は労務コストの大幅削減をつうじて増大傾向を示しているが，日本経済の長期停滞はやがて企業の合理化効果をも削減する．

以上のような構造変化は，景気変動にも影響を及ぼす．企業破綻や事業再編成による失業者の増大，不安定雇用者数の増大，所得の低下，新規雇用の抑制，さらには財政危機による国民負担の増大など，これらが国民生活への重石となり，日本経済は停滞を余儀なくされる．しかも雇用と所得の不安定さ，財政危機は一時的な現象ではなく，したがって停滞も長期に及ぶことになる．他方，輸出増大が設備投資や雇用，所得の増大をもたらして景気を浮

揚させるといった成長パターンも覚束なくなっている．企業も日本経済の先行き見通し難から，設備投資に慎重な姿勢をとり続けている．さらに，様々な格差拡大や歪んだ日米関係による政策的混乱が停滞を助長する．またこのような内需停滞構造は，輸出環境悪化の打撃を大きくするとともに，景気拡大を一時的な現象に終わらせる要因となる．長期停滞の中で急発進と急停車を繰り返し，財政支出や低金利というアクセルを踏んでも雇用と所得の増大につながらず，また企業の資金需要が停滞している中ではそれらの政策効果も薄く景気は加速しないという経済実態，さらには諸物価が長期間にわたって下落するといった現象がこれを示している．その上，アクセルとブレーキを同時に踏むなどの政策矛盾が，停滞に拍車をかけている．

　こうして，日本の経済構造は90年代をつうじて大きく変容した．それは，大企業体制の再編強化とそれによる歪みを内容としていた．そして歪みは，従来政策の限界を浮き彫りにするとともに，政策矛盾をも引き出すことによって停滞を長期化させる．さらにこれに歪んだ日米関係が加わって，日本経済を窮地に追い込んでいる．またこれにより大企業自身も窮地に追い込まれることになる．こうして，大企業体制は日本経済の歪みと停滞をつうじて，逆に自らを窮地に追い込んでいる．このことは，日本経済の安定のためには，大企業体制の変換が不可欠であることを示している．だが現実は，逆の方向に向かっていく．

4. 経済危機の深化

　日本経済が停滞するなか，2001年4月に小泉内閣が構造改革を掲げて登場した．改革は，直接的には過剰資本の処理と情報通信，バイオテクノロジーなどの新技術を駆使した産業の育成をつうじて経済を活性化させることを目的にし，またそのために不良債権の最終処理，金融・証券，電力・ガス，通信，労働者派遣などの規制緩和をおし進めるというものであり，併せて財政再建を図ることを目的としていた．不良債権の処理は競争力を弱めた企業

を淘汰し，規制緩和は資本移動をつうじて競争を促し，財政再建は支出構造の見直しによる非効率な産業の淘汰と，新産業向けの財源確保を目的にした．また，銀行に対する不良債権処理の強制は，低迷する銀行の株価を引き上げ，さらには銀行に合併と同時に投資銀行などへの衣替えを促すことを目的にしていた．ペイオフの解禁は，このような金融機関の淘汰を促進する手段であり，また郵政事業の民営化は民間銀行への資金移動手段として位置づけられる．さらに，規制緩和や財政再建の起爆剤として道路公団や郵政など国営事業の民営化を掲げたほか，財政再建の切札として地方への政府支出の削減を主目的にした市町村合併，その大儀としての地方分権，そしてその延長線上に，地方への支出削減と税源委譲を同時に行う三位一体の税財政改革が打ち出された．つまり，構造改革は競争と淘汰によって有力な産業企業だけを残し，そのために日本の政治経済の仕組みを変えるというものであった．

　だが改革は，国民生活に大打撃を与えることになった．経済停滞下での不良債権の最終処理，すなわち貸付先企業の法的処理の強行は，膨大な数の企業を倒産に追い込んだ．倒産件数は，00年度1万9,000件台，01年度2万件台，02年度1万9,000件台と高水準で推移した．失業率は，01年1月に4.9％に達した後さらに上昇し，02年8月にはついに5.5％に達した．失業率は，04年2月までほぼ5％台で推移した後低下傾向を示しているが，若年労働者，男性労働者の失業率は上昇傾向を続けている．正社員の減少傾向も，とどまるところを知らない．また従業員5人以上の事業所の平均現金給与所得は，03年度まで3年連続で減少している．さらに個人破産件数も98年に10万件を突破した後，02年に20万件を突破し，03年には24万件に達している．このような経済実態を裏付けるかのように，国内消費者物価も99年以降6年にわたって下落し続けており，GDP成長率は実質で01年度にマイナスとなり，名目では01年，02年度と連続してマイナスを記録した．

　2002年2月，小泉内閣はついにデフレ対策を余儀なくされたが，その対応策の中心はまたもや不良債権処理の加速化，公的資金の注入による金融システム安定化，そして株価吊り上げであった．しかも，01年以降は量的金

第6章 経済構造の変容とその帰結

融緩和をつうじて市場への資金注入策を講じながら，他方で02年7月の健康保険法改定による患者負担の引き上げのように，国民生活に負荷をかけるという政策矛盾を犯している．この矛盾は，直ちに株価に現れた．日経平均株価は，02年7月に1万円を割った後ずるずると下落し，03年4月にはついに7,607円とバブル後の最安値に落ち込んだ．この間に政府は，公的年金などの公的資金を使った株式保有に加えて，銀行等保有株式買取機構の設置（02年2月），日銀による銀行保有株式の買い取り（02年11月）など，相次いで株価吊り上げ策を講じた．だが日経平均株価は低迷し，しかも外国人投資家に翻弄される不安定な状況を続けている．また混乱は，人為的物価吊上げを意味する前代未聞のインフレターゲット論まで引き出した．GDPも04年に入って再び伸び率を鈍化させ，下方修正に向かっている．また，銀行貸出，マネーサプライのいずれも，長期にわたって減少ないし停滞し続けている．04年8月以降，景気減速懸念から長期金利も再び低下傾向を示し始めた．こうして景気回復は持続性に欠け，企業も在庫積み増しに慎重な姿勢をとり続けている．

　このような停滞基調は，目先の財政再建策を優先するとともに，企業収益の回復を最優先して，雇用創出などの手当ても見込みもないまま過剰資本の一挙的処理を強行したことによる．しかも，政府による事業再編成促進策がこれに追い討ちをかけた．派遣労働規制の緩和，破産や合併手続きの簡素化措置，合理化を条件に税金を緩和する産業再生措置などがこれである．だがこの行為は，国民生活の安全装置である雇用を不安定にし，経済を深刻な停滞に追い込むことで逆に財政危機を深化させ，不良債権をいっそう増大させた．そしてその延長線上に，年金など社会保障関連の財源問題を浮上させることになった．さらに，政策矛盾が混乱を助長する．欧米諸国が01年以降減税措置をとる中，日本は停滞下で逆に企業淘汰策，財政支出削減策を強行し，また情報開示が不十分で金融不安があるといいながら，他方でペイオフを解禁したり，さらには04年1月には配偶者特別控除の廃止を決定し，10月には年金保険料を引き上げるといった具合である．

政策の矛盾と混乱は，日本経済を停滞から危機へと誘導する．その結果，政府は再び公的資金の注入を余儀なくされた．03年6月の，りそな銀行への公的資金の注入などがそれである．こうして，政府は自ら引き起こした停滞に慌てて対応策を講じるという，マッチポンプ式の対策を繰り返すことになった．また停滞は，政策の限界をいっそう浮き彫りにした．01年に景気対策の切り札として導入された量的金融緩和策は，金融機関から市中への資金供給にはつながらず，主に金融機関による国債購入を増大させるだけであった．これにより長期金利の上昇が抑制されたとはいえ，金融市場と国債引き受け市場がさらに歪められることはいうまでもない．

さらに経済停滞は，税収不足をつうじて財政危機を深化させた．税収は01年度，02年度と連続して減少し，01年度には税収不足を税収以外の収入で賄えない歳入欠陥状態に追い込まれている．その結果，国債発行枠を30兆円とした政権発足時の公約は，早くも翌02年には撤回され，国債発行額は再び増大していった．国債発行残高は，04年度末には483兆円と予想され，歳入に占める国債依存度も04年度には44％に達する．またこれによって，歳出に占める国債費も増大し，財政を圧迫し続けることになる．なお国と地方を合わせた長期債務残高は，03年度末には703兆円に達しており，04年度末には719兆円に膨れ上がる見通しとなっている．このため政府は，年金や医療費などで国民にさらに負担を要求するだけでなく，増税や個人向け国債販売という形で国民の懐に直接手を伸ばし，さらに金融・証券業務規制の緩和，ペイオフ解禁，郵政事業の民営化などをテコにして，国民の金融資産を株式市場などリスク市場に誘導し始めている．政府が事あるごとに自己責任を叫ぶのは，このような政府の姿勢を端的に示している．その上政府は，地方分権を前面に押し立てて，自らの負担を地方自治体と住民に担わせようとしている．政府が主張する小さな政府の実現というのは，このように日本全体に自己責任を強制すること，すなわち負担を押し付けることを意味する．ちなみに国の交付税交付金削減のために，00年度以降，05年度予算編成まで6年連続で地方単独の公共事業費が削減されている．

第6章 経済構造の変容とその帰結

ともあれこのように，日本経済はまさに戦時体制さながらの様相を示しているといってよい．03年6月，経済財政諮問会議は骨太の方針第3弾を発表した．そこでは，規制改革や金融・産業再生，税制改革の必要性が抽象的に並べられているのとは対照的に，地方向け補助金を06年度までに4兆円削減するということが具体的に示されている．

見られるように，構造改革は日本経済を危機的な状況に追い込んでいるが，この路線は80年代のサッチャー政権，レーガン政権，さらには中曽根政権で展開された，いわゆる新自由主義路線の延長線上にある．その本質は強者の論理の貫徹にあり，そのテコは競争の強制つまり淘汰であり，その具体的な措置が規制緩和，民営化，財政支出の抑制ということになる[7]．だがこの路線は，構造改革という旗印とは逆に大企業体制の再編強化を意味し，したがって日本経済の歪みを助長する路線とならざるを得ない．03年3月期，04年3月期と，上場企業は2期連続で経常増益を記録した．とくに製造業の連結経常収益は，売上高の伸びをはるかに超える急激な伸びを示した．ちなみに，収益は一部の外需依存企業に集中し，収益格差の拡大も鮮明になった（財務省「法人企業統計調査」参照）．これは，この間に大企業によって人員削減など猛烈なコスト削減策が講じられたことを示している．また一部の大企業の高収益の裏では，いわゆる下請いじめが横行していた[8]．

他方，歪みによる停滞は大企業自身をも窮地に追い込んでいく．02年に上場企業の破綻は過去最多の29社に達し，東京証券取引所の上場廃止企業は，02年に過去最多の78社を，03年には64社を記録した．日本経済の持続的発展のために経済構造を変えようというのであれば，停滞と歪みをもたらしてきた大企業体制という構造自体にメスを入れる以外にはない．だが実際には，小泉構造改革は，改革を淘汰という強引な市場再編措置に置き換えてしまった．これでは，構造改革は従来構造の強化でしかない．おまけに事態が深刻化するなか，政府は停滞の原因を日銀の金融政策などのせいにし，逆に景気拡大傾向が見え始めると，直ちにそれは政府の改革の成果であると何の根拠も示さないまま喧伝する有様である．

また以上のような経済停滞の深化は，何らかのきっかけで経済全体が動揺する，いわゆるシステム危機の深化をも導く．財政・金融機能の低下，政府の巨額の累積債務，株式市場や労働市場さらには外国為替相場の不安定性など，これらは日本経済全体を危機に追い込む要因に転化している．こうしてシステム自体の危機をつうじて，企業経営や国民生活が根底から脅かされる状態，これが今日の日本経済を特徴づけている．そこでは，経営の自助努力は報われず，自己責任の論理も機能できない．さらに歪んだ日米関係がシステム危機を助長する．この関係のもとでは，経済政策の選択肢が奪われるだけでなく，日本の米国連邦債購入，米国から日本の株式市場への資金流入といったような形での相互もたれあい構造を作り出し，それによって日米共倒れの危険性を高めることになる．したがってこの構造のもとでは，日本経済の失速は米国を慌てさせ，対日圧力の強化を引き出す．

　いずれにせよ，独自の経済政策，外交政策を打ち立てることができなければ，日本経済の再生は不可能である．だが構造改革路線は，この再生の道筋から大きく外れている．そればかりかこの路線は，実質的に従来構造の強化策でしかなく，したがって，日本経済の歪みをさらに拡大することで，日本経済の再生をいっそう困難にしているということができる．

　注
1) 90年代の深刻な停滞は人災であるとするものに，林直道『恐慌・不況の経済学』新日本出版社，2000年がある．
2) 内閣府『国民経済計算』を参照．以後，主な数字や傾向はこの統計資料による．
3) 日本企業の海外生産については，経済産業省『海外事業活動調査概要』各年度版を参照．
4) 所得の不平等指数（ジニ係数）の上昇傾向を指摘するものに，橘木俊詔『日本の経済格差』岩波新書，1998年，同『封印される不平等』東洋経済新報社，2004年がある．所得格差の原因としては賃金格差，失業率の上昇，高齢化などが挙げられている．
5) M&Aの詳細については，野村證券金融経済研究所『財界観測』（2004年7月）を参照．なお大企業数と売上高，利益推移などについては国税庁企画課編『税務統計から見た法人企業の実態』（各年度版）が参考になる．

6) 就業構造の変化については，総務省統計局『国勢調査報告』，経済産業省『企業活動基本調査』を参照．また労働市場の変容は，財界によって誘導されたものであった．例えば日本経営者連盟「新時代の『日本的経営』―挑戦すべき方向とその具体策―」(1995 年) では，正社員は有期雇用かパートに置き換え，残った正社員には成果主義を導入する方向性が明確に示されている．
7) 新自由主義的姿勢を象徴するものとして，経済団体連合会『魅力ある日本』(1996 年)，日本経済団体連合会『活力と魅力溢れる日本を目指して』(2003 年) がある．そこには，新産業の育成，都市開発，雇用慣行と社会保障や教育制度などの見直し，民営化・規制緩和の必要性，さらに中央政府の役割の限定と地方分権による地方自治体への権限委譲などが盛り込まれている．なお，構造改革路線の問題性を指摘するものに，佐藤真人，中谷武，菊本義治，北野正一『日本経済の構造改革』桜井書店 (2002 年)，二宮厚美「小泉構造改革と戦後史的リストラ」『日本の科学者』日本科学者会議編，2003 年 6 月号，さらに佐和隆光「経済教室」2004 年 1 月 22 日付，日本経済新聞などがある．
8) 下請けいじめについては，2002 年 7 月 12 日付日本経済新聞社のアンケート調査が参考になる．なお，同調査によると，01 年度の下請法違反件数は 1,314 件に達している．

第7章
金融のグローバル化と日本版ビッグバン

山　田　博　文

1. 金融のグローバル化と世界の金融再編成

(1) 金融ビジネスのグローバル化・情報化・ハイリスク化

　20世紀末，旧ソ連の崩壊と中国経済の市場経済化が進展するにつれて，世界経済は，市場経済原理に席巻され，とくにアメリカに主導された多国籍的な巨大企業・金融機関，ヘッジファンドなどの金融投機集団の行動に影響されるようになった．

　金融ビジネスのあり方も，戦後日本のように，実体経済と直接的な関係をもつ預金・貸出といった銀行業務中心のビジネスから，株価と証券ビジネス，高利回りと市場原理を最優先させるアングロ・アメリカン型のハイリスク・ハイリターンの金融ビジネスが世界を席巻するようになる．

　情報通信技術（IT）の発展，地球的な規模でのコンピュータのネットワークの整備は，新金融商品や取引手法の開発とあいまって，大手金融機関1社の手中に，ビジネスの対象として地球をまるごと掌握させる．地球の裏側を舞台にした100億円単位の取引ですら，リアルタイムで完結する時代が到来した．そして，モノづくりをともなわない，自己増殖を自己目的とする金融ビジネスやマネーゲームが支配的な傾向になっていく．

　マネーや金融商品を取引する金融業は，特定の地理的・空間的・物的な実体に制約されるモノづくり産業の商品と違い，情報通信技術の発展の成果やグローバルに設置したコンピュータのネットワークの恩恵を最大限引き出す

第7章 金融のグローバル化と日本版ビッグバン

ことができる.

この点について,鶴田満彦教授は,『経済』誌 (No. 61, 2000年10月号) において,「金融業が取り扱う資金は,質的には無差別で,量的にのみ異なる独特の商品であって,コンピュータ上の情報処理には最適のもの」(30ページ) であるため,電子的な情報の形で,コンピュータのネットワークのなかで取引できるからである,と的確に指摘している.

また,教授は,金融ビジネスと情報通信革命との結びつきについて,「金融資本のもっとも現代的な形態は,産業独占との融合・癒着によってよりも,グローバルな外国為替・金融・証券市場の価格変動をめぐる投機をつうじて短期・最大限の利潤をあげることをめざしている……このような金融資本とそれを媒介する各種金融機関の運動に,まさに梃のような力を与えたものが,……情報技術革命である」(同上誌,30ページ),と指摘する.

情報化され,グローバル化された現代の金融ビジネスは,時間の制限も,空間の制限も超越し,コンピュータの画面上のスクリーン・マーケット,サイバー・マーケットにおいて,100億円単位の取引がリアルタイムで遂行される.投機が盛んなこのマーケットでは,一瞬にして数千万円のキャピタルゲインが取得される一方,相場を読み違えれば,一瞬で数千万円のキャピタルロスを被り,場合によっては,経営破綻に陥るようなハイリスク・ハイリターン型のビジネスが展開される.

そこには,新しい巨大なリスクも伏在する.地球上に張り巡らされたコンピュータのネットワークのなかを,利益を求めて,光の速さで移動する巨大マネーは,一国の経済を破産にすら追いやる「全能の力」をもってしまったからである.運良く取引に成功したなら,巨万の報酬と富が実現される一方で,取引の失敗は,金融機関の経営破綻にとどまらず,通貨投機のターゲットになった国や関連諸国の連鎖的な通貨危機や経済危機まで誘発する時代が到来した.

(2) 世界各国で進展する金融再編成

　金融ビジネスのグローバル化・情報化のなかで，多国籍的な金融機関は，国際金融市場の分割合戦を展開し，国境を越えた金融機関のM&A（合併・買収）が活発化し，グローバルな金融再編成が繰り返されてきた．

　情報通信技術の発展の成果やグローバルに設置したコンピュータのネットワークの恩恵を最大限引き出すには，年間で，1,000～2,000億円もの情報通信投資が必要とされる．このような巨額の設備投資をまかなう目的もあって，各国の金融業は，M&Aを繰り返すことで巨大化し，グローバルな体制を築こうとする．

　イギリスの『フィナンシャル・タイムズ』紙（Financial Times, 1998年12月27日）によれば，ほぼ1世紀前にも欧米各国で企業のM&Aが活発化したが，当時の目的は，国内経済における市場支配にあった．だが，20世紀末のM&Aの目的は，「地球的規模での支配」（global domination）を達成することにある，と指摘する．

　欧米の大手銀行の平均的な顧客数は，20世紀末にはほぼ3,000万人であったが，日本の大手銀行は1,500万人ほどであった．商業銀行業務は，「規模の経済」を象徴し，顧客数が増えると収益も増えるとみなされている．トラベラーズ（Travelers）を買収したアメリカ最大の銀行シティコープ（Citicorp）は，顧客数を1億人（20世紀末）から，2010年までに10億人に拡大し，商業銀行業務における「地球的規模での支配」を確立しようと計画している．

　1980年代の後半に，アメリカからはじまった欧米の銀行・証券会社のグローバルな規模でのM&Aは，国際金融ビジネスを独占する少数の巨大金融機関を誕生させてきた．1990年代以降，日本の銀行・証券会社のあいだでも，(旧)財閥や系列を超えた大規模なM&Aが繰り返し展開され，三菱東京フィナンシャル・グループ，三井住友フィナンシャルグループ，みずほフィナンシャルグループの3大金融グループに集中，再編されてきている．

　その結果，世紀の転換期において，国際金融ビジネスの市場は，巨大金融

第7章 金融のグローバル化と日本版ビッグバン

表 7-1 世界の金融機関のランキング・トップ 20

(単位：億ドル)

順位	金融機関名(国籍)	株価総額	順位	金融機関名(国籍)	株価総額
1	シティグループ(米)	239	11	BNP パリバ(仏)	56
2	バンク・オブ・アメリカ(米)	170	12	三菱東京 FG(日)	55
3	HSBC ホールディング(英)	163	13	メリルリンチ(米)	55
4	ウェルズ・ファーゴ(米)	100	14	バンク・ワン(米)	54
5	ロイヤル・バンク・オブ・スコットランド G(英)	94	15	US バンコープ(米)	54
			16	HBOS(英)	50
6	UBS(スイス)	85	17	みずほ FG(日)	50
7	JP モルガン・チェース(米)	75	18	ING グループ(蘭)	47
8	ワコビア(米)	62	19	ドイツ銀行(独)	46
9	モルガン・スタンレー(米)	58	20	ゴールドマン・サックス G(米)	45
10	バークレイズ(英)	57			

出所：『ビジネス・ウィーク』2004年7月26日，63ページ．

ガリバーともいうべき少数の多国籍的な金融機関によって，市場の大半を支配されることになった．世界の主要1,000社のランキングを特集したアメリカの『ビジネス・ウィーク』誌（BusinessWeek, 2004年7月26日）によれば，2004年の株式の時価総額を基準にして，世界の主要な金融機関のランキング・トップ20を表示すると，表7-1のようである．

みられるように，アメリカの金融機関は，ニューヨーク市場の株高を反映しているためもあるが，株式時価総額のグローバルトップ20位中10社がランキング入りしている．他方，日本の金融機関は，日経平均株価が1万円前後の水準で，三菱東京フィナンシャル・グループが12位，みずほフィナンシャルグループが17位であり，三井住友フィナンシャルグループは，23位に登場している．

(3) 浸透する米系多国籍投資銀行業の市場支配

株価と証券ビジネス，高利回りと市場原理を最優先させるアングロ・アメリカン型の金融ビジネスは，ビジネスチャンスをグローバルに拡大し，世界各国に，自国のビジネススタンダードを世界のビジネススタンダードとして認知させ，各国に金融・証券市場の改革と育成を迫る．

世界中で進展する民営化のプロセスは，株式の大口の新規発行をともない，株式市場をグローバルに拡大し，アングロ・アメリカン型の金融ビジネスに大きなチャンスを与えてきた．ドイツテレコムのような大規模の民営化では，その株式は，世界中の株式市場でオファーされ，地球的な規模で株式市場を拡大し，活性化させる．財政赤字の重圧と新規財源を求める各国政府は，電気通信，電力，航空，石油などの巨大国有企業を民営化し，株式会社に転換して，その膨大な株式を売却し，その売却代金を国庫に繰り入れることを繰り返してきた．

　国家資金の調達をめぐる民営化株の売出は，国際資本市場との連携を強め，グローバルマーケットにおいて証券ビジネスを展開する多国籍的投資銀行（証券会社）によって実施された．アメリカの多国籍的な巨大投資銀行（証券会社）は，各国の民営化株の売出にともない，国家相手の大口の証券ビジネスに参入し，巨額の収益を実現する．

　世紀末には，グローバルな規模で新規に発行される世界の株式のほぼ4割は，アメリカの大手投資銀行5社（ゴールドマン・サックス，モルガン・スタンレー，メリルリンチ，JPモルガン，ソロモン・スミス・バーニー・インターナショナル）によって，独占的に引き受けられていた．国際資本市場は，アメリカの投資銀行の圧倒的な支配のもとにある．

　イギリスや日本など，アングロ・アメリカン型の金融ビッグバン改革に踏み込んだ国々では，自国の証券市場において，アメリカの投資銀行の市場占拠率が高まっただけでなく，自国の銀行や証券会社も買収され，アメリカ資本の傘下に入る事態がつづいている．その結果，イギリスのウィンブルドンでのテニスの世界大会のように，プレイする場所は提供するが，主役となって活躍するのは，外国勢といったウィンブルドン化現象が，世界の主要な証券市場において顕在化した．

2. 金融ビッグバンと金融システムの「将来ビジョン」

(1) 日本版金融ビッグバンの内容と背景

　アメリカの多国籍的な金融機関に主導されたグローバルな金融ビジネスの動向は，わが国に大きな影響を与え，現代日本の金融経済システムは，世紀単位の大転換を遂げた．当時の橋本総理大臣は，「我が国の金融市場がNY・ロンドン並みの国際市場となって再生することを目指す」として，『我が国金融システムの改革—2001年東京市場の再生に向けて—1996年11月11日』との文書を公表し，内閣の最重要課題として，2001年3月末を最終期限にして，「金融システム改革」に取り組むように指示した．

　翌年の1997年には，銀行・証券・外国為替・保険・企業会計など，「金融5分野」のすべてを網羅する大改革の内容が，各種審議会（いずれも大蔵大臣の諮問機関）から提示される．それは，宇宙の創世期にあったとされる大爆発（Big Bang＝ビッグバン）にたとえられ，この言葉を初めて使用したイギリスの金融改革にならって，金融ビッグバンと名付けられた．

　日本版金融ビッグバンは，他国に比較しても，広範囲にわたるシステムの大改革であった．その主たる内容は，以下の5点に要約されよう．

　第1に，金融持株会社を解禁し，銀行業・証券業・保険業の垣根を取り払い，相互に参入させ，巨大な金融コングロマリットを育成することである（金融制度調査会報告）．本来基本業務の異なる各種の金融業務が1社の下で営まれるようになると，利益相反などの問題が避けられない．たしかに，戦前の財閥の持株会社とちがい，持株の範囲が金融業関連の株式に限定されているが，メーカーなど事業法人に対する金融コングロマリットの優位と支配力が強化される．

　第2に，証券売買の手数料自由化，取引所集中義務の撤廃，デリバティブ（金融派生商品）取引の拡大，証券総合口座の新設などである（証券取引審議会報告）．ビッグバンの目的の1つは，証券ビジネスの育成と拡大にあり，

これによって，大口投資家や巨大証券会社は，小口の投資家や中小証券会社に対して，有利なビジネススタンダードを獲得したことになる．

第3に，外国為替管理法を撤廃し，内外の資金や資本の自由な移動ができるようになったので（外為等審議会報告），多国籍企業・金融機関の活動のフィールドは，グローバル化し，地球的な規模で行われるようになった．これによって，円高にともなう為替差損を回避する日本の企業は，人件費の安い中国をはじめとした海外に，自由に生産拠点を移すようになり，国内産業の空洞化がますます深刻化する．

第4に，損害保険料率の自由化を促進することで（保険審議会報告），中小の損保会社や地域の損保代理店は，効率的に統合再編される．

第5に，企業の会計制度も，連結決算・時価会計制度が導入される（企業会計審議会報告）．

端的に表現すれば，ビッグバンとは，株価と証券ビジネス，高利回りと市場原理を最優先させるアングロ・アメリカン型の金融システムづくりであり，その後の事態の推移から判明するように，アメリカの金融資本の利益を反映し，東京市場をニューヨークやロンドンと並ぶ国際的なマネーゲームの拠点に作り替えるための大「改革」であった．

しかも，このようなビッグバン改革は，2001年3月末までのタイム・リミットがつけられたアクション・プログラムとして，いっせいに実施に移された．さらに，日本銀行法も，56年ぶりに改正され，金融規制当局（後の金融庁）も新設された．現代日本の金融経済システムは，どの点から見ても，世紀単位の大転換を遂げたが，その内容は，アングロ・アメリカン型のシステムの輸入ともいえるものだった．

戦後日本の金融経済システムが変化をみせはじめたのは，1970年代後半から1980年代にかけてである．各種の金融規制緩和（いわゆる金融自由化・国際化）が急速に進展し，それは，1990年代後半以降，「金融ビッグバン」との名称で展開されたが，その出発点は，1973年のオイルショックをきっかけにした1974-75年にかけての世界経済の構造不況の深化，低成長経

済への移行である．

　実体経済が低成長に陥ることで，行き場を失った過剰なマネー（過剰資本）に，利殖と運動の場を提供する受け皿づくりとして，各種の規制から逃れた多様な金融・証券市場の拡充が展望されたからである．

　1980年代後半以降のわが国の金融自由化・国際化の内容と方向性を決定したのは，国内の大手金融機関の「内圧」だけでなく，日本に金融開国をせまるアメリカの多国籍的な金融機関の「外圧」（「日米円ドル委員会報告書」1984年5月など）に主導され，実施されてきた．

　世紀末の日本の「金融ビッグバン」は，過剰なマネー（過剰資本）に利殖と運動の場を提供する受け皿づくりをめぐる，日米の多国籍的な巨大金融機関の国境を越えた競争と協調から誕生した，といってよい．

(2) 預金・貸出市場から証券市場へのシフト

　金融ビッグバンの主要なターゲットの1つは，銀行や郵貯など，預貯金に偏していた1,200兆円（当時）の個人金融資産の運用をめぐる多国籍的な金融機関の争奪戦にあった．

　証取審報告の冒頭には，「1,200兆円の個人金融資産のより有利な運用，次代を担う新規産業への資金供給，及びグローバルな資金供給という要請に応えていく必要があり，このためには，金融システムの機能が適切に発揮されなければならない．中でも，リスク・テイクとリスク分散に優れた証券市場の役割への期待は大きい．」（「I. 改革の目的と背景」—証券取引審議会・総合部会最終報告［要約］）との文言が掲げられた．

　証券会社サイドの見解は，ビッグバンについて，「日本の金融システムの軸足を伝統的な間接金融から直接金融に移し，証券市場を金融仲介の主役にするというねらいが込められている」（「日本版ビッグバンと証券ビジネス」『YRI證券月報』1997年5月号）として，これを積極的に評価してきた．

　だが，その後，ビッグバンが進展し，銀行を母体とする金融持株会社が成立し，銀行業も証券業も兼営する巨大な金融コングロマリットが登場する．

しかも，アメリカの多国籍的な投資銀行も日本に進出してきた．そのため，「証券市場を金融仲介の主役にする」局面が到来したとき，日本の証券市場は，従来の日本の大手証券会社ではなく，アメリカの多国籍的な投資銀行や金融持株会社傘下の銀行系の証券会社によって市場を占拠されるようになる．

また，新しい問題も発生する．金融ビッグバンのもとで，銀行・証券・保険などの相互参入が進展してきたが，それぞれの業務は，経済システム全体の中で，一定の経済主体（企業や個人）の金融ニーズにもとづき，それぞれ固有の業務として発展してきた．銀行本来の業務は，預金の受入や貸付・手形割引や為替の決済を通じて，家計や企業の資金繰り，各種経済取引を円滑に遂行することにある．証券会社の業務は，株式や社債の発行・引受，売買を通じて，企業の資本金や長期性資金を調達・運用することにある．保険会社の場合は，個人や企業にとって偶発的な事故によって発生する損害を補償することにある．これらの業務は，本来，いずれもまったく異なる業務である．

とりわけ，銀行の場合，預金業務や決済業務を担っている点で，他の金融機関よりも公共的・社会的性格をもつ．各種のリスクに満ちたハイリスク・ハイリターン型の証券業務や保険業務と銀行業務が兼営されることは，預金業務や決済業務に混乱を誘発し，金融システム不安をもたらすことになりかねない，といった問題を抱え込んだ．

(3) 「市場金融モデル」と金融システムの「将来ビジョン」

金融ビッグバンを経て，証券市場にシフトするわが国の金融システムの将来像を具体的に提起したのが，金融審議会答申「中期的に展望した我が国金融システムの将来ビジョン」（2002年9月30日）である．

そこでは，個人から集めたマネーを企業に貸し出すわが国の従来型の金融モデル＝「産業金融モデル」から，株価と証券ビジネス，高利回りと市場原理を最優先させるアングロ・アメリカン型のモデル＝「市場金融モデル」にシフトした金融システムが構想されている．

「市場金融モデル」を選択する理由について，この答申は，第1に，「価格メカニズムが機能する市場を通ずる資金仲介（以下「市場金融モデル」と呼ぶ）においては，市場参加者が各々のリスク・リターンの選好を持って市場に参加し，価格メカニズムを通じて，資金供給と調達のニーズが結び付けられる」からであり，第2に，「産業金融モデルが主流である我が国の金融システムにおいては，預金取扱金融機関にリスクが集中し，増大するリスクを支えきれなくなってきており，多数の市場参加者の選択によって幅広くリスクが配分される市場金融モデルの役割がより重要になる」，と指摘する．

このような理由から，今後の金融システムは，「市場金融モデル」を軸心に再編成し，さまざまな証券化関連金融商品の開発と市場の育成が展望され，個人も，企業も，証券市場を介した資金の調達と運用が推奨されている．

だが，そうなると，市民生活や地域経済に重要な役割を担っていても，規模も小さく，無名な中小企業や地域金融機関，相互扶助を目的とする信用金庫や信用組合などは，証券市場において資金を調達しようとしても，はたして資金を提供してくれる投資家が現れるだろうか．やはり，「市場金融モデル」は，知名度も経済力も大きい大企業・金融機関にとってますます有利な金融モデルにほかならない．

また，個人金融資産の6割近くが預貯金の形態で蓄えられている安定志向の強い日本の個人の貯蓄を，元本無保証で，価格変動リスクにさらされる市場に追いやることは，「高齢社会」を迎えて，今後，ますます個人金融資産の長期安定運用が必要とされるはずの金融モデルとも逆行する．したがって，「市場金融モデル」は，むしろ高齢社会の国民の将来不安を助長し，リスクも個人にしわ寄せされる懸念が否定できない．

そもそもわが国は，イギリスやアメリカのように市場横断的に投資家を保護する法律もなく，「市場金融モデル」が採用されることで発生する各種のリスクは，無秩序的に個人に分散・しわ寄せされることになりかねない．

3. 金融再編成と公的金融システムの解体

(1) 金融持株会社と3大金融グループへの統合

　戦後日本の金融ビジネスを担ってきた大手銀行21行は，世紀末の金融ビッグバン改革を経て，統合再編を繰り返し，金融持株会社を頂点に置く4大金融グループにまで統合された（図7-1）．その後，三菱東京フィナンシャルグループ（MTFG）とUFJホールディングス（UFJHD）との統合再編で，わずか3大金融グループにまで集約され，資産規模では，世界最大の銀行が誕生する．

　だが，先行するアメリカの事例では，統合後の銀行の資産規模が100億ドル（ほぼ1兆円）程度の小規模な銀行なら，規模の経済が働き，収益は増大するが，それ以上の資産規模になると，コストが増大し，収益はむしろ低下する事例もある．

　さらに，それぞれ異なる金融業務であるはずの銀行業務も，証券業務も，保険業務も兼営する巨大金融コングロマリットは，大規模複雑銀行組織（LCBO: Large Complex Banking Organization）となり，リスクの存在がどこにあるかよく分からず，その結果，金融システム不安はいぜん解消されない．連邦預金保険公社（FDIC）といったアメリカの規制当局は，「あまりに大きすぎて，複雑で，監視の目が及ばない」，といった理由から，その存在を問題視してきている．

　というのも，大きくて，複雑すぎ，監視の目が届かないことは，不正も発生しやすくなるからである．アメリカの巨大企業のエンロン，ワールドコム事件は，シティグループとJPモルガン・チェースが，利益を水増しし，負債を隠蔽する会計操作をやって，200万ドルもの手数料を得ていたことが，その後の議会調査で発覚している．

　また，金融持株会社を頂点におく金融コングロマリットの問題点も指摘される．たとえば，①元本が保証されているはずの銀行預金が，いつのまに

第 7 章　金融のグローバル化と日本版ビッグバン

図7-1　大手銀行大再編の軌跡

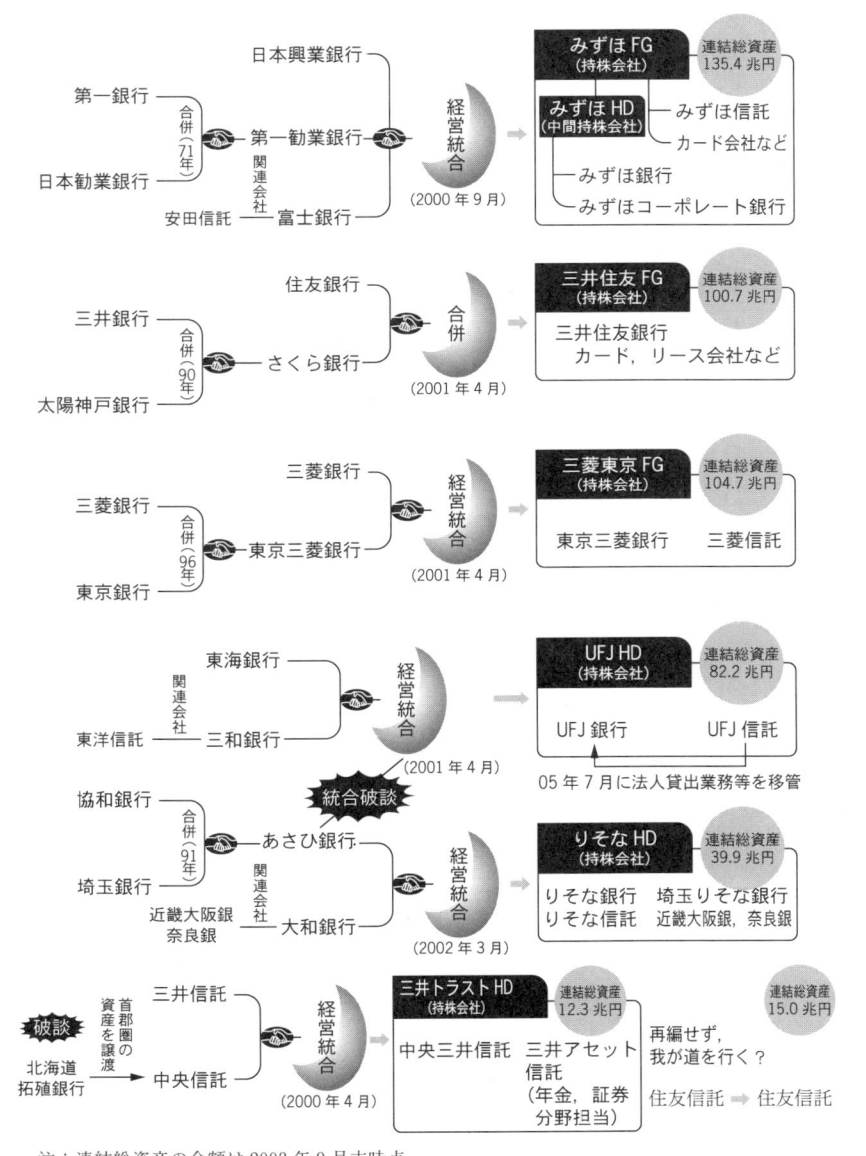

みずほFG（持株会社） 連結総資産 135.4 兆円
- 第一銀行 ─┐合併(71年)→ 第一勧業銀行 ┐
- 日本勧業銀行 ─┘　　　　　　　　　　　│
- 安田信託（関連会社）　　　　　　　　　│
- 日本興業銀行 ─────────────┤→ 経営統合（2000年9月）
- 富士銀行 ─────────────────┘
  - みずほHD（中間持株会社）
    - みずほ信託
    - カード会社など
  - みずほ銀行
  - みずほコーポレート銀行

三井住友FG（持株会社） 連結総資産 100.7 兆円
- 三井銀行 ─┐合併(90年)→ さくら銀行 ┐
- 太陽神戸銀行 ─┘　　　　　　　　　　│→ 合併（2001年4月）
- 住友銀行 ───────────────┘
  - 三井住友銀行
  - カード, リース会社など

三菱東京FG（持株会社） 連結総資産 104.7 兆円
- 三菱銀行 ─┐合併(96年)→ 東京三菱銀行 ┐
- 東京銀行 ─┘　　　　　　　　　　　　│→ 経営統合（2001年4月）
- 三菱信託 ─────────────────┘
  - 東京三菱銀行
  - 三菱信託

UFJ HD（持株会社） 連結総資産 82.2 兆円
- 東洋信託（関連会社）
- 東海銀行 ─┐→ 三和銀行 ┐→ 経営統合（2001年4月）
  - UFJ銀行
  - UFJ信託
  - 05年7月に法人貸出業務等を移管

（統合破談）

りそなHD（持株会社） 連結総資産 39.9 兆円
- 協和銀行 ─┐合併(91年)→ あさひ銀行 ┐
- 埼玉銀行 ─┘　　　　　　　　　　　　│→ 経営統合（2002年3月）
- 近畿大阪銀・奈良銀（関連会社）→ 大和銀行 ┘
  - りそな銀行　　埼玉りそな銀行
  - りそな信託　　近畿大阪銀, 奈良銀

三井トラストHD（持株会社） 連結総資産 12.3 兆円
- 北海道拓殖銀行（破談）→ 首都圏の資産を譲渡 → 中央信託
- 三井信託 ─┐→ 経営統合（2000年4月）
- 中央信託 ─┘
  - 中央三井信託
  - 三井アセット信託（年金, 証券分野担当）

連結総資産 15.0 兆円
再編せず, 我が道を行く？
住友信託 ⇒ 住友信託

注：連結総資産の金額は2003年9月末時点.
出所：『週刊東洋経済』2004年4月7日, 37ページ.

か同一持株会社傘下の証券会社を介して価格変動リスクのある各種証券に投資される，といった事態，②事業会社の財務に精通する銀行が，会社の倒産前に，同一持株会社傘下の証券会社を介して株式や社債を発行させて調達した資金で，自分の貸付金をそっくり回収し，会社倒産のリスクを株主や一般投資家に転嫁する，といった事態も予測される．

さらに，持株会社自体をめぐる問題点も指摘される．たとえば，①ピラミッドの頂点に立つ持株会社は，傘下の子会社の事業について一元的に管理することになり，企業の合併や買収（M&A），不採算部門の切り捨て，新規事業の取り込み，などを自由におこなえる．そのため，持株会社の独占的な支配が強化されてしまう．②その一方で，傘下の子会社が経営危機に陥ったり，労使関係や消費者問題などでトラブルが発生したとき，親会社に当たる持株会社への責任の波及は困難であるようだ．こうした例が，銀行持株会社の母国・アメリカで発生している．

いまわが国に求められている金融業のあり方とは，金融システムの安定のため，各種の金融業務の機能を分化させること，そして，長期不況や産業空洞化への対応から，地域経済や中小企業向けのきめの細かい金融サービスを専門的にできる体制を充実させること，国民の主要な貯蓄手段になっている預貯金を保護すること，などである．

(2) 郵貯の民営化と公的金融システムの解体

郵政事業の民営化にともない，郵便貯金制度が，解体されようとしている．郵貯は，明治時代に発足して以来，全国津々浦々の郵便局を通じて，小口の個人貯蓄の受け皿となり，民間銀行の幾倍にも匹敵する貯金を集め，「世界最大の国家銀行」として機能してきた．

その巨額の資金は，戦前には，軍事目的や植民地経営に使用されたりしたが，戦後は，「第2の予算」財政投融資の財源になって，企業や個人に対して，安価な長期性資金として融資されてきた．身近な例では，個人に住宅ローンを提供する住宅金融公庫，中小零細企業向けの長期・大口・低利融資を

第7章　金融のグローバル化と日本版ビッグバン

担う中小企業金融公庫など，の財源となって機能してきた．

　だが，2004年9月，郵政民営化の基本方針が決定され，現在，日本郵政公社のもとで営まれている郵便，貯金，保険の3事業は，2007年4月から，政府が全額出資する持株会社のもとで，窓口会社，郵便会社，郵便貯金銀行，郵便保険会社として，4社に分割，民営化される．

　それまでは，全国一律サービスや郵貯に対する政府保証など，利用者からの存続を求める強い声を反映し，一定期間存続する予定のようである．その後，2017年3月末までに，郵便貯金銀行，郵便保険会社のそれぞれの株式は，NTT株の売却事例のように，政府から株式市場に売却され，民間の金融機関と同様の条件下にある株式会社として完全独立することになった（図7-2）．

　郵政民営化に先立って，全国銀行協会連合会など民間金融機関の各業界は，年頭の会見や各種の大会などで，自分たちの営業を圧迫する郵貯を解体せよとの発言を繰り返してきた．いわゆる民業の圧迫問題については，政府も歩調を合わせている．だが，郵貯を利用する多くの国民諸階層にとっては，郵便局の存在や郵貯には多くのメリットがあった．

　むしろ，数兆円の公的資金の支援を受けなければ存続できないような不健全な経営実態を克服できない民間金融機関のあり方こそ，問題であり，抜本的な改革が必要である，といった率直な感想を持つ利用者や国民の声は無視されるべきでない．

　もちろん，郵政をめぐる各種の問題——天下りの受け皿になり，ビジネス特権を有する郵政ファミリー企業の存在，特定族議員の集票装置になっている特定郵便局網のあり方など——は，利用者の利便性や国民の利益に沿った内容で，早急に改革される必要がある．

　近年，民間活力や民営化＝善，官＝悪，といった図式化が目立つが，これは誤りである．民自体が官と財政に依存し，また官が民に天下り先を求める官民の癒着体制こそ，国際社会の目から見れば，不透明で不公正な「もたれあいのネットワーク（cozy networks）」（米『ビジネス・ウィーク』誌，1991年

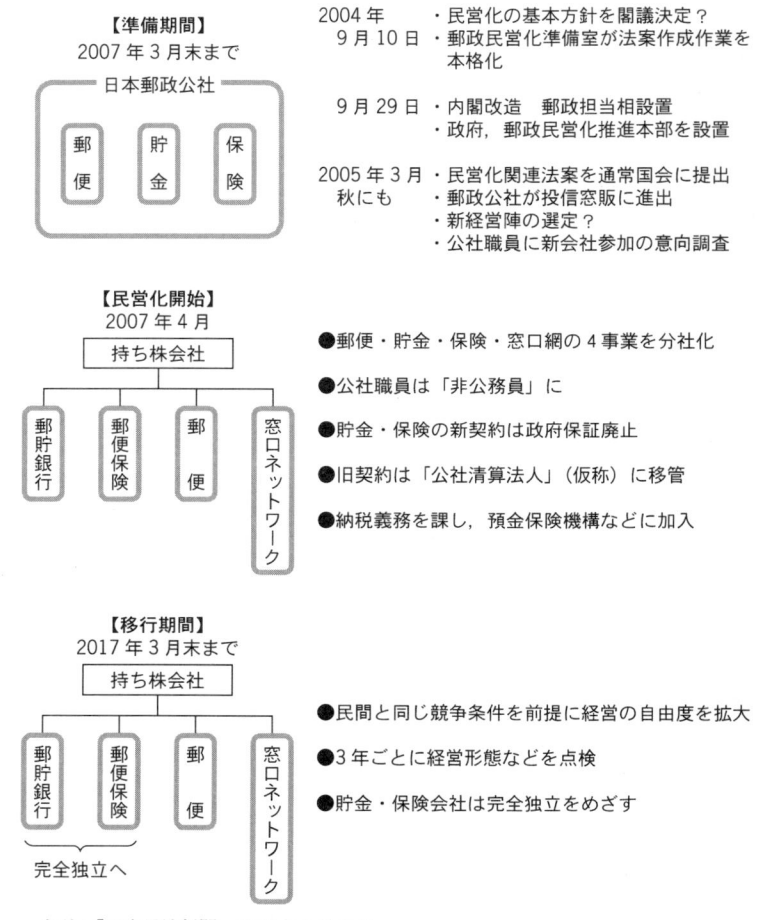

【準備期間】
2007年3月末まで
日本郵政公社
（郵便・貯金・保険）

2004年　・民営化の基本方針を閣議決定？
9月10日　・郵政民営化準備室が法案作成作業を本格化

9月29日　・内閣改造　郵政担当相設置
・政府，郵政民営化推進本部を設置

2005年3月　・民営化関連法案を通常国会に提出
秋にも　・郵政公社が投信窓販に進出
・新経営陣の選定？
・公社職員に新会社参加の意向調査

【民営化開始】
2007年4月
持ち株会社
（郵貯銀行・郵便保険・郵便・窓口ネットワーク）

● 郵便・貯金・保険・窓口網の4事業を分社化
● 公社職員は「非公務員」に
● 貯金・保険の新契約は政府保証廃止
● 旧契約は「公社清算法人」（仮称）に移管
● 納税義務を課し，預金保険機構などに加入

【移行期間】
2017年3月末まで
持ち株会社
（郵貯銀行・郵便保険　完全独立へ／郵便・窓口ネットワーク）

● 民間と同じ競争条件を前提に経営の自由度を拡大
● 3年ごとに経営形態などを点検
● 貯金・保険会社は完全独立をめざす

出所：『日本経済新聞』2004年9月8日．

図7-2　郵政民営化のスケジュール

8月26日）であり，根本的な改革が望まれる．

　スーザン・ストレンジによれば，各国で民営化が進展すると，「ほんの一握りのグローバル企業が，多くの主として公的所有の国営企業にとってかわり，世界中のビジネスを支配する」（『国家の退場』岩波書店，1998年，172ページ）ようになる．グローバル企業にとって，1国の国民生活や地域経済は，

多くの地球上の広大なビジネスフィールドの1つに過ぎない.

利益追求の市場原理から相対的に独立し，個人や中小企業を対象にしてきた郵貯と公的金融システムの解体は，グローバル企業のビジネス支配によって翻弄される国民生活や地域経済の不安定性をさらに増幅させることになりかねない.

(3) 残されたシステム改革とその方向性

海外の経済関係のメディアによれば，日本の金融・証券市場は，情報公開が不十分で，市場のルール・監督権限と機構，責任とペナルティが曖昧で，不透明である，と報道されている．これは日本版ビッグバンのやり残した課題でもある．日本の「改革」は，規制緩和だけが先行し，市場の暴走によって発生する各種のリスクを食い止めるための本来の改革はなおざりにされてきた.

そのため，株価と証券ビジネス，高利回りと市場原理を最優先させるアングロ・アメリカン型の金融ビジネスが拡大するにつれて，主婦，退職者，高齢者などの個人投資家，および中堅・中小企業において，ハイリスク・ハイリターン型の金融商品をめぐって，金融トラブル，自己破産，経営危機，などが多発してきた.

また，決済業務を営む銀行が，企業集団や系列企業間の株式の相互持ち合いの一翼を担い，価格変動リスクのある株式を保有することで，株価の変動から経営危機や金融システム不安を誘発してきた.

少子高齢社会が到来し，もはやかつてのような経済の高度成長は不可能になり，多くの人々は，ダイナミックな経済成長よりも，安定した経済社会と暮らしを望むようになっている.

このような時代と社会のニーズに対応する金融システムを構想することが，本来の日本版ビッグバンの課題となろう．以下，そのような課題を達成するための改革の方向性について，いくつか指摘しておこう.

金融システムの基本的なあり方について，グローバルに設置されたコンピ

ュータのネットワークの中に主要なビジネス拠点を設置するのではなく，銀行をはじめとした金融機関の社会的な性格と責任を重視し，人々の暮らしと地域経済と国民経済のニーズに応え，その安定的な発展を実現する金融システムとして改革することであろう．

市場経済の効率性や競争の基準では計測できないが，社会的・公共的に必要不可欠な分野へ資金を融通する公的な金融システムの有効性を再認識し，同時に，既得権益や裁量的な金融行政の無駄と不透明・不公正を排除するようなシステム改革が必要である．

そして，情報公開を優先し，市場のルールを明確にし，それを監督する権限と機構を整備し，ビジネスにともなう責任とペナルティを確立することが，金融システムとビジネスをめぐる重要な課題であろう．

第8章
企業集団体制の再編

鈴 木　　健

1. 大企業体制の金融的中枢，銀行・金融機関の再編

　本章では，90年代後半から2000年代初頭の大再編によって相貌を一変した大企業体制の現状を概観し，その到達段階について考えることにする．以下，銀行・金融再編の実態，産業再編の実態，産業大企業と大手銀行・金融諸機関の独占的結合（企業集団）の実態の順に検討を進めることにする[1]．

(1)　都市銀行・長期信用銀行の再編

　はじめに，大手銀行の再編について概観しておこう（図8-1）．大企業体制の金融的中枢ともいうべき都市銀行の再編が，信託銀行，長期信用銀行，生命保険，損害保険，証券におよぶ金融諸分野の再編を誘発し，加えて，産業諸分野での再編の枠組みを与えていると考えられるからである．

　97年11月，都市銀行の一角を占める北海道拓殖銀行の経営が破綻した．これを境に，大手都市銀行・長期信用銀行の再編が一気に加速した．98年11月から99年1月にかけて，日本債券信用銀行と日本長期信用銀行が事実上の経営破綻を宣告され，特別公的管理のもとにおかれた．52年，戦後間接金融システムを担う長期金融専門の金融機関として改組・設立された長銀3行のうち2行が不良資産の堆積を原因として経営破綻することになった．貨幣資本の過剰蓄積を背景に金融資本市場のグローバルな展開がすすむもとで，長期信用銀行という制度そのものの役割が終わったことを意味するもの

主な銀行再編の流れ

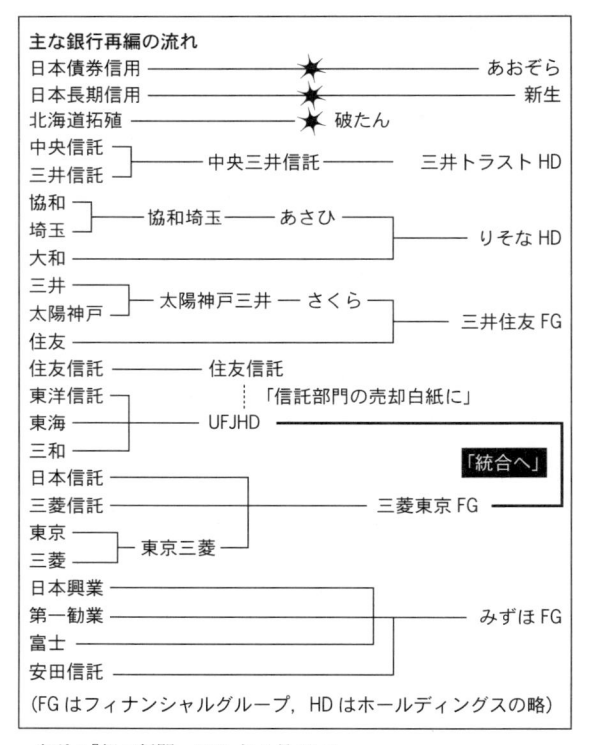

```
日本債券信用 ───────★────── あおぞら
日本長期信用 ───────★────── 新生
北海道拓殖 ────────★ 破たん
中央信託 ┐
         ├─ 中央三井信託 ── 三井トラスト HD
三井信託 ┘
協和 ┐
埼玉 ├─ 協和埼玉 ── あさひ ┐
     │                      ├── りそな HD
大和 ─────────────────────┘
三井   ┐
太陽神戸├─ 太陽神戸三井 ── さくら ┐
住友   ┘                          ├── 三井住友 FG
住友信託 ── 住友信託 ─────────────┘
         「信託部門の売却白紙に」
東洋信託 ┐
東海     ├── UFJHD ──────┐
三和     ┘                │「統合へ」
日本信託 ┐                │
三菱信託 ├── 三菱東京 FG ──┤
東京     ┐                │
三菱     ├── 東京三菱 ────┘
日本興業 ┐
第一勧業 │
富士     ├───────── みずほ FG
安田信託 ┘
```
(FG はフィナンシャルグループ，HD はホールディングスの略)

出所：『朝日新聞』2004 年 7 月 15 日．

図 8-1 大手銀行の再編図

であった[2]．

　都市銀行 1 行，長期信用銀行 2 行の経営が破綻し，なお大手都市銀行の経営破綻の可能性が取り沙汰される中，99 年 8 月，富士銀行・第一勧業銀行・日本興業銀行が共同持ち株会社を設立して経営統合することで合意した．都市銀行同士の合併は，90 年代に入ってからでも，90 年の三井銀行と太陽神戸銀行，91 年の協和銀行と埼玉銀行，94 年の三菱銀行と東京銀行のケースがあるが，この 3 行統合は，それまでの都市銀行同士の合併とは異なる特徴をもっている．富士銀行と第一勧業銀行はどちらも大手都市銀行 6 行のうちの 1 行であり，したがって 6 大企業集団の中核都市銀行であること，さら

第8章　企業集団体制の再編

に日本興業銀行は長銀3行のなかで経営破綻を免れた唯一の長銀であることである．

　つづいて99年10月，さくら銀行と住友銀行が合併に合意した．この合併は，都市銀行の再編史上最大規模の合併というだけでなく，両行の歴史的な経緯に照らしても，特筆に値する意義をもっている．

　両行は合併して三井住友銀行となり，総資産規模で富士銀行・第一勧業銀行・日本興業銀行の経営統合によって誕生する銀行グループに次ぐ世界第2位（統合時）に位置することになったが，それ以上に重要なのは，両行とも戦前日本の支配的資本を代表する三井財閥・住友財閥の中核銀行であり，その基礎上に再編された戦後の三井企業集団と住友企業集団の中核都市銀行だということである．財閥やその基礎上に組織された企業集団が多かれ少なかれ身に帯びていた「非資本の論理」が「資本の論理」によって排除されてゆくのは，グローバル競争下の必然とも言えるが，さくら銀行と住友銀行の合併はこうした「非資本の論理」を希薄化する過程を加速させることになるという点で，歴史的に画期的な意味をもつと考えられる．この合併が，富士銀行・第一勧業銀行（・日本興業銀行）の経営統合とともに，企業集団の再編に直接的な影響を及ぼすことはいうまでもない．

　つづいて99年10月，東海銀行とあさひ銀行が00年10月をめどに共同持ち株会社方式で経営を統合することで合意し，00年3月には三和銀行が東海銀行・あさひ銀行の連合に参加することが明らかになった．その後，3行統合に対する思惑の違いが表面化し，00年6月あさひ銀行が3行統合から離脱することを表明，三和銀行と東海銀行は東洋信託銀行を加えた3行で共同持ち株会社方式によって経営統合することに合意した．3行は，01年4月，持ち株会社UFJホールディングスの傘下に入り，02年1月，UFJ銀行とUFJ信託として発足した．

　大手都市銀行6行のうち再編に取り残された形の東京三菱銀行は，00年4月，同じ金融グループの三菱信託銀行と共同持ち株会社方式で経営統合する方針を明らかにした．01年4月，三菱東京フィナンシャル・グループが発

足し，東京三菱銀行の傘下にあった日本信託銀行を吸収した三菱信託銀行とともに，その傘下に入った．

こうして，97年～98年の金融恐慌以降5年の間に，都市銀行1行，長期信用銀行2行が経営破綻し，大手都市銀行6行を含む都市銀行7行と長期信用銀行1行が4つの金融グループに集約されることになった．みずほフィナンシャルグループ，三井住友銀行，三菱東京フィナンシャル・グループ，UFJグループである[3]．

当分の間この4つの銀行・金融グループの体制が維持されると見えたのだが，04年に入りUFJグループの経営困難が判明し，UFJグループをめぐる三菱東京フィナンシャル・グループと三井住友銀行の激しい獲得競争の結果，05年10月，UFJグループは三菱東京フィナンシャル・グループに吸収されることになった．6大都市銀行が3つの都市銀行グループに再編される過程は，日本金融史上稀に見る加速的な銀行大再編の過程となった．

大手都市銀行の再編は，信託銀行，生命保険，損害保険，証券会社の再編に波及し，産業分野での再編をも誘発する要因となり，ついには企業集団体制の再編を誘発することにならざるを得ない．もう1つの金融分野，生保・損保分野での再編を概観しておこう．

(2) 生命保険・損害保険の再編

97年，日産生命が破綻し，それを機に生保業界の再編が加速した．中堅生保7社が相次いで破綻する一方，合併・提携が相次ぎ，生保業界の勢力図は一変しつつある．

みずほフィナンシャルグループの誕生を受け，旧富士銀行グループの生保会社安田生命は富国生命と全面提携した．三和・東海グループでも，大同生命と太陽生命が経営を統合し，04年4月T&D保険グループとして出発した．三井住友銀行グループでは，三井住友銀行が三井生命を子会社とすることで合意した．住友生命は，三井住友銀行グループにあって緊密な提携を維持するとしながら，なお相対的に独自の動きを見せている．

第8章 企業集団体制の再編

　02年1月，明治生命と安田生命は合併に合意し，04年4月明治安田生命として出発した．日本生命，第一生命に次ぐ業界第3位の生保の誕生である．三菱グループと旧富士銀行グループの中核生保が，旧グループの枠組みを超えて合併することになったものである．三菱系金融グループの内部で，東京三菱銀行の再編戦略に直ちには同調していない明治生命と，みずほフィナンシャルグループ内部で第一生命と競合することを拒否する安田生命の思惑が一致したものとも考えられる．いずれにしろ，金融諸分野で，4大都市銀行の囲い込みの論理とは異なる再編の論理が貫いていることを示している．

　損保業界でも再編が加速したが，ここでは，合併による規模の大型化を追求する動きが顕著である．99年10月，三井海上火災，日本火災海上，興亜火災海上の損保3社が経営統合で合意したが，さくら銀行と三和銀行を親密銀行とする損保同士の連携という点で，大手都市銀行の合併・統合構想とねじれ関係にあり，結局三井海上火災が3社統合の構想から離脱することになった．00年2月，さくら銀行と住友銀行の合併を前提に，三井海上火災と住友海上火災が01年10月に合併することで合意した．これによって，三井海上火災はさくら銀行との金融的連携から自立して独自に損保業界の利益を根拠とする再編構想を実現する能力を持ってはいないことが証明された．

　01年4月，日本火災と興亜火災が合併して日本興亜火災となり，三和銀行・東海銀行グループの損害保険会社として発足することになった．みずほグループの損保3社（安田火災海上，日産火災海上，大成火災海上）は02年4月をメドに経営統合することで合意したが，01年11月大成火災が経営破綻し，02年7月，安田火災と日産火災の2社が損保ジャパンとして発足した．大手都市銀行（第一勧業銀行と富士銀行）の経営統合が損保再編の方向を左右することがここでも証明された．

　こうした生保・損保の業界内再編が相次ぐ一方で，大手生保・損保の業態を超えた合従連衡が続いている．99年6月，生保最大手である日本生命の子会社ニッセイ損保と同和火災海上が資本・業務提携を強化することで合意し，00年2月には，両社は合併すること合意した．99年9月，明治生命は

日新火災海上の筆頭株主となり，00年8月，生保業界第2位の第一生命と損保業界第2位の安田火災海上が全面提携に合意した．第一生命はみずほグループを構成する日本興業銀行と提携関係にあり，この全面提携によってさらにみずほグループのメンバーとしての位置を強化するものと見られる．

00年9月，損保トップ企業の東京海上火災と生保第5位の朝日生命，日動火災が全面提携することで合意した．01年11月，両社の思惑の違いが表面化し，経営統合計画は白紙にもどされることとなったが[4]，この経営統合の合意と撤回の経緯は，銀行・金融再編の過程に貫く論理を浮き彫りにするものであった．すなわち，生損保再編の論理は，4大都市銀行グループの囲い込み戦略とは異なる論理に規定されており，しかも4大都市銀行の側に，こうした論理に規定される生保・損保の再編を阻止する力が失われていることを明らかにしたということである．

2. グローバル経済下での産業再編

4大都市銀行への再編を軸に進捗する銀行・金融諸分野の再編は，産業諸分野での再編に連携し，あるいは産業諸分野の再編を誘発することになった．産業再編はグローバルな規模で展開する産業諸分野の再編とも連動し，エネルギー産業，素材産業，加工組立産業，流通・サービス産業のほぼすべての分野に及んでいる．濃淡の差はあるが，いずれの分野でも5〜6社の大手企業が「過当競争」する体制から2〜3社の巨大企業が並び立つ体制へのさらなる集中が進展した．紙幅の制約があるので，素材産業，加工組立産業からいくつかの分野を限定的に抽出し，産業再編の現状を概観することにしよう[5]．企業名の後ろの（　）内は統合前の所属企業集団名である．

(1) 素材産業における再編
① セメント産業
90年代，国内需要の急減と海外大手企業のアジア市場進出を背景にセメ

ント業界の再編が加速し，業界は事実上3社（グループ）に集約された．

94年，業界最大手の小野田セメント（三井）と秩父セメント（一勧）が合併して秩父小野田セメント（三井・一勧）が誕生した．同年，住友セメント（住友）と大阪セメント（三和）が合併して住友大阪セメント（住友・三和）が誕生した．98年には，秩父小野田（三井・一勧）と日本セメント（芙蓉）が合併して太平洋セメント（三井・一勧・芙蓉）が誕生し，業界首位の地位を固めた．98年，第3グループの三菱マテリアル（三菱）と宇部興産（三和）が，セメント事業の販売・物流部門を統合し，「宇部三菱セメント」を設立した．国内市場シェアは太平洋セメントに次いで2位となる．99年には，2位の宇部三菱セメントと3位の住友大阪セメント（住友）がセメントの物流で提携し，太平洋セメントに対抗すべく布陣した．

② 石油化学産業

94年，三菱化成（三菱）と三菱油化（三菱）が合併して三菱化学（三菱）が誕生し，97年には，三井東圧（三井）と三井石油化学（三井）が合併して三井化学（三井）が誕生した．これらは，三井・三菱という企業集団の枠組み内部での合併であるが，90年代後半になると，企業集団の枠組みを超える提携・合併が頻出するようになる．それを象徴するのが，化学業界2位の住友化学（住友）と3位の三井化学（三井）の経営統合の発表である．

2000年10月，住友化学と三井化学は，01年10月に石油化学事業の主力汎用樹脂（ポリオレフィン）事業を統合し，03年10月に共同持ち株会社方式で経営全体を統合することで合意した[6]．これは国内最強の石油化学コンビナートの誕生を予告するものとなり，化学業界の新たな再編を誘発することになった．三菱化学は，対抗上，三菱化学（三菱）・昭和電工（芙蓉）・東燃化学・日本石油化学の4社によるポリエチレン事業の統合を主導した．ポリエチレン業界は，10社が競合する現状から，一気に2大グループ（三井化学・住友化学，三菱化学・昭和電工・東燃化学・日本石油化学）に集約されることになる[7]．ポリプロピレン業界も，三菱化学・チッソ・東燃化学グループと三井化学・住友化学連合の2大グループに集約されることになっ

た[8]．

③ 鉄鋼産業

鉄鋼産業は70年代以降維持されてきた高炉5社体制が再編され，2つのグループに集約されることになった．

90年代以降，高炉5社は3大赤字製品であるH型鋼，ステンレス，シームレスパイプの生産をめぐって，多面的な提携を維持してきたが，99年6月から01年にかけて，新日鉄を軸に，住友金属工業（住友）と神戸製鋼所（三和，一勧）が提携する緩やかな連合が形成されることになった．対抗上，川崎製鉄（一勧）とNKK（芙蓉）が提携を強化した．NKK（芙蓉）と川鉄（一勧）は，00年4月，経営統合を視野に入れ，主要製鉄所間の物流・購買・補修の3分野での協力を開始し，01年4月には02年10月に共同持ち株会社を設立して経営統合することで合意した．国内の鉄鋼市場を2分する新日鉄グループとJFEグループ（NKK・川鉄）は，自動車メーカーの多国籍的な展開に対応して資材供給の体制を整えるべく，国際的な提携を主導している[9]．

(2) 加工組立産業における再編

① 自動車産業

90年代後半，米欧メーカーの主導する世界規模の自動車再編に連動し，日本の自動車産業もその相貌を大きく変えた．国内の乗用車メーカー6グループ（トヨタ・ダイハツ，日産，ホンダ，三菱自工，いすゞ・スズキ・富士重工，マツダ）のうち，トヨタ，ホンダを除く4社（グループ）が事実上外資の傘下に組みこまれることになった．

なによりも，ナンバー2企業として戦後日本の自動車市場をトヨタとともに2分してきた日産（芙蓉）が仏ルノーの傘下に入り，ルノー・日産グループとして生き残りをはかることになった．いすゞ，スズキ，富士重工はGMとの提携によって生き残りを図ろうとしている．三菱自工はダイムラー・クライスラーの傘下で生き残りを図り，マツダはフォードの支配下にある．

② 半導体産業

90年代以降，世界の半導体市場における競争の構図は大きく転換した．まず，DRAM市場についてみると，80年代に圧倒的な競争力を誇った日本のメーカーはほぼ競争力を失い，韓国・米のメーカーが覇権を確立した．DRAM市場は世界シェアの1，2，3位を占める米韓の3社（サムスン電子，マイクロン，ハイニックス）に掌握されることになり，日本メーカーのDRAM事業からの撤退が相次いだ．多くの日本メーカーが競争力を喪失してDRAM市場から撤退するなかにあって，DRAMの技術開発で常に先行してきた日立（一勧・芙蓉・三和）とNEC（住友）はDRAM事業を統合し，DRAMの世界市場で巻き返す戦略を選択した．

日本企業が主戦場と位置づけるシステムLSI（大規模集積回路）分野で，金融系列や企業集団の枠組みを超える提携が進捗した．98年末，松下電器と三菱電機（三菱），ソニーと富士通（一勧）がシステムLSIの共同開発・生産で合意した．02年に入り，日立（一勧・芙蓉・三和）と三菱電機（三菱），東芝（三井）と富士通（一勧）がシステムLSIの共同開発で提携した[10]．

以上，限定的であるが，基幹的な産業諸分野で加速する再編の現状を概観した．いずれの分野でも，ほぼ2〜3の巨大企業（グループ）が当該部門の支配的な地位を確立し，そうでない分野でも，せいぜい4〜5の企業（グループ）に当該諸部門の支配的な地位が掌握されつつあること，そして何よりも著しい特徴をなすこととして企業集団の枠組みを超える再編が常態となっていることなどを確認した．

3. 銀行再編と企業集団の再編

(1) 銀行再編とメインバンク関係の再編

このように，90年代後半以降に加速する銀行再編，産業再編によって諸分野の大企業の力関係が急速に転換しつつあるが，それは同時に，力関係を

表8-1 6大企業集団の社長会メンバー表

	三菱グループ (金曜会 28 社)	三和グループ (三水会 44 社)	住友グループ (白水会 20 社)	三井グループ (二木会 25 社)
銀行・金融・保険	東京三菱銀行 三菱信託銀行 明治生命保険 東京海上火災保険	三和銀行 東洋信託銀行 日本生命保険	住友銀行 住友信託銀行 住友生命保険 住友海上火災保険	さくら銀行 中央三井信託銀行 三井生命保険 三井海上火災保険
商業	三菱商事	ニチメン 日商岩井 岩谷産業 高島屋	住友商事	三井物産
林業			住友林業	
鉱業			住友石炭鉱業	三井鉱山
建設業	三菱建設	大林組 東洋建設 錢高組 積水ハウス	住友建設	三井建設 三機工業
食料品	麒麟麦酒	伊藤ハム サントリー		日本製粉
繊維		ユニチカ		
紙・パルプ	三菱製紙			王子製紙 日本製紙
化学	三菱化学 三菱瓦斯化学 三菱樹脂 三菱レイヨン	帝人 トクヤマ 積水化学工業 宇部興産 日立化成工業 田辺製薬 藤沢薬品工業 関西ペイント	住友化学工業 住友ベークライト	三井化学 東レ 電気化学
石油・石炭製品	日石三菱	コスモ石油		
ゴム製品	東洋ゴム工業			

第 8 章　企業集団体制の再編

(2000 年 10 月 1 日現在)

芙蓉グループ (芙蓉会 27 社)	第一勧銀グループ (三金会 48 社)
富士銀行	第一勧業銀行
安田信託銀行	朝日生命保険
安田生命保険	富国生命保険
安田火災海上保険	日産火災海上保険
	大成火災海上保険
	みずほインベスターズ証券
丸紅	伊藤忠商事
	川鉄商事
	日商岩井
	西武百貨店
	兼松 (休会中)
大成建設	清水建設
日清製粉	
サッポロビール	
ニチレイ	
日清紡	
東邦レーヨン	
日本製紙	王子製紙
昭和電工	協和発酵
呉羽化学工業	日本ゼオン
日本油脂	電気化学
	旭電化工業
	三京
	資生堂
	ライオン
	旭化成工業
	昭和シェル
	横浜ゴム

　転換した大銀行と大企業が，転換した力関係にふさわしい依存関係（金融的結合）を再建・再編する過程でもある．

　表 8-1 は，2000 年 10 月 1 日現在の 6 大企業集団のメンバー表である．都市銀行同士が統合した三井銀行グループと住友グループ，芙蓉グループと一勧グループ，05 年 10 月に東京三菱銀行と UFJ 銀行が統合予定の三菱グループと三和グループを隣り合わせに配置したものである．隣に配置された企業集団の境界が取り払われれば，統合した 3 つの巨大銀行を金融的中心とする 3 大企業集団の輪郭が描かれることになる．

　なお流動的な要素はあるが，再編によって力関係を転換する大銀行と大企業は，さしあたり 3 つの巨大銀行を金融的中核とするゆるやかな大企業集団の輪郭を維持することになると考えられる．3 大都市銀行の側に産業諸分野の支配的企業を主取引先として囲い込む動機が解消しているわけではなく，産業諸分野の巨大企業の側にも 3 大都市銀行との金融的な依存関係を解消しなければならない積極的な理由があるわけではな

(つづき)

	三菱グループ (金曜会 28 社)	三和グループ (三水会 44 社)	住友グループ (白水会 20 社)	三井グループ (二木会 25 社)
窯業・土石製品	旭硝子		住友大阪セメント 日本板硝子	太平洋セメント
鉄鋼	三菱製鋼	神戸製鋼所 日新製鋼 中山製鋼所 日立金属	住友金属工業	日本製鋼所
非鉄金属	三菱マテリアル 三菱アルミニウム 三菱電線工業 三菱伸銅	日立電線	住友金属鉱山 住友軽金属工業 住友電気工業	三井金属鉱業
一般機械器具	三菱化工機	エヌティエヌ	住友重機械工業	
電気機械器具	三菱電機	日立製作所 岩崎通信機 シャープ 日東電工 京セラ	日本電気	東芝
輸送用機械器具	三菱重工 三菱自動車工業	日立造船 新明和工業 ダイハツ工業		トヨタ自動車 三井造船 石川島播磨
精密機械器具	ニコン	HOYA		
不動産業	三菱地所		住友不動産	三井不動産
陸運業		阪急電鉄 日本通運		
水運業	日本郵船			大阪商船三井船舶
倉庫・運輸関連業	三菱倉庫		住友倉庫	三井倉庫
サービス業・その他	三菱総合研究所	オリックス 大阪ガス		

資料：公正取引委員会『企業集団の実態について－第七次調査報告書－』(2001 年 5 月 18 日).

いからである．再編されて巨大化した3大都市銀行と産業諸分野の巨大企業は，再編の新たな到達段階に対応する金融的な依存関係に入り込まざるをえないのである．

　こうした理解に対して異論もある．大手企業の資金調達に占める銀行借入

第8章　企業集団体制の再編

芙蓉グループ (芙蓉会 27 社)	第一勧銀グループ (三金会 48 社)
太平洋セメント	太平洋セメント
日本鋼管	神戸製鋼所
	川崎製鉄
	日本重化学工業
	日本軽金属
	古河機械金属
	古河電気工業
クボタ 日本精工	新潟鐵工所 井関農機 荏原製作所
日立製作所 沖電気工業 横河電機	日立製作所 富士電機 富士通 安川電機 日本コロムビア
日産自動車	川崎重工 石川島播磨 いすゞ自動車
キヤノン	旭光学
東京建物	
東武鉄道 京浜急行電鉄	日本通運
	川崎汽船
	澁澤倉庫
	オリエントコーポレーション 東京ドーム

の減少・縮小を根拠とするメインバンク「解消」論ないし「崩壊」論，あるいはメインバンクの「歴史的役割」の終焉論である．メインバンク関係の「解消」であれ，「終焉」であれ，議論の核心は資金調達における銀行借入依存からの解放ということであり，それはすなわち資金需給をつうじる大手企業と大手銀行の結びつきの「解消」という主張である．形を変えて繰り返されてきた議論であるが，90年代後半以降に加速する産業再編，銀行再編の過程で，新たな論拠によるメインバンク「崩壊」論として繰り返されている．曰く，コミットメントラインの設定がメインバンク関係を崩壊させる．シンジケートローンの盛行がメインバンク関係を解消させる．プロジェクトファイナンスがメインバンク関係を解消させる．また曰く，CMS がメインバンク関係を崩壊させる，等々．

　再編によって寡占的地位を強化する大企業が企業集団の枠組みを超える関係を選択し，銀行借入について主力銀行（メインバンク）への深い依存関係を解消する動きを強めていること，さらに企業集団の枠組みを超えた産業再編の進展によって大手都市銀行が組織してきたフルセット型産業連関が崩壊するといった事態が進展し，その背

景に大企業を取引先としてつなぎ止める大手都市銀行の金融的能力が衰弱しているという事態があることは否定し得ない．そのかぎりで，大企業と大銀行の金融的結合の弛緩という事実は否定しがたく，メインバンク解消論がこうした事態を根拠としていることは言うまでもない．

けれども，それは事態の一面に過ぎない．大銀行は，大企業の側の銀行借入離れに拱手傍観しているわけではない．産業再編によって寡占的地位を強化した大企業との金融的結合を保持することは，寡占的地位を強化した大手銀行の変わらぬテーマだからである．

大企業の側から見ても，その寡占的地位が大手銀行の提供する金融機能・金融ネットワークとかかわりなく保持されるわけではなく，依然として大手都市銀行の提供する金融サービス・ネットワークが大企業の支配的地位を支えるという現実に変わりはない．

そもそも，寡占的地位を強化した大企業と3つに集約される大手都市銀行グループの間に基本的利害の対立はなく，大企業と大銀行は強化された寡占的地位に相応しい金融的な依存関係をつくりあげ，そうすることによって互いの地位を支え合う関係を再建することにならざるを得ない．それがすなわち，再編によって力関係を転換した大手銀行と大手企業とのメインバンク関係の再編ということにほかならない．

表8-2と表8-3は，メインバンク関係の転換ないし再編を概観するために，93年度と03年度における総合商社と大手銀行の借入＝融資関係を短期借入＝融資に限定して一覧したものである．

93年度の借入＝融資関係（表8-2）を見ると，6大商社（9大商社）はいずれも，主力取引先銀行（一般にこの銀行がメインバンクと呼ばれる）からの借入を軸に，複数の都市銀行，信託銀行，長期信用銀行からの借入によって需要資金を充足している関係にあることがわかる．紙幅の関係で，他の諸分野については例示できないが，こうした関係はほぼすべての分野の大手企業群と大手銀行の間の融資関係に共通している．

表8-2に見られる再編前のメインバンク関係は再編後にどのような姿をと

ることになるのか．表8-3はそれを端的に表出している．93年度の借入＝融資に比して，大手銀行と9大商社の間に取り結ばれる融資関係数が51.3％から27.7％と激減している．大手商社の側からすれば借入先の銀行を減らしたということであり，銀行の側からすれば，融資先の商社を減らしたということになる．銀行と商社のどちらの側がリードしたかは，個別に検討しなければ分からないが，いずれにしろ，銀行再編によって取引銀行数が減少する機会をとらえて，資金調達における銀行借入の関係を再編整理しているということである．

表8-3に示される限りで言えば，住友商事は三井住友銀行，丸紅はみずほコーポレート銀行，日商岩井はみずほコーポレート銀行とUFJ銀行を軸に，再編されて数を減らした複数の大手都市銀行からの借入によって短期資金を充足するという構図が維持されている．

三井物産，三菱商事，伊藤忠の借入が空白になっているが，借入がないというのではない．借入先の銀行名が，財務諸表に記載されていないだけのことである．個別に検討すると，3社とも負債構造に高い水準の銀行借入（短期融資，長期融資）を保持しており，連結した場合，03年度の負債に占める借入の比重は三菱商事41.22％，伊藤忠53.93％，三井物産57.11％である．この数字は，総合商社6社（9社）は再編によって数を減じた大手都市銀行との間に融資関係を保持していること，併せてこの関係を解消すべき積極的な理由は総合商社の側にも大手銀行の側にもないということを推測させる．

ただ，大手銀行のシェア調整については，再編前と後で大きな変化が生じている．再編前，6つの大手都市銀行の力関係が拮抗する段階では，取引先企業の再編に直面してもこれら大手都市銀行はたがいにシェア調整を行ってメインバンク関係の再編を阻止してきた．逆に都市銀行が合併すると取引先のシェアを調整し，結果として大手都市銀行の貸出残高が平準化されてきたのだが，それは，大手都市銀行の力関係が平準化されていることを反映していた．

ところが，90年代後半以降に加速する再編過程で融資シェアの調整は起

表 8-2　総合商社の銀行借入依存（93年度，短期融資）

	三井物産	三菱商事	住友商事	伊藤忠商事	丸紅	日商岩井
さくら銀行	128,690	54,981		16,309	92,323	46,257
住友銀行	76,517	37,539	89,464	78,332	16,250	15,036
三菱銀行	19,338	55,506	26,301		32,715	21,292
富士銀行	85,050	21,132		11,894	144,315	
第一勧業銀行		87,868		97,296	6,709	67,324
三和銀行		28,779			16,355	71,956
東海銀行	21,131	50,224	12,885		30,176	11,774
大和銀行	32,096				33,873	60,404
あさひ銀行			17,206	20,266	17,223	16,392
東京銀行	74,032	47,599	39,566	39,503	75,615	39,350
北海道拓殖銀行						
日本興業銀行	36,155	16,399		37,125	18,437	25,256
日本長期信用銀行				38,184	15,045	2,298
日本債権信用銀行	13,133				7,888	
三菱信託銀行		54,936			23,585	
三井信託銀行	65,898			18,030		
住友信託銀行		49,194	48,770	54,273	23,891	
安田信託銀行		18,197			70,757	
東洋信託銀行		58,487				
中央信託銀行		13,000				
日本信託銀行						

資料：『有価証券報告書』。

表 8-3　総合商社の銀行借入依存（03年度，短期融資）

	三井物産	三菱商事	住友商事	伊藤忠商事	丸紅	日商岩井
三井住友銀行			23,358		14,230	
東京三菱銀行			17,631			54,751
みずほ銀行			15,917		54,820	80,628
UFJ銀行					35,592	72,759
りそな銀行						35,988
三菱信託銀行						
中央三井信託銀行						
住友信託銀行						
みずほ信託銀行						
UFJ信託銀行						

資料：『有価証券報告書』。

第8章　企業集団体制の再編　　147

（単位：百万円）

ニチメン	兼松	岩谷産業
9,832	25,302	2,571
		4,620
11,305		2,702
		4,820
	31,790	3,884
43,224		10,918
	12,556	2,045
32,258	9,050	5,846
	1,001	
38,172	52,554	2,282
	16,003	
20,254	1,061	
	306	
	298	
55,788	3,209	
	3,470	
15,356		5,550

（単位：百万円）

ニチメン	兼松	岩谷産業
	14,775	3,699
27,420	19,211	5,716
18,691	9,380	7,548
3,631		5,332
15,550		
21,900		
	10,094	
1,640		4,200

こっていないと言われる．一般に企業は取引銀行のなかに貸出金シェアの大きい銀行が誕生すると企業経営への発言力が高まることを懸念し，それを契機に主力銀行を選別することもある．

ところが，現下の銀行再編による大手銀行の寡占的地位の強化にもかかわらず，銀行間のシェア調整を不要とする取引先企業が出現している[11]．都市銀行同士の合併によって新銀行からの企業の借入金そのものが巨大となり，他行に代替的な融資を求めることが困難になっているという事情が背景にある．シェア調整が行われ得ないほどの銀行間の力関係の変化が生じていることを反映している．

(2) 金融再編と企業集団体制の再編
① フルセット型産業連関を編制する大手銀行の衝動

以上，総合商社と大手都市銀行の資金需給を素材に，90年代後半から2000年代初頭の再編によって力関係を転換した大銀行と大企業の金融的結合（依存関係）＝メインバンク関係について，やや詳細な検討を行った．そこに見られるのは，寡占的地位を強化した大企業と大手都市銀行が転換した力関係にふさわしくメインバンク関係を再編する姿である．見方を変えれば，それは再編されて巨大化する3大銀行を共通のメインバンクとする大企業の集団の再編にほかならない．

そこで最後に，産業再編・銀行再編によって引き起こされる企業集団の再編について展望しておくことにしよう．

　6大都市銀行が3大都市銀行に集約され，6大企業集団体制の金融的中核が崩壊したのだから，6大企業集団体制は崩壊した．これは明らかである．けれども，それは企業集団体制そのものの崩壊と同義ではなく，企業集団の一路崩壊を意味するわけではない．産業再編によって寡占的地位を強化した大企業は，畢竟，自己の地位を維持するために3つに集約される大手都市銀行のいずれかと金融的に結合せざるをえず，3大都市銀行の側にも大手企業群との金融的結びつきを放棄すべき積極的な理由はないのであるから，形態はどうあれ，メインバンクを共通にする大企業の集団が組織されるのは必至と見なければならない．それは企業集団体制の再編にほかならない[12]．

　ところで，3つの巨大都市銀行と大企業の金融的結合を基礎とする企業集団体制の再編を展望するとき，その帰趨を左右する2つの要因がある．

　第1の要因は，フルセット型産業連関を編制しようとする大手都市銀行の衝動である．銀行再編＝集中によって寡占的地位をさらに強化した3つの大手都市銀行グループはひきつづき大企業を主取引先企業としてかかえ，取引先の大手企業群をフルセット型産業連関のなかに組織しようとする衝動を変えていない．フルセット型産業連関を組織しようとする大手都市銀行の衝動に連動する産業企業，銀行・金融機関の動きもなお顕著である．

　さくら銀行と住友銀行の合併は三井グループと住友グループに所属する金融機関の合併，提携を誘発した．損保分野では当初三井海上火災が三和グループの日動火災と興亜火災との提携を選択したが，三井グループ企業の顧客基盤を喪失するリスクを回避すべく，住友海上火災との合併による規模の拡張と生き残りに活路を求める選択に切り替え，住友海上火災との合併を選択した．信託分野銀行では住友信託銀行が大和銀行と新信託銀行を設立すると中央三井信託銀行も合流し，住友信託銀行と中央三井信託銀行の連合が成立する．

　富士銀行と第一勧業銀行と日本興業銀行の経営統合も，芙蓉グループ・三

金会グループに所属する親密金融機関の再編を誘発した．生保分野では富国生命と安田生命が全面提携し，損保では安田火災海上・大成火災・日産火災の合併が日程にのぼり，生損保連合では，第一生命と安田火災海上（と大成火災，日産火災）の大連合が発足する．信託では富士銀行傘下の安田信託銀行が第一勧業富士信託を吸収する．日動火災と興亜火災の合併，大同生命と太陽生命の経営統合も三和銀行の金融戦略に即したものである．東洋信託銀行は三和銀行と東海銀行の経営統合に合流し，UFJグループの柱を構成することになった．

鉄鋼産業の分野で新日鉄と住友金属工業の連携に対抗して川崎製鉄とNKKの業務提携が進んだが，これは両社のメインバンクである富士銀行と第一勧業銀行の経営統合と連繋している．両社の提携は自動車，造船分野の再編とも関わっているが，それ自体フルセット型産業連関を編制しようとする大手都市銀行の金融戦略の枠組みのなかにある．

総合商社は大手都市銀行との金融的結びつきが強固であり，大手都市銀行にとっても総合商社を抜きにフルセット型産業連関の編制は完結しない．伊藤忠と丸紅は商社事業の柱の1つである鉄鋼事業の統合で合意したが，その背景にメインバンクである富士銀行と第一勧業銀行の統合があることは否定できない．

ただ3大都市銀行グループの力関係には明らかな格差が生じており，3大都市銀行がそろってフルセット型産業連関を組織することを競う力関係は崩れている．銀行本体の力量はもとより，総合的金融能力の確立をめざして注力されてきた戦略分野である証券業務（＝投資銀行業務）における力関係の格差，信託業務への展開能力の格差，あるいは生保・損保分野において同盟する金融機関の力関係の格差等，3つの大手都市銀行グループの力関係には格差が生まれている．このことはこれら大手都市銀行を共通のメインバンクとする大企業が企業集団として再編される過程で，企業集団の多様な形態を左右する要因として作用することになる．

② 大手企業に固有の再編への衝動

　企業集団体制の再編の行方を左右する第2の要因は，フルセット型産業連関を組織しようとする大手都市銀行の衝動とはかかわりなく，当該部門に固有の内外競争に促されて提携・合併する大企業や大手金融機関が増加していることである．これは大手都市銀行が進めようとするフルセット型産業連関の組織化に逆流する傾向である．

　同一の企業集団に所属しながら，金融再編が加速する過程で大手都市銀行主導の金融グループの形成・再編の流れとは異なる再編の方向を選択する金融機関の代表的な事例として東京海上火災の動向がある．東京海上火災は東京三菱銀行と三菱信託銀行の連携に参加せず，第一勧業銀行の編制する三金会グループのメンバーである朝日生命ならびに損保中堅の日動火災と提携し，独自に生損保連合（ミレアジャパン）を結成した．朝日生命と日動火災はいずれも第一勧業銀行と親密な生保・損保であるが，みずほグループの金融機関として積極的な位置を確保できずに弾かれる形になったものである．

　他方，東京海上火災と朝日生命，第一生命と安田火災海上の生損保連合の結成に対抗し，日本生命は住友海上火災，三井海上火災と緩やかな提携で合意した．日本生命は三和銀行の主導する三水会グループのメンバーであるが，さしあたり三和銀行の主導する金融再編の枠組みの中で生損保連合の具体化の展望が開ける状況にはないという判断が背景にあると考えられる．

　産業の分野では造船企業の再編が象徴的である．石川島播磨と川崎重工と三井造船，NKKと日立造船が提携した．石川島播磨は三井グループと一勧グループに所属し，三井グループの三井造船，一勧グループの川崎重工をつなぐ位置にあることはいうまでもない．さくら銀行と住友銀行の合併によって三井グループと住友グループの補完関係が誕生する可能性に照らしてみても，三井グループと一勧グループに所属する造船企業の提携は明らかに大手都市銀行のフルセット型産業連関の編制の思惑とは異なるレベルで進む動きである．NKKと日立造船の提携もそうである．富士銀行と第一勧業銀行の経営統合によるみずほフィナンシャルグループの成立，あるいは三和銀行と

第 8 章　企業集団体制の再編　　　　　　　　　　　　151

東海銀行の経営統合による UFJ グループの誕生とはかかわりなく，芙蓉グループと三和銀行グループの造船企業が提携する．

　こうして，フルセット型産業連関の組織によって企業集団としての輪郭を明瞭にしようとする大手都市銀行の衝動に対して，むしろ企業集団としての輪郭を解消させる動きも顕著であるが，すべての産業分野でこうした傾向が支配的だというのではない．化学，建設，流通，商社などのように大手都市銀行との金融的結合なしでは存立不能の分野もあり，これら分野では依然としてフルセット型産業連関を組織する大手都市銀行の金融戦略を受容する企業行動が必然となる．第 1 の要因に関連して指摘したとおりである．

　以上要するに，上記 2 つの要因の組み合わせによって，3 つの大手都市銀行を金融的中核とする大企業の集団がゆるやかに組織されることになるであろう．フルセット型産業連関を組織しようとする大手都市銀行の衝動を縦糸に，縦横無尽に提携・合併する大企業の衝動を横糸に織り上げられる企業集団は多様な形態をとると考えられる．前掲表 8-1 はさしあたりその外枠を与えるものと考えられる．

　　　注
1)　本章は，拙稿「大再編下の日本企業集団」(『経済』No. 67, 2001 年 4 月), 同「日本独占資本―再編の現段階」(『経済』No. 87, 2002 年 12 月) をベースに，その後の新しい事情を加えて構成しなおしたものである．
2)　大槻久志氏は 90 年代の銀行・金融再編の背景を，90 年代銀行・金融恐慌による過剰貨幣資本価値の破壊という観点から明快に論じている (『金融恐慌と金融ビッグバン』新日本出版社, 1999 年). 氏は長期信用銀行 3 行の相次ぐ破綻・合併についても，長期資金供給機関の歴史的な役割は終わったという見地から論じている (「歴史的転換点に立つ金融」『経済』No. 101, 2004 年 2 月).
3)　この段階で大和銀行とあさひ銀行が「りそなグループ」として統合されたから，都市銀行グループとしては 5 グループであるが，大和銀行・あさひ銀行を他の 4 大都市銀行グループと同等に扱うことはできない．
4)　早期統合が見送られたということであって，04 年の生保・損保経営統合という戦略は変わっていない (『朝日新聞』2002 年 2 月 1 日).
5)　繊維，紙・パルプ，石油，重電，造船，海運，通信を含む産業諸分野における再編の現状について，前掲拙稿を参照されたい．

6)『日本経済新聞』2000年11月18日．ただ，この統合構想は両社の思惑の違いを原因として白紙に戻されることになった．
7)『朝日新聞』2001年1月20日．
8)『朝日新聞』2001年2月24日．
9)『朝日新聞』2001年2月4日．
10)『朝日新聞』2002年4月3日．
11) 三井物産はみずほグループからの借入総額700億円がさくら銀行からの借入総額500億円を上回ることになっても「三行の融資残高は維持してもよい」という立場だと言われる（『日本経済新聞』2000年3月16日）．
12) ここに企業集団体制の再編と言うとき，集団の輪郭が「社長会」によって明瞭に画される6大企業集団のようなものをさしているのではない．3大都市銀行の最も広い意味での金融取引先グループとしての大企業集団といった程度の理解である．

第9章
ITバブル・IT不況と日本型情報化

藤 田 　 実

1. IT技術革新と経済成長

　情報と経済の問題が，大きく注目されるようになったのは，近年では，周知のように，90年代のアメリカである[1]．アメリカでは，91年3月を景気の谷として2001年3月に景気後退するまで，10年にわたる好景気を謳歌し，ニュー・エコノミーと言われるまでになった．その好景気を主導したのが，情報通信（IT）関連の産業であり，それは2つの面からアメリカの好景気を支えたと考えられた．1つは，IT産業それ自体の成長であり，もう1つはIT技術が生産性を高め，経済成長に寄与することになったということである．

　以上の2つの問題のうち，IT技術と生産性をめぐっては，いわゆる「ソロー・パラドックス」で知られる命題，すなわち「膨大なIT投資が行われたにもかかわらず，生産性の上昇が統計的に確認できない」という問題をめぐって，多くの議論がなされてきた[2]．このソロー・パラドックスをめぐる議論に関しては，全要素生産性の分析から，現在ではソロー・パラドックスは解消されているという見方が有力である．例えば，篠崎彰彦は，ソロー・パラドックスをめぐる議論を整理した上で，「情報技術への集中的な投資によって，少なくとも90年代の米国経済が70年代以降の停滞から再生し，生産性を向上させたことは確かな事実だと言える」と述べ，ソロー・パラドックスは解消したとしている[3]．

情報化投資と生産性をめぐっては，日本でも多くの議論と検証がなされた．例えば，元橋一之は，マクロレベルで見た日本の情報化の進展と生産性の動向に関する分析を行い，90年代後半は，資本ストックに占めるコンピュータやソフトウェア等の情報化関連資本の割合が急速に上昇するとともに，全要素生産性の上昇が見られた，と結論づけた[4]．また松永征夫も情報化投資の拡大による資本ストックの情報化が労働生産性を上昇させるという推計結果を示している[5]．池田琢磨も，情報関連資本ストックの蓄積が労働生産性向上に寄与する関係が確認できるとした[6]．

これに対して，篠崎は，情報化投資は潜在的には，生産活動や雇用の増加に一定のプラスの効果をもたらし，かつ生産性の上昇や経済成長に貢献しうるということを認めながらも，日本の場合には90年代に情報資本の蓄積が鈍化し，潜在的な効果が発揮されなかったと結論づけている[7]．

このように計量経済的に全要素生産性や生産関数の観点から分析した研究によれば，90年代のアメリカ経済の好景気は情報化投資の拡大による生産性の上昇にあることは確かであるし，また日本おいても情報化投資はアメリカほどではないにしろ，生産性を上昇させていったと論じている[8]．

2. ITバブルからIT不況へ

情報化投資による生産性向上に牽引されたアメリカの10年にわたる好景気も，後半にはバブル的様相を示し，00年3月のNASDAQ市場での株価の崩落を契機に，終焉を迎え，ベンチャー企業の倒産が相次ぎ，不況に転換していった[9]．いわゆるIT不況である．

IT不況の原因は，過剰設備投資と過剰生産であるといってよい．それはアメリカの情報化投資の推移を検討すれば，了解できよう．アメリカの情報化投資は，92年で1,999億ドルだったのが，96年には2,630億ドルへ，さらに00年には4,676億ドルへと急増し，全設備投資に占める割合も，92年の32.7％から00年には38.0％になった（図9-1）．アメリカの全設備投資の約

第9章　ITバブル・IT不況と日本型情報化　　　155

(10億ドル)

□ 情報化投資額
■ 機器
▨ ソフトウェア

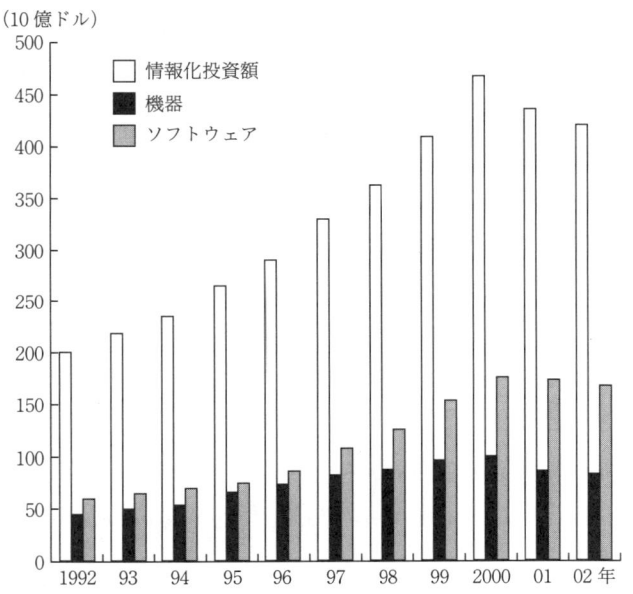

出所：Bureau of Economic Analysis, National Income and Account.

図 9-1　アメリカ情報化投資の急拡大

3分の1以上が，情報化に関わる投資だったのであり，情報化投資が90年代のアメリカの好景気を牽引していったのは，ここからも明らかである．

情報化投資の中でも，通信産業の設備投資は，とくに90年代後半に急増していった（図9-2）．これは，96年のアメリカの通信法改革により，通信と放送の垣根が撤廃されるとともに，通信分野では地域通信と長距離通信の相互参入が認められ，通信と放送，情報の独占企業の間で競争が激化していったことによる[10]．折からインターネットを通じてのさまざまな配信サービスや商取引が普及するようになり，帯域の不足が問題になったこともあり，通信企業は一斉に光ファイバー網の敷設に走った．その結果，アメリカ国内の光ファイバー網の建設は98年から01年までの4年間に，総延長が5倍の3,949万キロとなり，通信容量は500倍に増えた．しかしこの間に需要は4倍しか拡大せず，稼働率はわずか数パーセント程度に止まったといわれてい

(100万ドル)

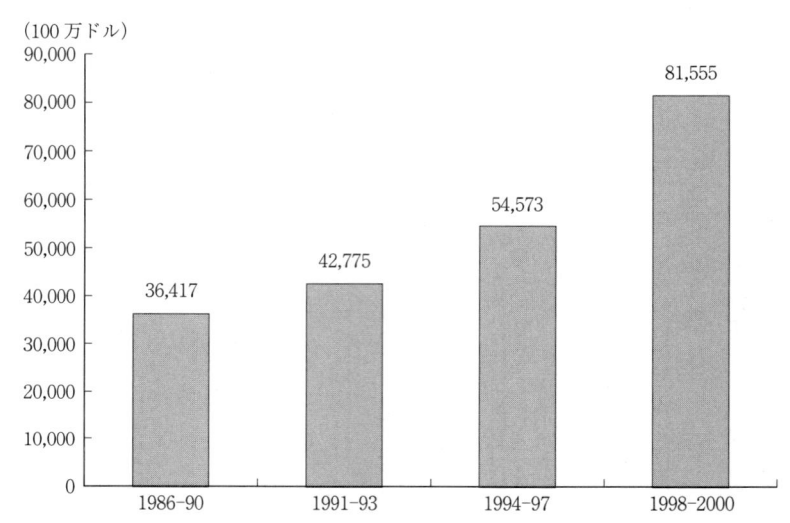

期間	金額
1986-90	36,417
1991-93	42,775
1994-97	54,573
1998-2000	81,555

出所：Bureau of Economic Analysis, Historical Cost Investement in Private Fixed Assets by Industoy.

図9-2 アメリカ通信産業の年平均設備投資額

る[11]．米国通信会社は，設備投資資金のほとんどをベンダーファイナンスと呼ばれる手法でまかない，その金額は98年から01年で4,000億ドルを超えるといわれている[12]．通信企業は，光ファイバー網を巨額借入で建設したものの，稼働率が低いうえに，料金値下げ競争が激化し，01年から02年にかけて通信関連のベンチャー企業の破綻が相次いだ[13]．

通信企業の相次ぐ破綻は，これらの企業に通信設備・機器を納入している機器メーカーを直撃することになった．シスコ・システムズやルーセント，ノーテルなどの通信機器メーカーは軒並み赤字に転落していった[14]．さらに通信需要の低迷は，シスコなどから機器の製造を請け負っているソレクトロンやフレクストロニクスなどのEMS（Electronics Manufacturing Service）企業への発注量を減少させ，それはまた日本の部品メーカーへの発注量を減少させることにつながっていった．こうしてアメリカの通信企業の需要予測の誤りを起点とする過剰設備投資は，通信企業の破綻に止まらず，通信機器

メーカー，EMS企業，部品メーカーへと連鎖的に波及し，景気を下方に展開させていったのである．そしてこのアメリカにおけるITバブルの崩壊が日本に波及し，日本のIT産業を「苦境」に陥らせていった．そこで次に，節を変えて，日本のIT産業の問題を分析しよう．

3. ITバブル崩壊以後の日本のIT産業

(1) ITバブル崩壊と日本

アメリカにおけるITバブルの崩壊は，日本のIT産業を直撃し，工場閉鎖や人員削減，半導体部門の合併などのリストラに追い込んでいった．では，どのような経路でアメリカのITバブルの崩壊が日本に波及してきたのだろうか．

90年代にはすでに日本—アジア—アメリカの間には，アメリカにおけるIT機器需要の拡大が，アジアにおける機器生産の拡大を経由して，日本の設備投資拡大＝部品生産拡大に連結していく構造が形成されており[15]，これが日本のIT企業に90年代末から00年にかけてミニバブル的恩恵をもたらすとともに，00年から02年にかけてのIT不況転落をもたらすことになった．

まず90年代末から00年にかけてのITバブルの波及経路を見てみよう．90年代後半にアメリカで起きたITブームはパソコン及びその関連機器への需要増をもたらし，アメリカ市場をはじめ世界市場への爆発的な出荷拡大をもたらした．また世界的な固定通信から移動体通信への需要の移動に伴い，携帯電話への需要を急増させるとともに，基地局の増設など通信設備の新設も相次いだ[16]．こうしたパソコンや携帯電話などIT機器に対する需要拡大を通じて，日本や東アジアでのパソコンや通信機器の生産拡大をもたらすとともに，フラッシュメモリーなど電子部品の需要を急増させた．これが半導体など電子部品部門をもつ日本の電子企業に大きな利益をもたらすことになり，00年には日立・東芝，NECなど大手8社合計で2,582億円の収益を計

上した.このようにITバブル期の企業の好業績を支えたのは,通信機器部門とコンピュータ部門であり,それらの機器製造に必要な電子部品部門であった.

ところがアメリカにおけるITバブルの崩壊とともに,パソコン,携帯電話に対する需要が減少するとともに,すでに述べたように通信企業の破綻が相次ぎ,通信設備・機器に対する需要を急減させた.

アメリカにおける機器・設備に対する需要の減少は,日本における機器生産を減少させるとともに,東アジアでの生産を縮小させ,それが日本からの部品輸出を減少させていくことになった.急速なIT機器・通信機器の需要減少は,コンピュータ企業や通信機器製造企業を直撃していった.IT機器・通信機器の需要減少は,機器を構成する電子部品の需要減少をもたらし,過剰在庫による価格下落と相まって電子部品の市況を悪化させ,電子部品部門に巨額の赤字をもたらすことになり,IT企業の経営を悪化させていった[17].

発注元であるITハード企業の経営悪化を受けて,情報ソフト・サービス業も,情報化投資が急減したり,システム開発の受注価格が低下したりする影響を受けて,売上高は低下傾向にある.そこで,ITバブル崩壊後のハードとソフト生産の動向を見てみよう.

(2) ITハード(情報通信機器製造層)生産の急減

IT産業は,大別すると情報通信機器製造層と情報ソフト・サービス層,ネットワークインフラ層に分けることができるが,日本の場合,これらのうち情報通信機器製造層が相対的に大きな割合を占めている[18].00年のIT関連産業に占める情報通信機器製造層は,生産高で53.2%,付加価値額で38.7%を占めている(表9-1).

情報通信機器製造層では,00年までは生産高も付加価値額も増加傾向にあったが,02年になると急速に落ち込むようになった.内訳で見ると,電子計算機と通信機器,電子部品の生産高の急速な落ち込みが目立っている.

これに対して，ラジオ・テレビ・ビデオの生産高は若干増加している．

　こうした情報通信機器製造層の変化はいかにして生じたのだろうか．まず電子計算機の生産高の減少は，00年のアメリカにおけるITバブル崩壊に伴う日本の景気後退[19]の影響が大きい．景気後退により企業が情報化投資を手控えた[20]ことが，電子計算機の生産額の減少となって現れた．また電子計算機の生産高の落ち込みは，持続的な価格下落にもよる．日本銀行の企業物価指数によれば，95年を100とする電子計算機の価格指数は，00年には40前後に低下している．これはムーアの法則で知られるように，電子計算機の主要構成部品である半導体の集積度が18か月で倍増し，半導体の利用効率を向上させる技術の発展と相まって，電子計算機の価格を恒常的に低下させているために，出荷台数の増加にもかかわらず価格が低下していくようになっているのである．

　通信機器は，00年までは，欧米や日本における通信設備投資の拡大を受けて，生産額も付加価値額も増大させてきた．しかしアメリカのITバブルの崩壊を受けて，アメリカでの通信設備投資が落ち込んだ．また周波数の有効活用と新規企業の参入促進という新自由主義的通信政策から次世代携帯電話（3G）免許にオークション制度を取り入れたことにより，免許料が高騰し，3G携帯電話システムの導入を延期する企業が相次いだことも，通信機器に対する需要を低下させることになった[21]．この世界的な通信機器に対する需要の落ち込みが，日本に波及し，日本の通信機器生産も急落していったものと思われる．

　こうした情報通信機器に対する需要の減退が，電子部品に対する需要を落ち込ませることで，電子部品の過剰在庫を顕在化させ，電子部品の生産を減少させていった．とくに電子部品生産における過剰は，情報通信機器の受託生産を専門的に行うEMSシステムのもとで，より大規模に現れることになった．情報通信機器の生産では，従来は自社の製造部門や製造子会社で行われてきたが，近年はソレクトロンなどの受託製造専門企業が製造を請け負うケースが増加している．EMS企業は，SCM（Supply Chain Management）

表 9-1　IT 産業の生産

	1990 年					
	従業者数 (千人)	生産高 (億円)	賃金・給与 (百万円)	1人当賃金 (人/千円)	付加価値額 (億円)	労働生産性 (人/万円)
鉄鋼業	341	183,131	1,893,732	5,553	62,296	182.7
自動車	799	423,707	3,896,238	4,876	109,572	137.1
IT 関連産業	2,133	515,743	9,348,421	4,383	234,905	110.1
情報通信機器製造業	1,126	348,086	4,006,077	3,558	121,483	107.9
電子計算機	167	85,392	662,663	3,968	31,613	189.3
通信機器	94	38,283	424,818	4,519	14,927	158.8
電気音響機器	151	37,937	452,676	2,998	11,809	78.2
ラジオ・テレビ・ビデオ	138	49,568	448,892	3,253	12,262	88.9
電子部品	576	136,906	2,017,028	3,502	50,872	88.3
情報ソフト/サービス	644	74,970	2,746,569	4,265	47,126	73.2
情報サービス	554	65,171	2,307,626	4,071	41,704	70.5
映画・ビデオ制作	59	9,768	319,126	6,562	5,282	105.1
ネットワーク・インフラ	363	92,687	2,923,889	8,055	66,296	182.6
通信	364	70,762	2,165,831	8,180	55,402	191.1
放送	62	22,486	505,863	7,559	10,876	149.0
	2000 年					
	従業者数 (千人)	生産高 (億円)	賃金・給与 (百万円)	1人当賃金 (人/千円)	付加価値額 (億円)	労働生産性 (人/万円)
鉄鋼業	237	119,273	1,432,262	6,043	42,288	178.4
自動車	723	399,899	4,217,250	5,833	103,130	142.6
IT 関連産業	2,466	759,336	13,379,233	5,425	347,644	141.0
情報通信機器製作業	918	404,157	4,457,100	4,855	134,412	146.4
電子計算機	133	85,720	720,532	5,418	17,769	133.6
通信機器	84	56,772	459,554	5,471	19,273	229.4
電気音響機器	63	21,561	275,997	4,381	7,315	116.1
ラジオ・テレビ・ビデオ	53	28,002	255,644	4,823	11,529	217.5
電子部品	585	212,102	2,745,373	4,693	78,526	134.2
情報ソフト/サービス	1,042	155,648	5,229,936	5,019	97,064	93.2
情報サービス	977	140,627	4,892,970	5,008	89,576	91.7
映画・ビデオ制作	65	15,021	336,966	5,184	7,488	115.2
ネットワーク・インフラ	506	199,531	3,692,197	7,297	116,168	229.6
通信	440	166,657	3,119,763	7,090	101,686	231.1
放送	66	32,874	572,434	8,673	14,482	215.4

注：1）情報通信機器製造層は『工業統計表』，それ以外は『産業連関表』をベースにしている．統計
　　2）労働生産性は「1人当付加価値額」による．
　　3）情報通信機器製造層の生産高は出荷額ベースである．
　　4）情報ソフト/サービス層とネットワーク・インフラ層の付加価値額は粗付加価値額．
　　5）1人当賃金や労働生産性の産出に用いた従業員数は，情報通信機器製造層は『工業統計表』，
出所：通産省『工業統計表』，総務庁統計局『産業連関表』．

1995年					
従業者数 (千人)	生産高 (億円)	賃金・給与 (百万円)	1人当賃金 (人/千円)	付加価値額 (億円)	労働生産性 (人/万円)
301	141,113	1,838,068	6,107	49,897	165.8
780	396,194	4,931,294	6,322	107,484	137.8
2,136	554,793	10,259,758	4,803	248,846	116.5
1,012	350,271	4,438,092	4,384	116,276	114.9
147	83,625	704,431	4,792	21,780	148.2
90	41,206	465,941	5,177	14,642	162.7
88	25,195	325,027	3,693	8,702	98.9
76	26,071	341,973	4,500	6,402	84.2
611	174,174	2,600,702	4,256	64,750	106.0
754	78,956	2,913,094	3,864	49,278	65.4
693	69,328	2,648,263	3,821	44,237	63.8
61	9,628	264,831	4,341	5,041	82.6
370	125,566	2,908,572	7,861	83,292	225.1
366	98,773	2,276,493	7,850	70,707	243.8
69	26,793	632,079	7,901	12,585	157.3
2002年					
従業者数 (千人)	生産高 (億円)	賃金・給与 (百万円)	1人当賃金 (人/千円)	付加価値額 (億円)	労働生産性 (人/万円)
209	109,627	1,282,258	6,135	37,795	180.8
726	431,630	4,273,795	5,887	124,046	170.9
755	291,982	4,056,650	5,373	87,834	116.3
91	54,772	507,976	5,582	10,448	114.8
76	31,124	607,685	7,996	10,590	139.3
44	17,157	275,997	6,273	7,315	166.3
49	30,068	234,563	4,787	6,216	126.9
495	158,861	2,430,429	4,910	53,265	107.6

の出所が異なるため，IT産業の統計としては正確さに欠けるところがある．

その他は『国勢調査』をもとにしている．

を構築し，受注情報と生産計画に基づき，部品在庫を極小にするように，コンピュータネットワークを通じて部品メーカーに発注するというシステムを採用している．したがって，SCM のもとでは，基本的に過剰生産は生じないと見られてきた．しかし，EMS 企業は複数の企業から製造を請け負うため，景気過熱時には部品確保の必要上，とくに共通部品を大量発注することが多く，部品に対する需要は必要以上に上方に乖離することになり，ここに部品の過剰生産が生じる．そして IT バブル崩壊を機に情報通信機器に対する需要が減退すると，一挙に過剰生産が顕在化することになった．これが 00 年から 02 年にかけての部品生産急減の道筋である．

こうして情報通信機器製造層は，ラジオ・テレビ・ビデオを除いて，02 年には急速に生産高が落ち込み，付加価値額は 00 年比で 35% も減少し，労働生産性の低下もあり日本の電機・電子企業は一斉にリストラに奔ることになるのである[22]．

(3) 不安定な情報サービス産業

ハード生産の落ち込みに対して，情報ソフト/サービス層は，とくに 90 年代後半には生産額も付加価値額も労働生産性も大きく増大させてきた．この点では，日本の情報化もハード生産中心の構造からソフト・サービス中心の構造に転換しつつあるように見える．

しかし情報化投資が急減した，02 年，03 年には，連続して情報サービス産業の売上高も減少していった（表 9-2）．しかもこの情報サービス産業の売上高の減少傾向は，情報化投資の急減という単なる景気循環的要因によるだけではなく，日本の情報サービス産業が抱える構造的要因が絡んだ複合的なものである．

情報サービス産業の売上高の推移を見ると，基本的には情報化投資と連動しているが，90 年代後半以後は情報化投資の前年比伸び率を下回ることが多く，情報化投資が情報サービス産業の売上高を押し上げるという効果は少なくなっていることがわかる．図 9-3 を見ると，90 年代後半以後，情報化

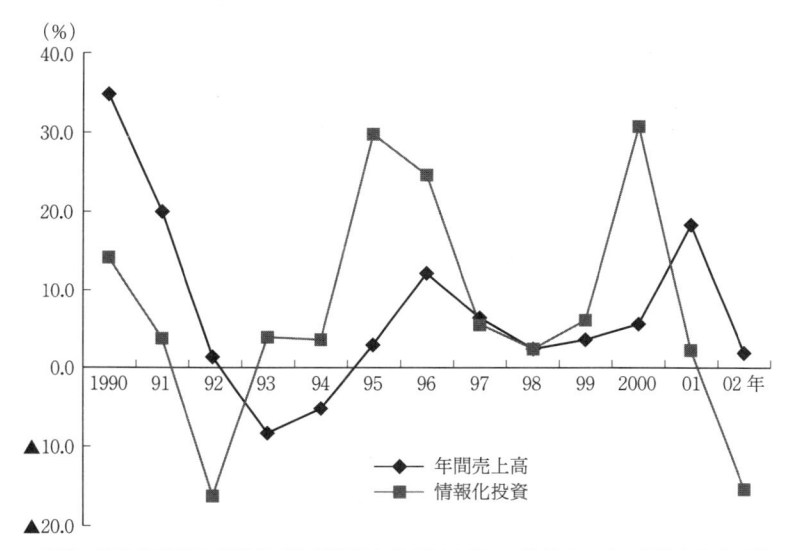

第9章 ITバブル・IT不況と日本型情報化　163

出所：情報化投資は総務省『情報通信白書2004年版』，情報サービス産業売上高は経済産業省『特定サービス産業実態調査・情報サービス産業』各年版．

図9-3　情報サービス産業売上高と情報化投資（前年比）

投資と情報サービス産業売上高は2度の大きな山を描いている．1つは，95年から96年にかけてで，Windows 95の発売により，企業ではPCを中心としたシステム構築が盛んになった時期であり，また00年はITバブルの時期で，インターネット・イントラネット構築の旺盛な時期であった．この2つの情報化投資の山の時期ですら，情報サービス産業の売上高伸び率は情報化投資の約3分の1から2分の1でしかない．

　これには2つの理由が考えられる．1つは，日本の情報化投資額はソフトよりもコンピュータや通信機器などハードの方が大きいということに関わっている[23]．日本の情報化投資でハードの方が大きいのは，90年代前半まではメインフレームやオフコンを中心にシステムを構築してきて，ダウンサイジングとオープン情報システムであるクライアント・サーバーシステムの導入が遅れたため，日本ではまず社員個人にPCを導入しなければならないという事情があったからである．実際に，企業の1人当たりコンピュータ保有

表 9-2 情報サービス産業の成長推移

	全体					従業者当たり売上高	情報処理	受注ソフト
	事業所数	従業者数	売上高	1事業所当たり				
				従業者	売上高			
1990年	7,042	458,462	5,872,678	65	83,395	1,281	962,333	2,905,840
1991年	7,096	493,278	7,039,659	70	99,206	1,427	1,084,935	3,450,186
1992年	6,977	488,469	7,127,618	70	102,159	1,459	1,100,128	3,635,440
1993年	6,432	445,662	6,514,358	69	101,280	1,462	1,008,248	3,274,518
1994年	5,982	424,867	6,177,007	71	103,260	1,454	965,992	2,961,195
1995年	5,812	407,396	6,362,183	70	109,466	1,562	976,424	3,140,457
1996年	6,297	417,087	7,143,543	66	113,444	1,713	1,052,009	3,594,927
1997年	6,092	426,935	7,587,959	70	124,556	1,777	1,041,830	3,986,136
1998年	8,248	535,837	9,800,606	65	118,824	1,829	1,183,678	5,146,991
1999年	7,957	534,751	10,151,890	67	127,584	1,898	1,730,037	5,496,867
2000年	7,554	515,462	10,722,844	68	141,949	2,080	1,610,989	5,707,006
2001年	7,830	526,318	13,703,868	67	175,017	2,604	2,611,430	6,763,421
2002年	7,644	534,731	13,973,141	70	182,799	2,613	2,703,214	6,868,182
2003年	7,378	535,505	14,170,003	73	192,058	2,646	2,470,298	6,636,549

出所：経済産業省『特定サービス産業実態調査・情報サービス産業』各年版．

台数は，2001年度でも0.82台であり，すでに90年代前半期に1人1台を達成しているアメリカと比較して，依然として立ち後れている[24]．

また90年代後半の情報化投資を牽引したのは，電子計算機と並んで通信関連機器および通信施設建設であったことも，情報化投資の増大に比べて情報サービス産業の売上高が増大しない理由である．01年までは，携帯電話の爆発的普及やADSLや光ファイバーなどの通信設備の拡充が盛んに進められたのであり，それは96年から01年まで通信関連機器に対する投資額が，年平均5兆271億233万円（1995年価格）に上ることからも明らかである[25]．

もう1つは，日本の情報サービス産業の特質に関わっている．情報サービス産業は，業種別に見ると約5割が受注ソフトの売上高で占められている（表9-2）．情報サービス産業の企業構造は，寡占的な電機企業や大規模ソフト企業（システム開発の全工程を担当するシステムインテグレーター）を頂点（発注元）に，その下にシステム開発の一部分を請け負う中小のソフト企業が位置するピラミッド型の構造からなっている．具体的に，システム構築

第9章　ITバブル・IT不況と日本型情報化

業種別売上高		
プロダクツ	管理運営受託	データベース
552,107	275,830	188,618
696,311	308,837	215,981
660,452	363,394	214,064
558,770	359,084	211,508
524,649	358,524	198,839
556,675	365,335	197,291
664,188	395,967	235,439
683,381	426,669	257,799
878,273	688,543	291,043
890,919	730,240	268,276
988,162	795,782	291,597
1,482,650	1,159,789	297,906
1,431,637	1,243,612	272,968
1,444,426	1,730,291	311,779

を事例に見ると，大手ソフト企業はコンサルティングから要件定義・設計・開発・テストの全工程を請け負うが，中小のソフト企業はそのうち労働集約的工程である要件定義・設計・開発・テストの下流工程を下請けとして請け負う形をとることが多い．

従来は，日本企業は自社のシステム構築にあたって，自社特有の業務にあわせるため固有のシステム開発を行うことが多く，これが情報サービス産業の多くを占める受注ソフトの市場を形成してきた．しかし近年は，ドイツSAP社のSAPR/3やOracle社のOracle Applications, PeopleSoft社のPeopleSoftに代表されるような，企業の統合業務管理ソフトERP (Enterprise Resource Planning) パッケージソフトを導入し，基幹システムを構築しようとする企業が増加してきた．ERPパッケージは，生産管理，販売管理，在庫管理，財務管理など企業の基幹業務システムを標準的・統一的システムとして供給する製品であるため，システム開発やメンテナンスコストを低減できるようなった．そのため，企業の基幹情報システムの構築に当たっては，パッケージソフトを導入し，自社固有の業務に関してはパッケージソフトをカスタマイズするという方法を選択するようになり，情報サービス産業の主要業務である受注ソフト業務が減少するようになった．そのため，情報サービス産業の売上高は00年に入っても増加傾向にあり，業種別にみても，情報処理，ソフトウェアプロダクツなど増加傾向にある中でも，受注ソフトの売上高は03年に前年比で約9.1%減少することになったのである．

また最近では，中国など海外でのオフショア開発も増加している．ソフトウェアの輸出入統計が整備された1994年には，カスタムソフト（受注ソフ

ト開発）の輸入は，全地域合計で125億7,000万円だったのに対し，1999年には2,079億4,300万円と約10倍近く増加している．また電子情報技術産業協会などが発表した「2003年コンピュータソフトウェア分野における海外取引および外国人就労に関する調査」によれば，カスタムソフト輸入金額103億5,200万円のうち，約40％の43億4,000万円が中国からとなっている[26]．

では，中国をオフショア開発拠点とするソフト開発の具体的様相を見てみよう．ユーザ企業からシステム開発を受注したSI企業大手A社は，独立系大手B社に発注する．B社はさらにそれを中国のソフト会社C社の日本法人に発注し，実際の開発は中国のC社，D社，E社などが担当するというのが，1つの実例である[27]．日本国内のB社，C社はブリッジSE（2つの国の間にまたがるソフト開発の仕事を円滑に進めるためのSE）を通じて，全般的な工程管理，中国国内のソフト会社との調整を行っている．この場合，日本側は要件定義と基本設計のみを行い，中国側は詳細設計とプログラム，単体テストを行うシステムになっている．こうして従来は，日本の中小ソフトハウスが行ってきたシステム開発の仕事は中国のソフトハウスが代替するようになってきているのである．

このように日本の情報サービス産業は，中小規模の企業でシステム開発の一部を請け負うという下請的企業形態が多くを占める構造であるため，システム構築需要に左右されるという不安定さを有している．さらに，日立や東芝，富士通やNECなどの総合電機・コンピュータ企業がITバブル崩壊に伴うリストラの中で，ソリューション・サービス（自社製品や汎用品を組み合わせ，最適なシステムを提供するサービス）重視の方向性を打ち出したことで，システムインテグレートサービスを展開する大規模ソフト企業と競合することになり，競争激化により，システム価格が低下していった．このシステム価格の低下は，中小のソフト企業に対する発注価格の低下をもたらし，中小企業の売り上げを減少させていった[28]．しかも日本の中小ソフト会社の下請的工程が，中国でのソフトハウスに移転していく傾向にある．

かくして，中小のソフト会社が多数を占める情報サービス産業の売上高は情報化投資とはリンクしなくなり，そのうえオフショア開発の増大によりよりいっそう不安定さを増しているのである．

4. IT不況の意味

日本のIT不況は，以上の展開過程からわかるように，アメリカの過剰設備投資が日本に波及し，日本の通信機器と部品生産の生産過剰を顕在化させたことによるものである．また情報サービス産業の場合も，ITハード企業の経営悪化の影響を受けるとともに，自らが抱える構造要因により，不安定さを増している．したがってアメリカの過剰設備投資が日本のハード企業には直接的に，ソフト企業には間接的に影響を及ぼし，日本をIT不況に導いたのである．したがって，IT不況は不況の原因という点では目新しいものではない．

IT不況は，資本がITをとらえ，包摂していくプロセスで発現したものであり，その意味では篠崎が言うように，IT不況は「情報技術の『利用』面で生じた攻めの調整」という見方もできよう[29]．

しかしITバブルからIT不況へ展開していった過程は，単なる「調整」ではなく，そこにはITと資本主義経済をめぐる深刻な矛盾が横たわっている，とみるべきである．そこでIT不況の新しい特徴を分析し，そこにはらまれている問題を分析していこう．

IT不況の原因となった過剰設備投資は，単なる過剰ではなく，ITによって増幅されたものだいうことである．光ファイバーの過剰敷設は，「ネットワークの相互接続点，従って網の有用性はノードまたはユーザの数の2乗に比例する」というメトカーフの法則に依拠したものといってよい．わかりやすく言うと，ネットワークの価値は利用者数の2乗に比例するということである．したがって利用者数が増えれば増えるほど，ネットワークの価値は高まるということになる．利用者数＝端末と考えると，「ネットワークの力は

端末数の2乗に比例する」ということもできる．これはまた，端末設置をコストと考えると，「ネットワークの価値はユーザー数の増加に対し急激に上昇するが，ネットワークのコストは直線的にしか上昇しない」と言い換えることもできる．こうしてネットワークの価値を高めるために，通信企業はネットワークと接続点の設置に狂奔したのである．ネットワークさえ造れば，需要とは無関係にその価値が高まるとばかりに．

こうして一大ブームとなった光ファイバーの敷設競争であるが，1本の光ファイバーの容量はIT技術革新によって幾何級数的に増大していった．それが，波長の違う複数の光信号を同時に利用することで，光ファイバーを多重利用することのできるWDM（Wavelength Division Multiplexing：波長分割多重）技術で，これにより1本の光ファイバー回線で10回線も100回線も（10波長や100波長を利用）使用できるようになった．ノード（ルーター）の処理能力の問題を除けば，WDMによる「ファイバ当りの総伝送容量は1偏波当り36（Tbit/s）となり，更に偏波多重により72（Tbit/s）という膨大な数字が理論上は出てくる」という[30]．したがってコンテンツの供給とそれに対する需要が，WDMによる伝送容量の拡大に合わせて10倍に，100倍に増加しない限り，敷設された光ファイバーは使用されることなく，ダークファイバー（敷設されていながら稼働していない光ファイバー）と化していく．つまりWDMというIT技術により，光ファイバーの多重利用が可能になり，通信設備過剰を増幅させていったのである．

さらに過剰生産を累積させたのが，すでにみたようにネットワーク技術を利用した外部委託型生産システムのEMSである．EMSは，IT機器市場での製品寿命と新製品投入サイクルの短期化に対応して，製造コストの削減と柔軟な生産を行うため，ITハード企業が製品製造を製造受託専門企業に外部委託するシステムである．EMS企業は，多数の企業から製造を請け負うため，工場ラインのプロダクトミックス（製品構成）を最適化しなければならず，そのために工場の稼働率を把握し，工場毎の最適な生産配分を実現しなければならないが，それを実現するのが本社と工場を結ぶコンピュータ・

ネットワークである．また製品に必要な部品調達も，生産計画と実際の生産実績に基づいてネットワーク上で日々発注がなされる．EMS 企業は，複数の企業から大量の製造を請け負うため，必要となる部品は大量になる．そこでバブル期で製造受託が急増すると，一斉に部品確保にはしり，必要以上に部品大量発注が行われる．こうして EMS システムは，製造面における寡占体制であることもあり，過剰生産がより大きく累積される．ここでは製造の外部委託という生産システムとそれを可能にするネットワークが結びついて，過剰生産を累積させていくメカニズムが形成されたのである．

また IT バブル崩壊は，すでに述べたように，欧米における周波数のオークション制度の導入によるライセンス料の高騰が影響している．これは，電波という希少な資源を「公平」かつ「民主的」に配分する方式として導入されたものである．しかし 3G サービス実施のための周波数割り当てという今回のオークションでは，周波数の割り当ては事業を行うための絶対条件であるから，自由競争に任せるだけでは，ライセンス料は高騰し，収益性のある事業そのものが行き詰まる危険性が大きい．しかも周波数を購入するのだから，周波数は「私有財産」的扱いになる．「私的所有権」となるのだから，周波数の譲渡も制限付きながら認められる．

こうした周波数配分へのオークションの導入には，政府規制では政府と一体となって，既存事業者が新規参入者を排除することで，技術革新の成果を社会が享受できない可能性があるとして，資源配分を市場に任せよとする新古典派的な規制理論を基盤としている．しかし市場に任せれば，資源配分がうまくいくというのも，素朴な神話にすぎないことも，周波数のオークションをめぐる混乱によって明らかである．周波数は，本来，共有すべきものなのに，それを私的所有の対象としたことで，特定の大規模な資金を有する寡占企業に技術進歩の基盤を委ねるという危険性を創り出したと言えないだろうか[31]．

かくして IT 不況は，IT という新しい領域において発現したものであるが，これはネットワークや周波数という，オープンで資源の共有を本性とす

る，その意味で「共産主義的性格」を持つITネットワーク，また絶えざる技術革新を本性とするITネットワークを，資本が私的に所有し，かつ現在の技術水準で包摂しようとする根本的矛盾が過剰設備投資・過剰生産となって発現したものと規定すべきであろう．

注
1) 情報を経済の側面から問題にするようになったのは，何も1990年代になってからのことではない．周知のように，情報を経済の問題として初めて認識し，計測したのは，マッハルプであり，彼はその主著『知識産業論』において，アメリカの知識産業（現在では情報産業）のGNP比を28.6％と推計した．このマッハルプの研究に基礎をおきながら，情報材・情報サービスの生産・流通の問題に注目し，すべての経済・産業部門から情報関連部門を抽出しようとしたのが，ポラトである．こうしたマッハルプやポラトの研究を基礎にして，情報を経済活動の中に位置づけ，その規模を測定しようとする試みがなされてきた．日本では，村上泰亮・高島忠『日本の情報産業』をはじめとして，多くの試みがなされている．情報経済学に関する諸理論については，とりあえず松石勝彦編『情報ネットワーク社会論』青木書店，1994年を参考にしてほしい．
2) ソロー・パラドックスは本文のように理解するのが一般的であるが，それはソロー自身の言葉ではない．コーエン（Cohen）とザイスマン（Zysman）の『製造業の重要性―ポスト工業化という神話』（Manufacturing Matters: the Myth of the Post Industrial Economy）に対する書評の最後で述べた「コンピュータの時代と言うことを至るところで目にするが，生産性の統計では目にしない」というソローの言葉が，後に情報化投資の増大と結びつけられて，情報化投資と生産性の矛盾として定式化されるようになった．なおソロー・パラドックスという概念の変遷と定式化については，篠崎彰彦『情報技術革新の経済効果』日本評論社，2003年，が詳細に論じている．
3) 篠崎，上掲書，56ページ．篠崎は，生産性の上昇という観点からアメリカ経済の再生を論じているが，製造業の空洞化とそれによる貿易収支の赤字問題を抜きに，アメリカ経済の「再生」の問題は論じられないと思う．
4) 元橋一之「日本経済の情報化と生産性に関する米国との比較分析」経済産業研究所『RIETIディスカッションペーパー02-J-018』2002年．
5) 松永征夫「IT革命が労働生産性上昇率に与える影響の日米比較について」（日本学術振興会科学研究費補助金成果報告書）．
6) 池田琢磨「日米における情報化投資の生産性向上効果」財務省財務総合政策研究所『フィナンシャル・レビュー』2001年7月．
7) 篠崎，前掲書，154ページ．

第9章 ITバブル・IT不況と日本型情報化　　　171

8) しかしこの好景気の過程でアメリカの製造業は競争力を回復したのか，という点では，疑問符が付く．好景気の過程においても，いやそれだからこそというべきであろうが，アメリカのIT財（ハード製品）貿易収支は，93年で330億ドル，98年になると550億ドルに拡大しているからである．もっともIT財の輸出入のうち，約半分が企業内・企業グループ内の取引であった（米国商務省『ディジタル・エコノミー』東洋経済新報社，1999年，38ページ）．これは，アメリカ内でのIT製造の空洞化を示している．
9) アメリカの90年代後半におけるITバブルについては，eBayやYahoo，Amazonなどのサイバースペース企業のバブル的様相を分析した拙稿「アメリカ経済のディジタル・エコノミー化とコンピュータ産業の新動向」『桜美林大学産業研究所年報第18号』200年，を参照のこと．
10) アメリカの96年通信法改革に関しては，奥村皓一『国際メガメディア資本―M&Aの構造―』文眞堂，1999年，とくに第2章，福家秀紀『情報通信産業の構造と規制緩和』NTT出版，2000年，とくに第4章，を参照のこと．
11) Merrill Lynch "Communication Equipment" March 6, 2001.
12) ベンダーファイナンスとは，シスコ・システムズやルーセント・テクノロジーなどの通信機器メーカーが通信企業に，設備購入資金を融資するというものである．
13) 通信企業の破綻で最大のものは，01年7月に破綻したワールドコムである．同社は，83年に設立された長距離電話会社で，株式交換方式により企業買収を重ね，97年にはBTによる買収に合意していた全米第2位の長距離通信会社MCIを逆転買収することに成功し，全米第2位の通信企業になった．しかしITバブル崩壊により，収益が低迷するようになり，過剰な設備投資により負債がふくらんでいった．同社は株価維持のために過去15ヶ月にわたって行ってきた粉飾決算（約38億ドル）が明らかになり，破綻に至った．
14) シスコの01年決算では10億1,400万ドルの最終赤字，ルーセントは01年が141億7,000万ドル，02年が118億2,600万ドルの最終赤字，ノーテルは01年が273億200万ドル，02年が35億8,500万ドルの最終赤字となった．
15) IT機器に対する日本・アジア・アメリカとの間の連携については，拙稿「アジアにおけるME＝情報産業の展開と生産集積」『桜美林エコノミックス』第39号，1998年，を参照のこと．
16) データクエストの調べによれば，98年の世界のパソコン出荷台数は9,292万台であったのが，00年には1億3,473万台に増加している．経済産業省の調べによれば，世界の携帯電話の出荷台数は98年の1億744万台から00年には4億600万台に急増している．
17) 02年には電機大手8社合計で，リストラ費用を含めてであるが，1兆9,147億円という巨額の赤字となった．
18) IT産業の区分については，拙稿「90年代日本の産業構造転換とIT産業」『経

済』新日本出版社，2000年11月号所収，を参照のこと．
19) 日本の名目GDP成長率は，00年に0.8％とプラスを記録した後，01年，−1.1％，02年，−1.5％，03年，−0.1％と，マイナス幅は縮小しつつも3年連続で減少している．
20) 『2004年版情報通信白書』によれば，日本の情報化投資は96年から99年までは，15，16兆円前後で推移していたが，00年に22兆5,670億円，01年に23兆78億円と急増したあと，02年に19兆5,240億円に減少している．
21) 96年に行われたアメリカのオークションでは，バンドによっては20億ドル（約1兆4,000億円）と高騰し，加入者1人あたり10万円（KDDI試算）という膨大なものとなったという．そのため免許料の支払い停滞から経営破綻する企業も現れている．ヨーロッパでも，オークション制度がとり入れられ，00年4月のイギリスのオークションでは，BTやVodafoneなど5社が合計224億7,740万ポンド（約3兆7,800億円）で落札したことで，落札総額は予想の15倍に達した．ドイツでも00年8月，6事業者の落札価格は5.8兆円と高騰した．
22) 電機・電子産業のリストラに関しては，拙稿「主要産業の動向—電機・電子，情報・通信産業」法政大学大原社会問題研究所『日本労働年鑑2003年版』『同2004年版』旬報社を参照のこと．
23) 篠崎の推計によれば，2001年の日本の情報化投資はハードが情報化投資全体の61.7％を占め，ソフトは38.3％となっている（篠崎，前掲書，87ページ）．
24) 『JECCコンピュータノート2004年版』日本電子計算機株式会社，2004年，36ページ．
25) 数字は，篠崎，前掲書による．
26) 2003年の調査は，アンケート調査で回答のあった262社の合計金額である．
27) ただ最近では，オフショア開発の橋渡しをする企業が日本の発注者と中国の企業を結びつける形をとることも多い．
28) 下請けソフトハウスへの発注価格の引き下げを最初に行ったのは，富士通であるといわれている．
29) 篠崎，前掲書，263ページ．
30) 北山研一「総論—21世紀ネットワークの創造と限りないインパクト」『電子情報通信学会誌』第85巻5号．
31) 周波数帯コモンズを主張している，ローレンス・レッシングは周波数というリソースを，広範なイノベーターたちの共同利用のために解放することで，「この多くのイノベーターたちは，今のわれわれには想像もつかないような形のネットワーク利用を実験するだろう」と述べている（ローレンス・レッシング『コモンズ』翔泳社，2002年138ページ）．

コラム3

『現代日本経済論』によせて

工　藤　昌　宏

　1973年，日本経済分析にかかわる1冊の学術書が青木書店より刊行された．鶴田満彦著『現代日本経済論』（以下本書とする）がそれである．本書は，副題に「高度蓄積の構造」を掲げ50年代なかばから70年代はじめにかけての日本経済の長期かつ高度な成長過程のメカニズムを解明し，またこれによって日本経済の構造的特質と限界を明らかにしようとしたものである．いわゆる高度成長については，これまでたくさんの論文や著書が出されている．だが高度成長自体を正面に据え，しかも高度成長が様々な問題をあらわにして転換期を迎えたまさにその時点で分析を行っている著書はそう多くはない．本書はそのような数少ない著書の1つとなっている．刊行から30余年が過ぎ，今また日本経済は大きな転換期を迎えているように思われる．このような状況の中で，本書を読み直す機会に恵まれた．懐かしさを覚えると同時に，身の引き締まる思いがする．以下では，本書が刊行された頃の歴史的状況などに触れながら，本書のエッセンスなどを紹介したい．

『現代日本経済論』のエッセンス

　高度成長は，1965年にそれまでの歪みを恐慌という形で噴出させ，これを起点に第2段階へ移行する．同時に米国の北ベトナム爆撃が本格化し，世界的軍拡気運と反戦気運がともに高まっていった．皮肉にもベトナム戦争の激化とともに，日本経済はさらなる成長を遂げることになる．だがそれは，日本経済がその体内で様々な軋轢を強める過程でもあった．70年代に入るとまもなく，ドル危機を契機に世界経済は混乱し始め，国内では高度成長が終わりを告げ，資本主義経済全体が転換期を迎えることになる．そしてこのような状況の中で刊行された本書は，早くもこの時期が「重大な転換期」であると見抜く．だが本書がめざしたのは，転換自体ではなく，転換を引き起こした原因，すなわち高度成長メカニズム自体の解明であり，そしてむしろ，転換期を迎えているがゆえに，今こそ高度成長の科学的分析が必要であるとされる．それは，戦後日本の経済成長がどのような原動力や条件のもとに可能であったのかを科学的に分析することなしに，経済成長の限界を理解したり，変革の道筋を見出すことはできないからであるとされる．そこで，「高度成長」の「からくり」を明らかにし，「神秘」のベールを剥ぎ取ることが，本書の主要課題となる．そして

このように科学的な分析をとくに重視するところに，本書の第1のエッセンスがある．

だが本書の目的は，単に高度成長メカニズムの解明にとどまるものではない．本書は，様々な経済現象を捉える手段である経済理論は常に点検されねばならず，そのためにも実態分析による検証が必要であるという姿勢のもとに執筆されている．つまり本書は，直接的には日本経済の分析をめざしながら，経済理論の検証という別の重要な目的をもっているということである．このことは鶴田先生の著作履歴にも現れている．鶴田先生は，60年代以降今日にいたるまで数多くの著書や論文を世に送り出されているが，その多くは経済理論分野に属するものである．だがそれらに挟み込まれるように，日本経済の現状や資本主義全体の動向を分析した著書や論文も数多く発表されている．それらの多くに共通しているのは，経済が激しく変動したり，あるいは転換期を迎えている時期に発表されているということである．こういった事実は，その時々の経済実態の特質の検出と経済理論の検証・精緻化が同時に行われてきたこと，言い換えれば絶えず現実に対して目配りがなされてきたことを示している．

本書が刊行される前年の1972年，鶴田先生は別の著書を世に送り出している．有斐閣から出された『独占資本主義分析序論』がそれである．この本は，文字通り理論的分析を中身とする学術書である．つまり理論的分析に続いて，間髪を入れずに現状分析の著書が刊行されたわけである．なぜこのように2冊の著書が立て続けに刊行されることになったのか．その理由は，本書のはしがきで明確に述べられている．すなわち，『独占資本主義分析序論』は独占資本主義の蓄積構造の理論的解明を通じてその本性を示そうとしたものであり，『現代日本経済論』はその本性を否定する見解に対する反論として，その本性が日本においてどのような姿で現れるのかを検出しようとしたものであると．つまり2冊の著書は，それぞれ独自のテーマを持ちながらも，相互に補完しあう関係にあるということになる．そしてこのように，理論的分析と実証分析の補完関係を重視し，宙に浮いた空論や安易な憶測を排除するという姿勢，いわば経済学批判の姿勢が，本書の第2のエッセンスとなっている．

さて，本書の内容に話を移そうと思う．本書は序章で課題と分析視角を設定した後，第1章，戦後日本資本主義の国際的地位，第2章，高度蓄積の機動力，第3章，高度蓄積の金融的側面，第4章，インフレーションの国際的連関，第5章，高度蓄積と技術・原料・労働力，第6章，高度蓄積の構造的帰結，第7章，転換期の日本経済と展開されている．見られるように，本書では最初から最後まで，高度蓄積という表現が用いられている．戦後日本の産業構造の高度化や急激な経済成長に対しては，高度経済成長という表現が使われるのが一般的であろう．だが本書では，この言葉はカッコ付で，「高度成長」と表現され

ている．このような使い分けは，「高度成長」は日本経済の実態を形式的・表面的に捉えたものであって，内実を表すには適切ではないという認識によるものと思われる．それに対して高度蓄積という表現は，時に「資本による高度蓄積」と言い換えられており，これにより「高度成長」があくまでも資本の蓄積運動によってもたらされたということが積極的に示されている．さらにこの使い分けには，2つの重要な意味が含まれているように思われる．1つは，高度成長という表現はその漠然性・曖昧性により経済成長の弊害を含む内実を覆い隠し，時に日本経済賛美論を引き出しかねない危険性を持つということである．もう1つは，それとは対照的に高度蓄積という表現で経済成長の本質が資本運動にあることを示し，またそれによって様々な歪みや弊害が生じる根拠を積極的に示すということである．そしてこのように，経済実態や分析をより鮮明にするために，適切な表現が工夫されているところに第3のエッセンスがある．

『現代日本経済論』の現代的意義

　以上のようなエッセンスのもとに，本書は，戦後の「高度成長」の原動力を資本運動に求め，その諸条件の分析を通じて「高度成長」の「神秘」の「からくり」をあばくことになる．以下では，本書の詳細についての言及は避けて，要点部分だけを紹介しようと思う．本書は，内容的に見て大きく3つの部分に分けることができる．第1は，高度蓄積の要因のうち，国際的連関についてみた部分，第2は，高度成長の国内的要因について考察した部分，そして第3は，高度蓄積の帰結に言及した部分である．まず第1の部分では，高度成長は国内条件のみならず，国際的連関とりわけ米国の世界支配体制との関連において考察してはじめてその理解が可能であるとされる．すなわち米国の支配体制のもとでの米国のドルの散布に依存しながら，あるいは資本自由化など対日圧力を巧みに利用しながら，日本の資本主義がその蓄積条件を整備し，再建を遂げることが浮き彫りにされる．またそれによって，米国による支配体制と高度蓄積との密接な関係が描き出されている．そしてこの関係は，一方で日本の対米従属という歪んだ構造を作りだすとともに，他方では，日本の大企業は，世界市場の中で自らの地位を高めるためにこの従属構造さえも積極的に利用したとされる．第2の部分では，資本の蓄積運動が日本の高度成長の原動力であったこと，とくに民間設備投資が高度成長を誘導したことが鮮明にされた後，そのような資本運動は同時に自らに都合のよい経済構造とくに低賃金構造を作り出したとされる．そしてこのような自立的な構造のために，構造の転換は容易でないことが導き出されている．その上で，まず資本家の異常に激しい「蓄積意欲」が民間設備投資を促したとし，その「蓄積意欲」を「資本蓄積の起動力」と名づける．そしてこの「意欲」を引き出した原因を分析し，それを戦後日本

の特殊性，とりわけ工業技術の後進性，企業間の激しい競争，資本の自由化，さらには国家の政策などに見出す．そして国際水準からの後進性，とりわけ技術的後進性は高度蓄積期をつうじて存在し，これが高度蓄積の推進力をなしたと結論する．さらに高度蓄積の諸条件がもれなく検出される．まず金融面では，銀行をつうじた「間接金融方式」という金融機構が重大な役割を果たしたことが検出される．次いで技術・原料については，それらの海外依存，とりわけ米国依存とその問題性が指摘され，労働力については，農村から第2次・3次産業への急激な移動により，就業構造が激変したこと，さらには労働強化が進展し労働者に深刻な影響を与えていることなどが示される．第3の部分では，物価上昇問題が取り上げられ，その内実がインフレーションであることが検出される．またその延長線上で，労働者の実質賃金の上昇が抑制されたことが示される．さらに公害問題，産業構造の変化や経済変動の変容などの構造変化が相次いで検出される．そして最後に，転換期の経済的状況に言及しながら，「望ましい」転換方向が示される．

　以上，本書の要点を文字通り大雑把に紹介したが，各部分はいずれも詳細なデータの分析とともに経済理論からの検討，さらに高度成長についての諸見解に対する批判的検討が加えられている．

　本書が刊行されて以降，日本経済はまさに激動の時代に突入した．この間，1974年に英国留学から戻られた鶴田先生は，直ちに経済理論学会の事務局幹事という仕事に就かれ，さらに80年代以降は中央大学商学部学部長，経済理論学会代表幹事，日本学術会議会員と一貫して要職を担われてきた．だがこのような激務の中でも，鶴田先生は経済の大きな転換時にはその原因などについて必ず言及されてきた．著作も数多くに及ぶ．そして今，日本経済は高度成長とは対照的に，長期の停滞に陥っている．鶴田先生はすばやく対応され，長期停滞のメカニズムについても著作や講演を通じて再三にわたり言及されている．本書が刊行されてから30年がたった．だが本書の内容はもとより，本書に示される分析視角と方法は，今なおその有効性を保持し続けている．むしろますますその輝きを増しているような気がしてならない．成長と停滞は対照的な現象であるとはいえ，ともにさまざまな構造的歪みを生み出しまた拡大するという点で共通している．したがって高度成長の解明は，実は停滞の解明に通じているということができる．とくに，経済構造の大きな変化をともなった高度蓄積の分析は，同じく構造変化をともなっている今日の日本経済を捉える上でも重要な手がかりを提示しているといえるであろう．

コラム4

株式会社論の課題

跡部　学

株式会社論の射程

　株式会社とは，機械制大工業による必要最小資本量の増大と，固定資本の巨大化を特徴とする独占資本主義段階への移行にそくして発生する企業形態である．個人企業，合名会社あるいは合資会社等の企業形態をもってしてはその資本調達をなしえない時，より大きな社会的な遊休貨幣資本を吸収させるための必然的な会社形態として株式会社形態が発生することになる．

　この歴史的必然により発生した株式会社をその研究対象とする経済学・経営学的学問領域が，一般に株式会社論とよばれる．この株式会社論の課題は，株主の法人化と相互持合いに関する所有の側面，所有支配の後退と経営者支配に関する支配の側面，専門経営者職能の台頭に関する経営の側面，蓄積主体としての企業の自立化に関する利益分配の側面，資本家の消滅と労使の同質化に関する側面など，実に多様である．しかし，この株式会社論の対象領域は企業の存在態様に比例するように，多様な問題をはらみながらも，その課題をあえて大摑みに範疇化するならば，次の2つに分類することが可能であろう．

　まず，資本家的属性の分化を原因とする経営者支配に関してである．株式会社では，個人企業にはみられなかった資本家的属性の株主・経営者・労働者（従業員）という3者へ分化が，具体的な人格の分化だけではなく，質的な分化をも意味する事態として進行し，結果的に経営者支配を準備する．株主は株価の上昇と株式資本の利子生み資本化にともなった株式配当にのみ関心をもち，経営者はより高額な賃金はもちろんのこと，企業の現実資本蓄積量と内部留保資金に裏づけられた，より大なる決定権限と社会的地位の獲得に関心をはらう．労働者の多くが労働力の再生産にのみ腐心しながらも，その一部は組織内でより大きな決定権限の獲得と経営者への昇格にそれぞれ関心をはらう．これらの利害は共有する部分をもちながらも，資本家的属性の3者への分化は株式会社の内部において相互に対立してあらわれるのである．この事態に関し決定的に重要なことはこの分化それ自体ではなく，これを原因として経営権力が株式所有をともなわない専門経営者に集中することにある．いわゆる「所有と経営の分離」あるいは「所有と支配の分離」とは，この事態を端的にあらわす言葉であり，株式会社論で論じられる中心的研究課題の1つを形成している．

　つぎに株式会社に特有の事態として所有対象と運動体の二重化の場面に関し

てであり，一般的には「資本の二重化」とよばれる事態がこれにあたる．資本の二重化とは現実資本とその運動から，株式資本すなわち擬制資本とその運動が証券市場を介すことによって分離してあらわれる事態を示している．株式会社における現実資本と擬制資本は相互にその他者を不可欠の存在の根拠にするために完全な分化・独立は完成し得ないものの，その関係を一層希薄にしながら，現実資本は擬制資本所有者の株式売却や取得に比較的影響されることなく安定的な生産と流通の過程を繰り返すことが可能となる．他方で擬制資本はその自由な動員と動化を可能とし，社会的遊休資本の吸収を一層容易なものにするのである．

　資本の二重化はこれに加えて，株式会社それ自体の法的規定性にも大きな変化をもたらすこととなる．株式会社の法的人格に関し，その解釈が擬制説であれ実在説であれ，これを１つの起点として株式会社は自らを所有する独自の人格として自然人に対しても他の個別資本に対しても立ちあらわれるのであり，株式会社は擬制資本所有者との法的関係においても別個独自の存在を獲得するに至るのである．このことは擬制資本所有者が実態的にも法的にも現実資本への所有権を持ちえず，彼らの直接的所有権の対象は，いわゆる自益権と共益権といった単に諸権利の束としての株式それ自体でしかないことをあらわしている．株式会社形態は資本の二重化を通じて独自の増殖過程を経験しながら，現実資本に対する自然人による所有から乖離し，上部構造としての所有権等の法形式を資本の一層の蓄積・集積・集中ための手段として構成する．このように資本の二重化は株式会社内部での資本家的機能の分化による経営者支配の台頭とならんで，株式会社論の中心的研究課題の１つを形成している．

株式会社論の振動

　このように２つに範疇化された研究課題は株式会社論の中で多様な問題を形成するのであるが，これらは１つの重要な問題にゆきつかざるをえない．すなわち「株式会社は誰のものか」という主体性に関する根本的な問題である．そしてより正確には，「誰のものか」という問題提起の形式の妥当性をも含めて，これに対してより説得的な回答を得ることが株式会社論の使命であるとしてもさしつかえあるまい．すでに知られるように，この問題に対してバーリとミーンズはその実証的研究から，株式会社は資本家的属性の一部として株主に属する「財産の原理」でも，他方の経営者に属するとされる「利潤の原理」でもない「第３の道」としての「中立的テクノクラシー」による支配を受け入れることこそが，その正当性の獲得のための唯一の方法であるとする結論に到達せざるを得なかったのである．株式所有による支配の貫徹という考えは，バーリとミーンズの株式会社論が示すように，その一貫性において破綻をきたし，同様

に資本主義イデオロギーとしてのいわゆる「生産関係の基礎としての所有」論あるいは「支配の基礎としての所有」論も，やはりその一貫性において破綻をきたしていることが明らかとなったのである．

　一貫性の破綻した両論に対し，その対極に存在する論理的態度が所有に対して無反省な株式会社公共性論である．公共性論では株式会社は公の支配に属す，あるいは属さなければならないと考える立場である．その論拠は株式の高度分散化と経営者支配あるいは利害関係者の増大などに加えて，公共的な「制度」や「組織」としての株式会社学説などから組み立てられることが多い．確かに株式会社の大規模化にともなって，社会的遊休資本の吸収が額・株主数・地理的範囲においてそれぞれ増大し，また利害関係者についても従業員・株主・消費者・取引先・地域社会へと拡大をみせていることは事実に一致する．ここから，結果的・転倒的にではあろうとも株式会社が高度な公共性を具備するものであるとの認識は，一定の説得力をもっているのだが，その議論の少なくない部分が所有論との関係性の考察を欠いているのである．

　この公共性論に関して鶴田氏は「現代株式会社が単なる私企業ではなく，公共性をもつ存在であるという認識は，まったく正しい」としてこれを支持しながらも，「問題は何を根拠として株式会社の公共性を主張しうるか，である」（鶴田満彦「企業改革の経済学―森岡孝二『日本経済の選択』を読む―」『経済科学通信』基礎経済科学研究所，2002年8月号，以下「読む」と略記）と，その論拠を厳に求める．鶴田氏は株式会社の目的が剰余価値の取得とそれにもとづく資本の蓄積であり，「私的・資本主義的性格を変えるものではない」（鶴田満彦「第Ⅱ章 独占資本主義」『資本論体系10 現代資本主義』有斐閣，2001年）としながら，まず公共性それ自体の内容として，「公的とか公共性というのは，特定の限られた人々にのみ関わる私的に対して，不特定多数（公衆）に開かれているといった程度の意味で，必ずしも政府のとか，政府所有のといった意味に限定しているわけではない」とし，「公的な制御なしには正常に運営できないところに，株式会社企業の公共性があるといっていいのではなかろうか」とする．また同様な意味内容で，「株式会社の運営や株式の流通に関しては，商法や証券取引法をはじめとする公的なルールが存在し，証券取引所などの公的な組織が制度化されているわけである．このような公的ルール・制度なしには有効に機能しえないという意味で，株式会社企業はまさに『社会の公器』である」（「読む」）とするのである．所有論を無前提に否定あるいは軽視しながら語られる株式会社公共性論に対して，経済理論からの批判的な姿勢を堅持しつつ，私的所有の対象物としての株式会社が主体的に発する公共性などではなく，その存在態様にそくしながら制御やルールといったいわば足かせとしての公共性をみいだす．

株式会社論の方法

　株式会社をめぐる「生産関係の基礎としての所有」論と無反省な公共性論の両極への振動は，資本の自己批判的性格を根拠とした現代資本主義の歴史性と過渡性の分析によってのみ静止されうる．資本は自らの狭隘な歴史的諸前提を否定していく矛盾した運動体である．株式会社にみる資本家的属性の分化も，資本の二重化も資本の自己形態として産出された姿であり，私的所有の対象性も株式会社の公共性論も，現代にみる機械制大工業の一般化を根拠とした無政府的・物象的生産から，社会的生産への移行による資本の自己否定性の展開運動それ自体を示しているにすぎない．この矛盾的運動は，資本のシステムにおいては相互承認という人の意識の領域と，人が無意識に形成する物の領域である物象的生産とが対立しあいながら運動してあらわれ，その内部組織としての株式会社に目を転じるならば，ここでは私的所有を根拠とした株主が主体であると考える立場に対して，すでに述べたように株式会社は公共的存在であり会社が主体であると考える立場とが対立してあらわれている．資本の諸前提としてのこれらの対立は，生産力の普遍的発展へとその運動を進める過程の中で，資本は自らの形態として諸前提を解体する．「生産力の普遍的発展に媒介されることによって，まさに，資本という局限された生産は，その解消へと駆り立てられていく．現代の諸々の姿は，資本を媒介する生産の発展した姿であり，この発展が資本の狭い諸前提にたいして解体的に働く」．〈労働する個人〉は自然を対象とする自らの活動を，他人の富を増殖する活動として行う．この産業労働の自己矛盾こそが対象を他人の富（他人の所有）の力として不断に生みだし，資本主義を資本主義として産みだしている基礎である．この敵対性において，彼らはまさに対象を自分自身の普遍的な対象として造形・産出しているのであって，この産出はこの敵対性そのものをやがては不要として解消する地点にまで進まざるをえない」（神山義治「自己批判する資本のシステムとしての現代」『経済理論学会52回大会報告要旨』経済理論学会，2004年）．資本の自己批判的性格は株式会社の私的所有の対象性をも解体しながら，その社会的生産というあり方を一層純化させていくのである．歴史としての現代資本主義の過渡性の把握は「労働に即した統一的な把握」によってのみなされうるのであり，敵対的労働としての賃労働をその出自としながらも，その敵対性を廃棄し，我々労働者は対象化行為としての労働によって，いつしか存在のあるがままの把握を可能とする．歴史を通じ，資本によって一層鍛えられた自由な個人としての我々が，現代資本主義における資本の自己批判的運動を自覚的にとらえる場が株式会社論なのである．

第III部

グローバル資本主義と比較経済システム

第10章
世界市場のアメリカ的展開

神 山 義 治

1. 世界市場にまで発展する資本

　20世紀は戦争と経済成長の世紀であった．世界的な経済成長や市場化の背後にはアメリカ合衆国（以下アメリカとよぶ）の資本があり，人類史上最大の戦争国家もこの超大国であった．資本主義がまとってきた姿としてのアメリカを無視しては社会の構想もありえない．

(1) 労働の現代的意味
　戦争すらともなう成長主義を乗り越えていくうえでアメリカの存在はどのような問題をたてているのだろうか．
　まずアメリカという姿を剥ぎとって資本主義の成長をふりかえってみよう．
　資本主義は「現代」的な姿によって発展してきた．前世紀には先進的な地帯においては一般的に，経済介入や社会保障を行う国家や，事実上個人資本家を廃棄した巨大株式会社などの姿においてそれは成熟してきた．「社会主義」国家の崩壊とともに幕を開けた90年代には，市場の世界的展開（「グローバリゼーション」[1]）にまで到達した．
　こうした資本主義の「現代」という問題は，どこを起点として連鎖をたどっていけば理解できるのだろうか．「情報化」や大企業といった目の前の現代的なものそれ自身だろうか．そうではない．〈労働する個人〉である．「現代」の連鎖をたえず現実にしている活動的な存在は労働する個人である．

第10章　世界市場のアメリカ的展開

　労働する個人は対象世界を造形する．彼は自然存在であって，自然という自分の本質をみずからの対象とする．この対象にかかわることによって，生産手段（道具・機械・原料等）と生産関係（生産を媒介する社会関係）とをつくりだしていき，このつくりだしたものを自分の前提として活動する．

　直接には労働する諸個人が生みだす資本が「現代」を生みだしている．資本主義という生産のありかたにおいては，労働する諸個人は，生産手段・生産物を資本家という他人の私的所有物として再生産している．自分の本質を自分には属さない対象として造形している．この疎外によって，社会的生産を個人の手から剥奪して発展させるのが資本主義であり，労働者に対立するこの他人の私的所有物が資本である．それは，商品・貨幣という姿をとりながら自分を維持・増大する価値（過去の労働）である．

　この資本こそが現代の直接の起点だという点こそが現代の理解を決する．20世紀に発達した株式会社や国家といった関係も，資本を起点とする連鎖のなかで存立している．特定の人格や意志（独占資本家やアメリカ）を起点にしては世界認識は歪曲を避けられない．

　全体のなかで活動している起点は1つの資本である．資本は現実に活動的なものであるから，それは現実に自分の諸前提をもっておりそれにかかわる．1つの資本は，貨幣・生産・商品という姿の連鎖において存立しており，資本にとって商品は現実の前提であり，資本はそれによって制約されながら，それを自分の姿とし，自分の結果としてもたらすことによって現実に存立している．

　それだけではなく，商業資本や国家などさまざまの姿態をとって資本の全体は再生産されている．例えば，利子生み資本を中世の高利貸から，資本にふさわしい現代的な金融機関に仕立てあげる，というように，資本主義的生産は，歴史上自分に先立つ生産がとる姿でもあった諸範疇を自分の姿に変えていく．国家や株式会社も資本の再生産の姿となることによって現代的なものになっている．

　さらにこうした資本とその「現代」的な姿一般が，アメリカ社会や日本社

会といった特定の歴史的土壌の諸要素をまとっている．資本はこの土壌がふくむ諸々の成分を減少させ，あるいは増大させながら続いていく．資本は諸地域を連結しまとめあげていくとともに，「日本の会社」「アメリカの会社」といった性質を帯びた姿に分化しているのである[2]．

こうした地域的な姿をまとった資本間の競争がこれらの地域的偏差を修正したり摺り合わせていく圧力ともなる．

(2) 資本と世界市場

資本は現代世界市場にまで成長している．共同体の間の世界市場はもともと資本主義以前からあった．資本はそれを歴史上の先行者とするだけではなく，自分の姿として発展させていく．資本が市場を発展させ，諸々の生産を連結し，競争に巻きこみ，共同体の諸要因を壊して自分の原理に染めあげていく．この運動こそが今まさに「現代グローバリゼーション」として進行している．グローバリゼーションとは資本を介した諸個人の生産の成長する地球的連関である．

グローバリゼーションが個人を結ぶ生産連関である点を感覚的につかむため，1つ1つの資本がとる姿，すなわち「企業」を中心にしてイメージしてみよう．

企業がグローバルに活動するようになるのはなぜだろうか．

単純に考えてもつぎのような事情があげられる．まず，資本自身の素材を安くして利潤をあげること，すなわち，安価な生産手段（原料・機械等）の購入，安価な労働力の使用という事情があげられる．また剰余価値の増大が要求する販路拡大という事情もあげなければならない．あるいは，為替変動対策としてとられる生産拠点の国外移転という事情もある．廃棄物を法規制の緩い国に運んで遺棄するといった規制ハードルの差の利用という事情もありうる．税負担回避も企業が国境をまたがる誘因となるだろう．

資本蓄積の条件となるこうした事情を通じて企業は国境を越えていく．国境にまたがる開発・製造・販売までの業務連鎖（サプライ・チェーン）や，

国境を越えた企業買収・合併（M&A）もこうして増えていく．

(3) 資本と地域

資本はこうして地球的連関において活動するようになるが，それぞれの資本は地域的な諸要素のなかで運動していくため資本主義は多種多様な姿をとる．

先進地域を考えてみても，資本は西欧において，その独自の伝統，王権と民衆との緊張の歴史に根ざす民主主義の独特の伝統をまとって運動している．政労使の対話を介して資本の運動が維持されている．これに対して資本は日本においてはその共同体的土壌のなかで高度成長を遂げていった．日本では，企業や業界というムラ的なものに依存したかたちで雇用慣行や年金制度が成立し，ムラ的なものを残したなかで資本蓄積がすすんだ．

ほかの地域においても資本はそれが着地する文化的・社会的・自然的要素を解体し，あるいは修正しながら蓄積をすすめていく．

同時にまた資本は局所性を否定してすすむ．資本がとるこうした多様な歴史的条件・地域的偏差に対して現代のグローバリゼーションが大きな作用を及ぼしている点も強調しなければならない．たとえば日本型システムの再編はいうまでもないだろう．

統合された欧州の誕生も，反グローバリゼーションや反競争や一国福祉国家の維持ではなく，従来の一国社会民主主義からの脱却として理解すべきであり，グローバリゼーションの欧州的な姿としてとらえるのが正しい．国境を越えた生産を制御していくために市場を利用する試み（「トレーサビリティ」「認証ラベル」等）にこの統合欧州の方向性は象徴されている．あるいは企業の社会的責任に関する欧州レベルでの政策などにみられるように統合された欧州は単一国家をこえる世界戦略を打ちだす先進的な試みであり，あらたな「グローバル・スタンダード」の実験である．グローバル・スタンダートはアメリカン・スタンダートにとどまらない．

資本の地球的展開は同時にさまざまの資本主義を先行する共同体の解体に

おいて統一し，地球的生産関係の形成によってまとめあげていく．資本は地域にとどまらず世界市場という姿をとり，対立性を貫徹することによって，地球規模での管理の智慧を要求していく．さまざまな国際ルールの積み重ねと試行錯誤や，「人道介入」を行うまでになった国連もまた，すぐれた意味において現在の資本主義の姿なのである．来るべき社会の構想を地域の多様性にのみ依存することはできない．

資本主義はこうして個性的な諸分肢に発散しながらも，諸々の古い共同体に由来する要素を解消し，諸国民に分断されていた諸個人を1つの人類としてつくりだしていく．

2. 世界的展開をつらぬく矛盾としての資本

(1) 世界的展開による変容

こうした企業のグローバルな展開がもたらす巨大な変動について確認を要する点をここでいくつか指摘しておこう．

第1に，多国籍企業が生産を編制する力になっていくことである．グローバル化は商品価格の低下，外資誘致による雇用拡大などの利点をもたらすだけではない．政府や国内市場も多国籍企業にとっての蓄積条件となり，政府が競争力のある資本のために他国に市場開放をせまる．強引に市場開放することが安全網を解体し周辺化と貧困を生んで安定した成長を妨げる．国境を越えた競争激化が雇用不安を招き，民主的統治の空洞化（企業献金など）をすすめ，さまざまの国内規制の有効性を損なう．移転価格による税の流出や，利潤の引き揚げ，資本逃避などによって国民的な政策の有効性が低下したり，資本誘致や競争力向上のために政府規制の引き下げ競争や，財政支出の企業向けの再編がおきたりする．他方では，生産のルールが国家の法律だけではなく，「説明責任」や「企業倫理」のような企業組織そのもののルールにおいて具体化する．一国の国内総生産を超えるほどになるまでに多国籍企業が力をもつようになったため，一国の法律だけではなくむしろ多国籍企業の行

動ルールが重要になってくる．

　第2に，「企業の社会的責任（CSR: Corporate Social Responsibility）」のグローバル化である．コンピュータの発展による情報処理や多方向な遠距離通信が，企業の超国民的な活動を促しているだけではなく，企業に対する社会的な監視をもグローバルにしている．グローバル企業においてその影響力を制御するためにはその監視もグローバルでなければならない．国際労働機関（ILO）・経済開発協力機構（OECD）・世界貿易機関（WTO）で「中核的労働基準」の遵守が企業の責任として認知され，それがOECDの多国籍企業行動指針に取りいれられていることや，人権・労働・環境に対する企業の責任を明確にする「グローバル・コンパクト」やSA 8000（Social Accountability 8000）のような基準づくりがすすんだりしていることもこの文脈にある．こうしたルールづくりがあるからこそ，その実効性も問われ，社会システムが成熟する．

　第3に，生産の配置の地球規模での変革である．直接投資による途上国の工業化だけではない．インドのIT産業の発展にみられるように先端分野も固定されてはいない．途上国も，工業地域，天然資源にたよる地域，財政破綻におそわれている地域，内戦地帯などに多様化している．

　ほかにも，国内に固定されない「マネー」の集中と配分，WTOやIMFなどの統一的な制度，各種の地域統合などが変動としてあげられる．

　こうした変動によって大きな進歩が促されている．それが人権の発展と国際主義の現実化である．

(2) 世界的制御の必要性

　国益をこえて個人の人権が承認されるようになるのも，地球にひろがった生産の力が人々を圧迫するからである．途上国の児童労働も生産の連関によって共有されるテーマとなる．人々の国際主義も，生産の地球規模での展開によってはじめてリアリティをもつようになる．労働する個人の権利も国際社会の課題としてリアルになってくる．

では生産と消費の制御されない連関がどのような形で地球規模であらわれているのだろうか．

それはたとえば，貧困国における感染症対策と薬品産業の価格維持や知的所有権とが衝突するという形であらわれる．

あるいは，生産に規定された消費様式が，健康に生きる権利を損傷するという形であらわれている．途上国の栄養不足と先進国における健康破壊とは一見すると対極にあるようにみえるがどちらも，資本の連関がおこす問題である．

あるいはまたそれは，長時間労働やインフォーマル化といった労働そのものの非人格的なありかたを強制する連関としてもあらわれている．企業活動，環境，雇用などの関係がそれぞれ衝突しあうため，解決には総合的な制御が必要である[3]．

もちろん生態系の損傷と気候変動リスクの脅威も，資本の制御されない連関のあらわれにほかならない．

資本主義はこうした困難によって解決の試みを求め，この解決の試みによって困難に光をあてる．貧困撲滅が世界銀行をはじめ国際機関の目標にかかげられている[4]ことは進歩であるが，同時にこの進歩のうちに困難があらわれている，というように．目標が認知されてもなおかつ，世界は断片化され，富の集中と，内戦や飢餓，難民発生などの貧困の集中とが恒常化し，グローバリゼーションの配当から排除されている地域がひろがっている[5]．富裕層と最貧層との地球規模での格差の存在は解消されず，90年代にサハラ以南アフリカでは貧困層が増大し，子供の予防接種率が50％以下に落ち込んでいる．4,000万人のHIV感染者のうち7割以上がサハラ以南アフリカに住んでいる．インターネット人口の半数は高所得OECD諸国に住み，就学年齢にありながら学校に通っていない1億人以上の子供の大半が途上国に住んでいる．90年代の国内紛争による死者は300万人を超え，戦争による民間犠牲者の半分は子供である[6]．世界の総生産の7割を担っているアメリカ・欧州・日本にはこうした問題に対して独自の国際的な責任はないのであろう

か．問われているのは，労働する諸個人が生みだす労働の社会的生産力をどのように地球的課題の解決のために管理するのかである．

(3) 資本の諸世紀の意味

こうした世界的展開こそが，資本がはらんでいる矛盾をその頂点において噴出する．現代という矛盾はそれ自身を「自由な人間社会」「自由な諸個人の連合」へといたる最終的な通過点として示している．マルクスはこの通過点性を資本の巨大な進歩としてつぎのように生き生きと描写している．

> ブルジョアジー〔資本〕は……封建的，家父長的，牧歌的な諸関係を，のこらず破壊した．……ブルジョアジーは，生産用具を，したがって生産諸関係を，したがって社会的諸関係全体を，たえず変革せずには存立することができない．……ブルジョアジーは全地球上を駆けまわる．……ブルジョアジーは，世界市場の開発をつうじて，あらゆる国々の生産と消費を全世界的なものにした．……昔の地方的，また国民的な自給自足や閉鎖に代って，諸国民の全面的な交通，その全面的な依存関係が現れてくる[7]．

> 資本がはじめて……社会の成員による自然および社会的関連それ自体の普遍的取得をつくりだす．ここから資本の偉大な文明化作用が生じ……それ以前のすべての段階は，人類の局地的諸発展として，自然崇拝として現れるにすぎない．……資本は……もろもろの民族的な制限および偏見を……古い生活様式の再生産を乗越え……これら一切に対して破壊的であり，たえず革命をもたらすものであり……[8]．

この巨大な進歩は自由な人間社会の基礎となる労働の社会的生産力を無慈悲に，敵対的につくりだす．この敵対性こそが労働する諸個人が通過すべき通過点なのである．

歴史的に見れば，このような転倒は，富そのものの創造を，すなわち，ただそれだけが自由な人間社会の物質的基礎を形成しうる社会的労働の容赦ない生産力の創造を，多数者の犠牲において強要するための，必然的な通過点として現れる[9]．

　労働する諸個人は資本という自己疎外の頂点において大工業と世界市場を生みだして，諸々の狭隘な局地的発展を乗り越えていく．存在の普遍的承認である科学によって媒介された計画的で社会的な生産（社会的生産手段の体系と社会的労働組織）を諸個人はつくりだし，地球的探求を実現し，宇宙に関心を向け，諸欲求を多面的に多様に開発し，社会化された五感を形成し，社会的諸能力を開発していく．労働する諸個人自身の社会的な生産は，直接には「他人の私的所有」のなかに分断されることによって個別諸資本を生き生きと生みだし，さらに，諸資本の絡みあいの総体である世界市場という姿をとって実在している．まさに世界市場とは労働する個人の自然的・社会的な連関が対立的に発展した姿であり，かれらの自然的・精神的（社会的）諸力の対立的な形態化なのである．

　資本は，労働による自然の造形が普遍的に発展している大工業にもとづいて，また私的生産の自由な連結としての市場を介して，剰余価値を創造する産業労働を地球規模にひろげ，先行する諸々の孤立した生産を解消し，自然崇拝や局地的共同体への諸個人の隷属を否定して，みずからの生産に同化していく．資本は，諸個人から生産手段を容赦なく剥奪し，諸個人を社会的生産力発展に駆り立て，かれらに制御されない生産の物象的な連関を世界大で作用させる．

　この世界大の姿のうちに資本の蓄積がふくんでいた「自己批判」的なありかた（取得法則の転回）が貫かれる．資本の蓄積は交換における自由な私的所有という社会的承認を必要としながらも，これに反する強制と搾取にもとづく社会的生産に反転することによって生きている．資本は自由な個人をもたらしながら，かれから剥奪した社会的生産をかれに対立させるといっても

よい．この矛盾は株式会社のような姿にも貫かれる．資本家が再生産のあらゆる活動から疎外され不要となっているのが発展した株式会社である．グローバリゼーションはこの資本家の不要性を促進している．資本家の私的所有によって制御されない資本は社会的な制御を求める．私的諸資本の運動が社会的生産過程の公共性を露出するのである[10]．まさに地球規模での問題群は，この社会的制御の現実の要求にほかならない．

3. アメリカという問題性

(1) アメリカナイゼーションとしての資本の時代

資本はアメリカに似せて世界をつくる．グローバリゼーションを推進する中心の1つにアメリカが位置することはいうまでもなく，グローバリゼーションはアメリカナイゼーションという歴史的姿をみせている．労働する諸個人の社会的生産の発展にとって，労働する諸個人の人権の実現にとって，また地球規模での社会的生産過程の制御にとって，資本のアメリカ的姿と，世界市場のアメリカ中心的発展はどのような問題をたてているのだろうか．

アメリカ化としての「グローバリゼーション」についてまず経済的な意味から考えてみよう．

経済的にはつぎのような意味でアメリカ化がすすむ．たとえば，フォードに象徴される大量生産とそれをおぎなう大衆消費社会が世界にひろがり，資本の発展がアメリカ的生活様式の浸透としてあらわれる．グローバリゼーションのなかで新自由主義的な政策を採用する圧力が高まり「自由競争」「自由貿易」「自由な資本移動」のアメリカ的なイデオロギーの浸透としてあらわれる．弱肉強食の市場競争原理主義としてアメリカ的なものがとらえられ，グローバリゼーションがアメリカ的なものという姿をとる．アメリカ企業の海外移転や，アメリカ企業との競争，アメリカ証券市場での各国企業の株式公開などにより，企業統治の国際標準がアメリカ型のそれであるかのように宣伝される．80年代にその強さと海外移植の可能性が論じられていた「日

本的経営」が大競争時代の日本企業にとって足枷としてみられるようになる．

　こうした意味で資本主義のアメリカ化がすすむだけではなく，アメリカを軸とする依存関係の深まりとしてもアメリカ化を指摘できる．輸入大国アメリカの経常収支赤字を補うべく，日本をはじめとする先進国から資金が流入し，それがまた途上国に流れていくというような緊密な依存関係がアメリカを中心に深まっていく．

　第2次産業が最先端の時代にアメリカは自動車や石油産業を支配する国民として世界的であり，情報や金融が産業を支配するようにみえる現在でもそこを掌握するアメリカは国民的であるとともに世界的である．世界市場はけっして均等に発展していくのではなく，金融グローバル化の「アメリカ合衆国」主導的姿態（「ワシントン・コンセンサス」），EUによるグローバル化，中国の突出した工業化といったありかたのすりあわせのなかで世界化が進んでいるが，この過程のなかでもアメリカは世界的であるといってよい．

　政治的にはどうだろうか．超大国アメリカの覇権がグローバリゼーションを推進する大きな力であることはいうまでもない．「ワシントン・コンセンサス」にもとづいて，金融引締や社会支出縮減による「小さな政府」化・市場化を条件としてIMFによる途上国融資がなされてきたことや，アメリカ企業の利益を実現するためにアメリカ政府が他国に規制緩和・市場開放をせまったり，知的所有権の囲い込みを行うことは周知のとおりである．国連の承認を得て紛争地域に介入した多国籍軍の中心は米軍である．世界の軍事力の圧倒的な部分を米軍は占めながらもまた，国連安保理決議をともなわずに他地域の解放のためという名目で形のうえではアメリカ国民の総意としてこの軍事力の行使がなされた現実もある．

　グローバリゼーションは文化的にもすぐれてアメリカ的なものの浸透である．資本主義的「集団芸術」あるいは〈大工業〉の制作物としての「ハリウッド映画」，食文化の工業製品化としての，飢餓の資本主義的克服としてのファースト・フードなどアメリカ発の文化が各国に浸透している．

（2） アメリカの進歩性と資本の進歩性

　アメリカ社会は資本主義の最先端の一角であるがゆえに労働する諸個人の未来を告知している．

　封建制の軛(くびき)もなく広大な自然がひろがる新世界で自由な市民社会と資本主義的大工業を発展させたために，アメリカはそれ自身の進歩性のなかで資本の進歩性を強力に公開している．資本主義はアメリカにおいて他の諸国のような「数世紀にもわたる昔からの運動ののちに生き残った結果として現れたものではなく」，「封建的土台の上にではなく，それ自身で」開始され自由に発展した．アメリカにおいては「国家が最初からブルジョア社会に，その生産に従属していたのであり……生産諸力を新しい世界の巨大な自然領域に結びつけて，運動の未曾有の規模といまだかつてない自由さをもって」資本主義が発展した[11]．「自由な植民地」の「広大な土地」は，生産手段を私有する諸個人の「自己労働にもとづく自由な私的所有」を解放し，資本が用いる労働力の供給を妨げていたが，やがて，資本の急激な集中がこの自由な私的所有による小経営を撲滅して資本主義的所有に変え，資本主義的蓄積を発展させていった[12]．

　こうしてアメリカの歴史的諸条件は資本が生みだす〈自由な個人〉と〈社会的生産〉とを発展させた．封建的絆からの解放は「自由」と「民主主義」のアメリカ的理念として革命的に実現され[13]，土着的な封建的生産に支配されない大自然は，生産方法の発達を支え，資本主義が雄大な自然によってはじめから世界的な性格[14]をもって発展することとなった．

　この発展において諸々の開明的な実験がすすむ．人権にもとづく闘う民主主義は国家権力に対してだけではなく，企業という権力にも向けられる．自由な私的所有に由来する自由な個人と，大工業に由来する企業経済との独特の緊張関係から，市民社会による企業監視の先進的な実験が試みられる．「グローバル・スタンダード」としてアメリカが他国に押しつける各種の基準のなかには日本の諸個人にとっても権利の拡大になる要求も含まれている．

　人工国家として世界国家として出発したアメリカは，世界戦略を統合の核

にすえており，その世界国家的性格は世界的公共性のありかたをかんがえるうえできわめて重要な意味をもつ．

　人類史上最大の軍事国家・戦争国家としてのありかたは，高度に発展し集中した軍事技術の国際的公共性を鋭く問うている．

　またアメリカはその熾烈な競争社会としてのありかたによって，資本の歴史的役割としての生産の敵対的な社会化を強力に進め，さらに諸個人に強いる犠牲をその最先端において公開し資本主義の対立性を諸個人に自覚させ，それを乗り越えていく契機を考えることを現実の要求にしていく．

　アメリカ資本主義の活力と魅力は対立項が反転しあう大きさにあるようにおもわれる．さしあたりあげるだけでも，移民受けいれにみられるオープンさと，反中絶・反同性愛・反ポルノに示される道徳的抑圧とが依存していること，科学技術が発展しながらその裏側でのカルト集団による集団自殺のような事件が発生していること，国家権力に対する自由のいわば最大限の尊重が理念として維持されながらも不安に伴う監視社会化が進展すること，保守的伝統が堅持されるとともに成熟した市民社会の懐の深さがみられること，営利追求と企業蓄積が徹底して解放されるとともに，企業による健康破壊等に対しては市民が企業権力と対等に自分の権利を主張することなどがおもいうかぶ．あるいは，軍事覇権と反戦運動，競争社会と宗教社会，私的諸資本の成熟とニューディール的政策，自由競争イデオロギーと各種の強力な規制・政策，個別企業での解雇と労働力再生産の諸政策，競争による貧富の差と労働法の展開，グローバル企業の展開と反グローバリゼーション運動などもあげられる．

　また，アメリカ資本主義は自由な私的所有を尊重する大衆株主社会という建前をもつとともに，株主資本主義という名の経営者資本主義であり，経営者もまた労働力として市場で自由に売買される資本蓄積の展開であり，こうした対立性のうちにも資本主義の問題性を公開している．

(3) 課題としての地球的公共性の実現

　京都議定書からの離脱や国際刑事裁判所からの脱退，対人地雷全面禁止条約（オタワ条約）加盟拒否など，国際的な公共ルールからのアメリカの離脱は深刻な問題である．

　この単独主義が問題となるのもアメリカをふくんだ地球規模での公共性が深化しているからであり，アメリカの影響力の大きさのためである．アメリカを地球規模でどう制御するのかという問いがアメリカの事実上の公共性に光をあてる．

　グローバリゼーションはアメリカ中心的な姿をとっているが，この展開のなかにこそ敵対的な姿ででばあれ労働する諸個人の世界的な生産の連関が生みだされている．グローバリゼーションそのものに実在する諸個人の発展のこの基盤が，グローバリゼーションのアメリカ中心的な姿によって制約されている．この世界的な基盤にとってアメリカをはじめとする先進国中心主義が問題として対立している．アメリカの政治的意思の発動と「アメリカン・グローバリゼーション」の軍事的性格に対する批判も，グローバル化のなかの世界的基盤に立脚しなければならない．

4. 自由な諸個人の豊かな発展へ

(1) 市場と共同体

　グローバル経済を問うさいにみつかる単純な座標軸は「市場」と「共同体」とを両端にする直線であるが，これは堂々巡りに問いを押し込める．理性的な管理を拒否する市場への抽象的な信頼も，多様な共同体を対抗軸とする反市場主義・反グローバリゼーション思想や，地球的連関から切り離して一国福祉国家が維持できると考える国益主義も現実的な展望をひらくことはできない．

　市場も国家も資本主義的生産の姿として存立している．社会的総資本の再生産を媒介する私的諸資本の流通による絡みあいとして市場は労働の社会的

一体性の姿であり，諸資本が生産する剰余価値を再分配する流通として諸資本の共同的な形態であり，世界市場として資本の成熟した姿である．私的所有から排除された共同的な紐帯として国家はその内部に生産の社会的で計画的な姿を充塡していく．現代国家は生産過程に対する社会的な自覚的な制御の姿である．こうした諸々の公共的なものの基盤になる公共的なものが，私的所有そのものの内部に，私的諸資本の胎内において発展している．すなわち大工業である．こうして市場の公共性，国家の公共性，私的諸資本そのものの公共性という形で社会的生産過程の公共性があらわれ，社会的労働の姿が発展している．

課題はこの発展した社会的生産過程を諸個人自身の発展の基盤として制御することにほかならない．世界市場（グローバリゼーション）の諸条件（生産諸関係）は諸個人によって制御されず物象化され独立化し，かれらをそのもとに服属させている[15]．このことによって諸個人は現実に依存しあい公共的なものを形成している．この物象化を介した社会的生産を諸個人自身の社会的生産として諸個人が制御することが求められている．

(2) 自由な諸個人の世界性

この課題を遂行するために中心となる真に自由な，世界的な存在は何だろうか．資本だろうか，国家だろうか．そうではない．まさに生きた諸個人そのものである．彼こそが世界的であり自由に豊かに発展する主人公である．

諸個人がみずからの社会的生産過程を制御するという私たちが叡智を集めて解くべきこの問いは現在「持続可能な」生産という地球的合意のうちに示されている．グロ・ブルントラントを委員長とする「環境と開発に関する世界委員会」の報告書「Our Common Future」（1987年）以来，「国連環境開発会議」（「地球サミット」）（1992年）を経て「持続可能性」は国際社会の合意として定着している．この概念の画期的性格は，世界の諸地域の諸個人の共通目標である点，将来の世代にまでわたる計画性を基礎にしている点，単なる環境保全にとどまらず，産業，財政，天然資源，教育，保健衛生，家族

再生産，科学の発展などおよそ大工業が生みだした社会的計画性を地球規模で総合的なものとして打ち出している点にある．「持続可能な開発」とは，諸個人の多面的な欲求と社会的能力の持続可能な開発であり，自由で豊かな社会を築く永続しうる基盤の形成であり，持続可能な社会的生産にほかならない．その概念には持続不可能な生産を乗り越えることがふくまれている．

いまや個人も，地域も，企業も，国家も，国際機関も〈世界〉大の関係をつくりだしている．局所に完結した問題解決はありえない．孤立化された主体がつくりだす社会的生産を，諸個人が自由な諸個人として豊かに生きる協同的な基盤へと変革することこそ現実が要求していることの本体である．

20世紀は進歩と悲惨の繰り返しであった．この世紀の進歩は，人間が何をできるかを，科学上の発見，大工業の全面化，民主主義の進展といったかたちで輝かしく示したと同時に，巨大な犠牲をともなう過程であった．

諸個人を犠牲にする成長の極限は戦争である．現代の戦争は兵器産業だけではなく，医薬品・建設・情報関連産業までをもふくむ諸資本にとっての巨大なビジネス・チャンスをもたらすほどに大規模化し，石油のような国際的な基本的生産手段を先進国諸資本が直接領有することを可能にしている．国際社会が途上国の内戦を憂慮しながらも，他方では先進諸国の諸資本が途上国に武器を輸出しつづける．経済の論理の敵対性は，戦争を廃止することなく，これをむしろ巨大な規模で再生産してきた．殺戮が生産を集積し社会の統合をすすめる梃子となるのは，制限された労働発展（歴史）のありかたにすぎない．戦闘と殺戮が進歩であるような制限のなかに諸個人はまだとどまるのであろうか．

注
1) グローバリゼーションの理解は，21世紀生協理論研究会編『資本主義はどこまできたか——脱資本主義性と国際公共性』日本経済評論社，2005年4月（刊行予定）．
2) 資本概念は，有井行夫『マルクスの社会システム理論』有斐閣，1987年．
3) 久留間健『資本主義は存続できるか』大月書店，2003年．

4) 世界銀行『世界開発報告 2000/2001——貧困との闘い』西川潤監訳，シュプランガー・フェアラーク東京，2002 年．
5) 「21 世紀の人類社会の課題は，地球環境保全と地球的平等化であり……」鶴田満彦「21 世紀の資本主義」森岡孝二・杉浦克己・八木紀一郎編著『21 世紀の経済社会を構想する』桜井書店，2001 年．
6) 『(UNDP 人間開発報告書 2002) ガバナンスと人間開発』国際協力出版会，2002 年．
7) 「共産党宣言」『マルクス゠エンゲルス全集』第 4 巻，464-466 ページ．……は引用者による中略を，〔　〕は補足を示す．
8) 「経済学批判要綱」資本論草稿集翻訳委員会訳『マルクス　資本論草稿集』②，大月書店，322 ページ．
9) 『直接的生産過程の諸結果』大月書店，32-33 ページ．
10) 株式会社把握は，有井行夫『株式会社の正当性と所有理論』青木書店，1991 年．
11) 「バスティアとケアリ」前掲『草稿集』①，4 ページ．
12) 『資本論』第 1 部第 25 章，前掲『全集』第 23 巻．
13) 「小経営は，社会的生産と労働者自身の自由な個性との発展のために必要な一つの条件」（同上，789 ページ）．
14) ケアリに表出された「アメリカの雄大な諸関係」「アメリカ人のもつ世界性」（前掲「バスティアとケアリ」10 ページ）．
15) 前掲「要綱」『草稿集』①，96 ページ．

第11章
欧州の統合と経済システム

上 川 孝 夫

1. 欧州統合の歴史と理念

(1) 欧州統合の歴史

　グローバル化が進む世界経済のなかで，1999年1月，欧州において単一通貨ユーロが誕生した．周知のように，欧州統合運動の歴史は古いが，実際に展開をみせるようになったのは，第2次大戦後のことである．すなわち，1952年7月のECSC（欧州石炭鉄鋼共同体）の創設を皮切りに，58年1月にEURATOM（欧州原子力共同体）とEEC（欧州経済共同体）が創設され，これら3機関が統合して，67年7月にEC（欧州共同体）が結成される．その後，93年11月にECはEU（欧州連合）へと発展し，99年1月に単一通貨ユーロが導入されたのである．

　この間，EEC（のちのEC, EU）の加盟国数は拡大を続けた．すなわち，当初の6カ国から，1973年に9カ国，81年に10カ国，86年に12カ国，95年に15カ国となり，2004年5月には，新たに10カ国を加えて，「25カ国体制」となった．このうち，単一通貨ユーロに参加しているのは，95年当時の15カ国のうち，12カ国である（表11-1）．なお，04年の新規加盟国は，2年間のうちに経済収斂基準を満たせば，ユーロに参加することが認められる．また今後，EUの新規加盟，ないし加盟交渉を予定されている国がある．

　このような戦後の欧州統合の歩みは，より詳しく見ると，以下の4つの時期に分けられるように思われる[1]．

表 11-1　EU 加盟国とユーロ参加国

- 原加盟国（1958 年 1 月）
  ドイツ(*)，フランス(*)，ベルギー(*)，オランダ(*)，ルクセンブルク(*)，イタリア(*)
- 第 1 次拡大（1973 年 1 月）
  イギリス，デンマーク，アイルランド(*)
- 第 2 次拡大（1981 年 1 月）
  ギリシア(*)
- 第 3 次拡大（1986 年 1 月）
  スペイン(*)，ポルトガル(*)
- 第 4 次拡大（1995 年 1 月）
  オーストリア(*)，スウェーデン，フィンランド(*)
- 第 5 次拡大（2004 年 5 月）
  チェコ，エストニア，キプロス，ラトヴィア，リトアニア，ハンガリー，マルタ，ポーランド，スロヴェニア，スロヴァキア

注：1）　原加盟国は EEC．第 1 次〜第 3 次拡大は EC．第 4 次〜第 5 次拡大は EU．
　　2）　ドイツは東西統一前には旧西ドイツ．
　　3）　（*）印はユーロ参加国．

　第 1 期は，戦後から 1958 年までの準備期である．すなわち，52 年の ECSC，58 年の EURATOM，EEC と各共同体が創設されるが，前者は「パリ条約」，後 2 者は「ローマ条約」がそれぞれ創設の根拠法となっていた．つまり，戦後の欧州統合は，石炭・鉄鋼・原子力という重要な政治経済資源の共同管理に加えて，経済共同体（すなわち共同市場）の分野で着手されていくのである．これら各共同体の原加盟国は，西ドイツ，フランス，ベネルクス 3 国（ベルギー，オランダ，ルクセンブルク），それにイタリアの計 6 カ国であった．

　第 2 期は，1958 年から 69 年までの時期で，経済統合が進展した時期である．すなわち，欧州では域内貿易が拡大するとともに，68 年 7 月には共同市場の柱であった関税同盟が完成し，CAP（共通農業政策）がスタートした．ここで関税同盟とは，域内の関税や数量制限を撤廃するだけでなく，域外関税も共通のものにしようとする取り決めであり，一方，CAP は，域内の農業振興のため，農産物の共同市場を作ろうという政策だった．なお，67 年 7 月には，さきの ECSC，EURATOM，EEC の 3 機関が統合されて，EC が結成されている．

第3期は，1969年から79年にかけての時期であり，その出発点になったのは，69年12月に開催されたハーグ会議（EC首脳会議）であった．そこでは，ECの完成と拡大と深化の3つの目標が掲げられた．「完成」とは共同市場の完成を意味し，「拡大」とは新規加盟国の問題であり，当時最大の焦点はイギリスの加盟問題だった（同国は73年1月に正式加盟した）．一方，「深化」とは，欧州統合の目標としてEMU（経済通貨統合）を実現しようというものであり，この会議の依頼に基づいて，翌70年10月には『ウェルナー報告』がまとめられ，向こう10年間にEMUを段階的に実現するという計画が示された．だが，当時の国際通貨体制の混乱の中で，これは頓挫せざるをえなかった．その後，72年3月には「スネーク制度」が開始されるが，それは欧州域内通貨の為替変動幅を狭い範囲内に維持する制度だった．だが，これも当時の欧州が深刻なスタグフレーション（経済停滞と物価上昇が併存する現象）に直面する中で，離脱国が相次ぎ，結局，失敗したのである．かくて，この時期はユーロ・ペシニズム（欧州悲観論）に支配された時期だったといえる．

第4期は，1979年から現在に至るまでで，単一通貨ユーロの発足へとこぎつけた時期である．まず79年3月，スネーク制度を継ぐ形で，EMS（欧州通貨制度）が発足し，域内の為替変動幅を狭い範囲に維持する試みがなされた．さらに，この時期に欧州統合を大きく進展させる契機になったのは，89年4月の『ドロール報告』であった．そこでは，ふたたびEMUの計画を向こう10年間に3段階で完成させるという青写真が提案されており，実際，この提案によって単一通貨への歩みが進展したのである．

すなわち，まずEMUの第1段階として，1990年7月に域内の資本移動が自由化されるとともに，93年1月には単一市場が発足した．単一市場とは，共同市場をさらに進めて，数々の非関税障壁を撤廃し，商品・サービス・労働力・資本の域内の自由移動を進めるものであった．さらに，同年11月には「マーストリヒト条約」（欧州連合条約）が発効し，これにより単一通貨を実現するための経済収斂基準とスケジュールが示された．また，こ

の条約の結果,統合のレベルが深化したため,ECはEUへと名称を改めることとなった.次にEMUの第2段階として,94年1月にEMI(欧州通貨機構)が創設され,98年6月に,これを引き継ぐ形で現在のECB(欧州中央銀行)が創設された.そして,EMUの最後の第3段階として,99年1月に単一通貨ユーロが導入されたのである.

(2) 欧州統合の理念

欧州統合の進展の底流には,様々な統合理念や政治力学が存在していたことはいうまでもない[2].戦後の欧州統合の口火をきったのは,おそらく「チャーチル・プラン」(Churchill Plan)であろう.1946年9月,時のイギリス首相チャーチルは,スイスのチューリヒ大学での講演の中で,一種の「欧州合衆国」の創設を提唱したのである.これはイギリスをメンバーに含む構想であったが,そこには独仏間の戦争防止,対ソ連封じ込め,そして大陸欧州に対するイギリスの主導権確保,といった意図が込められていたとみられている.

一方,アメリカ合衆国は「米ソ冷戦」の開始という時代認識のもと,1947年3月,「トルーマン・ドクトリン」を発表し,西側陣営の育成と支援に乗り出したが,その一環として,同年6月に「マーシャル・プラン」(Marshall Plan)を発表した.これは欧州復興のために巨額のドル資金を援助する構想であり,48年から51年まで実施された.そして,この援助の導入・実施機関として創設されたのが,48年4月のOEEC(欧州経済協力機構)であった.一方,これに対抗して,ソ連も,東欧社会主義諸国との間で,49年1月にCOMECON(経済相互援助会議)を創設した.このOEEC(後のOECD)とCOMECONは,まさに戦後の「米ソ冷戦」を象徴する存在だったといえる.

アメリカの援助を受けて経済復興を進めた西欧諸国は,1950年代には,すでにのべたように「独仏枢軸」による3つの共同体を創設する.この統合に重要な役割を果たしたのが,フランスの実業家ジャン・モネであった.か

れは，特定の分野に超国家機関を創設して，欧州統合を推進するという手法を採ったが，イギリスは，このモネ・プランを超国家性の強い連邦主義的統合とみて，統合への参加を見送った．当時，イギリスは独自の対欧州構想を描いていたが，その1つが56年7月に公表された「プランG」であり，イギリスや独仏を含む欧州の広範な地域をカバーする自由貿易地域構想だった．自由貿易地域とは，域内の関税や数量制限の廃止にとどまるもので，関税同盟のように域外関税まで共通化するものではなく，ましてや超国家機関の創設まで進むようなものではなかった．

1958年11月，イギリスのこの構想に対して，フランスが拒否をした．そこで，イギリスは，60年5月，EECに未加盟の欧州6カ国とともに，EFTA（欧州自由貿易連合）を創設したのである．その加盟国はイギリスのほか，ポルトガル，オーストリア，スイス，スカンジナビア諸国（デンマーク，ノルウェー，スウェーデン）であった．だがアメリカからすれば，これは欧州同盟の前線であるOEECがEECとEFTAに分裂したことを意味したため，危機意識を募らせた．そこでアメリカは，60年12月，OEECを改組してOECD（経済協力開発機構）とし，カナダとともに，自らメンバーとなったのである．また，アメリカは62年10月，「通商拡大法」を成立させ，自由貿易地域を基盤とする太平洋共同構想を打ち出したが，これはイギリスの「プランG」に類似した性格をもつものだった．

イギリスは，その一方で，EEC諸国の急速な復興とその将来性を無視できず，1961年と67年の2度にわたってEEC/EC加盟の申請を行ったが，アメリカとの強い絆を嫌ったフランスのド・ゴール大統領によって，いずれも拒否された．イギリスがECに正式に加盟を認められたのは，ド・ゴール死後の73年1月のことだった．現在イギリスは，95年当時のEU15カ国のうち，デンマーク，スウェーデンとともに，ユーロ参加を見送っている．現労働党政権はユーロ参加を表明しているが，保守党は通貨主権を失うことに反発しており，先行きはまったく不透明である．

戦後の欧州統合については，それゆえ当初から政治統合との関連をめぐる

激しい議論があったことは，容易に想像できる．政治統合をめぐる議論は，米ソ冷戦の開始，朝鮮戦争，ドイツ再軍備問題とも絡んで，戦後の早い段階から始まっていた．1949年4月，アメリカはカナダを加えて，西欧10カ国とともにNATO（北大西洋条約機構）を創設した．これに対して，52年5月，ECSC6カ国は，やはりフランスのジャン・モネの構想を基礎に，欧州防衛共同体（EDC）の条約調印にこぎつけたが，54年8月，当のフランス議会の批准拒否にあい，頓挫している．これは主に，フランス議会の右派が超国家性の強い統合に反対したことと，左派が西ドイツの再軍備に反対したことによるものだった．55年5月，西ドイツが主権回復とともにNATOに参加するが，この背景には，NATOの枠内で，西ドイツに防衛負担を求めるという狙いもあった．そして同年6月のECSC6カ国によるメッシナ外相会議では，欧州独自の政治統合の目標を当面棚上げすることが合意されたのである．

かくて，欧州においては，EDCの頓挫の経験と，NATOの維持・強化という枠組みの中で，欧州独自の政治協力の道は遠のいていくのである．この場合，フランスの立場，とくにド・ゴール政権下のそれは，その大国意識から，超国家的統合は避け，国家主権を維持したうえでの政府間協力を推進しようとするものだった．この点ではイギリス，とくに保守党の立場と共通性があり，イギリスが政治統合に反対したのも，英連邦の盟主としての立場があった．だが，フランスは，アメリカの覇権にも強く反対していた点で，イギリスとは異なっており，66年7月には，アメリカ主導のNATO軍からも正式に脱退したのである．

その後，1970年代に入って，欧州政治協力の枠組みが再浮上してくる．同年11月には，EC外相理事会を隔年開催するとの合意にもとづいて，その第1回の会合が開催された．さらに，欧州統合の急進展，東西ドイツの統一，米ソ冷戦の終焉などを背景にして，93年発効の「マーストリヒト条約」においては，EU政策の柱として，共同外交・安全保障政策，司法・内務協力，欧州共同体の3つが明記されたのであり，ここに共同外交・安全保障政

策が,政府間協力の分野として,推進されることとなったのである.2004年3月に開始されたイラク戦争においては,米英の行動に対して,独仏が国連重視の姿勢を貫き,これに反対したことは記憶に新しい.そして現在,欧州統合の将来像について,EU憲法の制定,EU大統領・外相の設置などに関する議論が本格化してきている.将来のEUの政治の姿が,たんなる政府間協力を超えて,新たな「連邦国家」の創設に進むのかどうかが,今後の焦点である.

2. 欧州通貨統合の展開

さて,戦後の欧州統合の最大の産物が,単一通貨ユーロの誕生にあることは,言うまでもないであろう.欧州単一通貨ユーロは,1999年1月,EU 11カ国によって,非現金形態で導入された.ここで非現金形態とは,現金はまだ現れていないものの,計算単位として取引可能な為替取引や旅行者用小切手,銀行預金,債券取引などに使われ始めたということである.その後,2001年1月にギリシアが参加して12カ国となり,02年1月には現金形態のユーロが導入されるに至った.つまり,ユーロ建ての銀行券と硬貨の流通が開始されたのである.

この単一通貨ユーロ実現のプロセスで重要な鍵となったのは,次の3つの要素であった.すなわち,安定通貨圏の構築,通貨バスケットの創出,そして通貨協力基金の創設,である.また,これらは,近年議論が活発化している東アジア通貨協力をめぐる問題を考えるうえでも,重要な論点である.以下,順にみることにしよう[3].

(1) 安定通貨圏の構築

戦後の欧州にとっては,域内の為替相場の安定性を維持することが,極めて重要な課題だった.周知のように,戦後の国際通貨体制は,ブレトンウッズ体制として出発した.ブレトンウッズ体制の特色は,金ドル交換性と固定

相場制にあった．すなわち，アメリカが金1オンス＝35ドルの割合でドルの金交換に応じるとともに，アメリカ以外の国は自国通貨の平価を金ないしドルに対して設定し，対ドル平価の上下各1％の範囲内に為替相場の変動幅を維持する義務を負ったのである．

だが，戦後当初の西欧諸国では，外貨（とくにドル）不足が深刻であり，貿易や為替取引を制限していた．このような国は，IMF 14条国と呼ばれる．そこで西欧諸国では，1950年9月，外貨を節約しつつ，貿易と為替の自由化を図るため，EPU（欧州決済同盟）が創設された．これは，EPU加盟国の債権債務をBIS（国際決済銀行）に持ち寄り，そこで決済と信用供与を行なうとするものだった．そして，そこにアメリカのマーシャル・プランによるドル援助が行われたのである．その後，西欧の経済復興につれて，ドル不足は次第に解消し，58年12月，西欧主要国は，非居住者に対して，経常取引に関する通貨の交換性を回復する．そして，61年4月には，居住者に対しても同様の措置をとり，IMF 14条国から同8条国へと移行するのである．

ところで，1960年代は「ドル危機」の時代だったが，その影響は欧州主要通貨にも及び，61年3月には独マルクと蘭ギルダーの切り上げ，また69年には仏フランの切り下げや独マルクの一時的な変動相場制への移行などがなされた．この間，域内諸国の貿易依存度が高まり，関税同盟やCAPなどの共同市場も進展したため，域内へのドル変動の悪影響を小さくし，為替相場の安定性を維持する必要性が高まった．この課題が実際に試みられたのは，ブレトンウッズ体制が崩壊する70年代のことであった．それが，スネーク制度とEMS（欧州通貨制度）にほかならない．

スネーク制度は，域内の為替変動幅を狭い範囲に維持する制度であり，1972年4月に開始された．当時は，71年8月の金ドル交換停止を経て，同年12月に合意された「スミソニアン体制」のもとにあった．同体制では，主要通貨の対ドル中心相場の許容変動幅を上下各2.25％とするワイダー・バンドが採用されていたが，この変動幅だと域内通貨間の為替変動幅はその

2 倍の上下各 4.50％ に開くことになる．そこで，許容変動幅をその半分の上下各 1.125％ に縮小することにしたのである．また，その場合，許容変動幅の上下限に張り付いた 2 つの通貨国（強い通貨国と弱い通貨国）の中央銀行の双方が，為替市場に介入するものとされていた．だが，同制度は，スタグフレーションの進展や域内経済格差を背景に，フランスなど離脱国が相次ぎ，結局は頓挫するのである．

EMS は，このような状況のもとで，域内に安定した通貨圏を再構築すべく，1979 年 3 月に創設された制度である．EMS において固定相場制を維持する仕組みは，ERM（為替相場機構）と呼ばれていたが，その仕組みはスネーク制度と基本的に同じものだった．この ERM においても，80 年代前半には，域内の経済格差が大きく，87 年 1 月までに 11 回に及ぶ平価の再調整が実施された．とくに，独マルクや蘭ギルダーが切り上げられる一方，仏フランや伊リラなどが切り下げられた．

また，1990 年代の初頭にも，欧州では，資本移動の自由化を背景にした，大規模な通貨危機が発生した．まず，92 年 9 月には，英ポンドと伊リラが投機の対象となり，ERM から離脱した．また，93 年 8 月には，仏フランが投機の対象となり，その結果，ERM の許容変動幅は上下各 2.25％ から上下各 15％ へと拡大されてしまった（独マルク・蘭ギルダー間を除く）．これは，事実上の変動相場制といってもよく，欧州通貨統合に致命的な打撃を与えたかに思われたが，西欧諸国はその後も EMU 計画を放棄することなく，93 年の「マーストリヒト条約」に定められた経済収斂基準の達成を目指して，ユーロ参加への条件を整えていくのである．そして，99 年 1 月，11 カ国で単一通貨ユーロの発足にこぎつけたのである．

(2) 通貨バスケットの創出

次に重要な要素になったのは，通貨バスケットの創出である．通貨バスケットとは，複数通貨のバスケットで構成される通貨単位のことである．戦後欧州では，通貨バスケットの創出に至る以前に，UA（計算単位）があった

が，その後，通貨バスケットとして，EUA（欧州計算単位）やECU（欧州通貨単位）が創出されることとなった．

まず，UAは，EPUの計算単位として利用されていたものである．すでにのべたように，戦後の西欧諸国では，外貨を節約しつつ，貿易と為替の自由化を図るため，1950年にEPUが創設されていたのであるが，その計算単位として使用されたのがUAであった．このUAの金価値は1UA＝純金0.8887グラムであり，当時の1ドルと等しい価値をもっていた．

次に，EUAは，1962年10月に創出されたもので，CAPの計算単位として利用されていた．このEUAの金価値もUAのそれと同じであり，それゆえドルと等価であった．EUAは，71年にCAPにおける利用が停止されたが，次に述べる73年6月に創設されたEMCF（欧州通貨協力基金）において使用されることとなった．このEUAが画期的だったのは，75年2月に，それまでのドル等価という状態から離れて，当時のEC9カ国通貨で構成される通貨バスケットとなったことである．すなわち，1EUAが，EC9カ国の通貨価値の加重平均で計算されるようになったのであるが，これは「脱ドル」の一歩を記すものとして特筆されることであった．

最後に，ECUは，すでに述べた1979年発足のEMSのもとにおいて創出されたもので，EUAの性格を基本的に引き継いでいた．すなわち，ECUは，EC9カ国通貨で構成される通貨バスケットであった．ところで，ECUが画期的だったのは，それがEMS参加国の保有する金・ドル準備の各20％を，4半期ごとのスワップの形で，EMCFに預託するのと見返りに創出されたことである．さらに，ECUは参加国中央銀行の相互介入に伴う債権債務を決済する手段としても利用された．

ECUは，このように公的レベルにおいて創出されたものであり，それゆえ「公的ECU」と呼ばれる．しかし，公的レベルで創出されたとはいえ，それは各国の銀行券のように「法貨」（法律で貨幣と認められたもの）としての性格は与えられておらず，貨幣制度面において未成熟の面を残していた．だが注目すべき点は，民間部門において，この公的ECUと同じ構成と価値

表 11-2 ユーロ参加国通貨のユーロに対する換算レート

国		レート	通貨
ベルギー		40.3399	BEF（フラン）
ドイツ		1.95583	DEM（マルク）
ギリシア		340.750	GRD（ドラクマ）
スペイン		166.386	ESP（ペセタ）
フランス		6.55957	FRF（フラン）
アイルランド	1ユーロ=	0.787564	IEP（ポンド）
イタリア		1936.27	ITL（リラ）
ルクセンブルク		40.3399	LUF（フラン）
オランダ		2.20371	NLG（ギルダー）
オーストリア		13.7603	ATS（シリング）
ポルトガル		200.482	PTE（エスクード）
フィンランド		5.94573	FIM（マルッカ）

出所：駐日欧州委員会代表部のホームページ（http://jpn.cec.eu.int）より作成．

をもつECUが自生的に創出されたことである．これは「民間ECU」と呼ばれる．この民間ECUは，貿易取引では余り利用されなかったものの，その通貨バスケットとしての性格から，為替リスクや金利変動リスクに対するヘッジの役割が評価され，とくに債券市場や銀行貸出・預金などの計算単位として利用されるようになった．

ところで，1999年に発足した単一通貨ユーロは，まさに，このECUを直接引き継ぐ形で導入されたものであった．つまり，1ECU＝1ユーロという関係にあり，ユーロ参加国はそれぞれ自国通貨のECUに対する換算比率に基づいて，自国通貨をユーロに転換したのである（表11-2）．いいかえれば，ECUは，ユーロへの転換によって，その通貨バスケット性を払拭し，単一通貨へと脱皮して「法貨」になったのである．

(3) 通貨協力基金の創設

第3に重要なのは，欧州独自の通貨基金が創設されたことである．現在のECB（欧州中央銀行）も，まさにその延長線上に位置づけることができるのである．

すでにのべたように，欧州においては，1960年代のドル危機を経て，70年代の変動相場制に入ると，域内の為替相場の安定性を維持する必要性が高まった．それを具体化したのが72年のスネーク制度であったが，域内の為替安定のためには，域内の通貨当局が相互に介入する場合に必要となる外貨を相互に融通する仕組みを整備しておくことが必要になる．そのため，70年代に入ると，域内の信用制度が整備されたのである．

まず，1970年2月，EC中央銀行総裁会議（64年創設）は，中央銀行間の信用制度としてSTMS（短期通貨援助制度）を創設した．また，71年3月には，EC蔵相理事会によって，MTFA（中期金融援助制度）が創設されたが，これは政府間信用であった．さらに，スネーク制度がスタートした72年4月には，EC中央銀行総裁会議が，同じく中銀間信用として，VSTF（超短期融資制度）を創設したのである．

以上は，あくまでも既存の政府なり中央銀行間の直接的な信用制度であり，特別の第3者機関を創設したものではなかった．これに対して，この第3者機関として創設されたのが，1973年6月のEMCF（欧州通貨協力基金）であった．当時はスネーク制度が稼働しており，同制度参加国の中銀の相互介入に伴う債権債務は，当該2中銀間で双務的に処理されていたが，それがEMCFの創設によって，EMCFに対する債権債務に置き換えられ，そこで決済と信用が行われるようになったのである．また，それに併せて，中銀間信用であったVSTFとSTMSの業務も，EMCFの管轄のもとにおかれるようになった．

EMCFの機能は，1979年に発足したEMSのもとにおいて，さらに強化された．まず，すでにのべたように，EMS参加国の保有する金・ドル準備の各20%が，4半期ごとのスワップの形でEMCFに預託され，これの見返りにECUが創出されるようになった．つまり，ここではじめて，参加国の対外準備の一部が，第3者機関にプールされるという仕組みが作られたのである．また，参加国中銀間の債権債務の決済手段についても，外貨，SDR，IMF準備ポジション以外に，ECUが利用されるようになり，さらに87年

9月の「バーゼル・ニーボルグ合意」により，ECUによってその全額を決済することも可能になったのである．

このEMCFの業務は，1994年1月にEMI（欧州通貨機構）に引き継がれ，さらに98年6月には，このEMIを引き継ぐ形で，現在のECB（欧州中央銀行）が創設されたのである．ECBの創設とユーロ導入の結果，ユーロ参加国は，その対外準備の一部を，従来のようなスワップという期限付ではなく，対ECBの預ヶ金を得るのと引き換えに，ECBに移管したのである．その際，ユーロ参加国がECBに移管した額は394.6億ユーロであり，そのうち15％は金，残りはドルと円であった．かくて，欧州においては，中央銀行間協力と通貨協力基金の創設を経て，最終的に単一通貨ユーロの発行権限を有するECBの創設へと至ったのである．

3. 欧州単一通貨ユーロと経済システム

(1) 単一通貨ユーロと経済政策

単一通貨ユーロの導入によって，欧州経済の枠組みは，どのようになっているのであろうか．ここには2つの重要な分析視角があると考えられる．1つは域内経済政策との関連であり，もう1つは国際経済との関係である．まず，前者の問題からみることにしよう[4]．

単一通貨ユーロ導入の結果，ユーロに参加している12カ国（以下，ユーロ圏と呼ぶ）における経済政策は，独特の形で運営されることとなった．すなわち，これをマクロ政策についてみれば，金融政策と為替政策の権限は，ユーロシステムに一元化される一方，財政政策の権限は，依然として参加国に残されるという，二重構造になったのである．なお，ここでユーロシステムとは，ECB（欧州中央銀行）とユーロ参加国の中央銀行から構成される組織のことである．

まず，金融政策についてみると，ユーロシステムの金融政策の最終目標は，物価安定の維持におかれている．これはインフレ・ファイターとして鳴らし

たドイツ連邦銀行の最終目標を引き継いだものと考えられている．具体的には，HICP（総合消費者物価指数）の対前年比伸び率に数値目標が導入され，それを中期的に達成することが課題とされている．

次に，金融政策手段としては，常設ファシリティ，公開市場操作，準備預金制度がある．このうち，常設ファシリティと公開市場操作は，当局が短期市場金利を誘導するために，日常的に使われているものである．常設ファシリティには，限界貸付ファシリティと預金ファシリティがある．これはそれぞれ当局の預金取引と貸出取引を指している．また，公開市場操作には主要リファイナンシング・オペ，長期リファイナンシング・オペ，微調整オペ，構造オペがある．このうち最も重要なのは主要リファイナンシング・オペであり，債券の売戻し付き（ないし買戻し付き）売買のことである．

さらに，このような最終目標と金融政策手段との間に，マネーサプライの増加率と幅広い金融・経済指標という，2つの柱が設定されている．マネーサプライの増加率としては，M_3の対前年比伸び率が，政策運営の参考値として設定されている．また，幅広い金融・経済指標としては，賃金，為替相場，債券価格，利回り曲線，実体経済など，多数の指標が利用されている．つまり，ユーロシステムの金融政策運営は，各種の金融政策手段によって，短期市場金利を誘導しながら，マネーサプライの増加率や，幅広い金融・経済指標に与える影響を分析・モニターし，最終目標である物価の安定を維持しようというものにほかならないのである．

一方，為替政策については，すでにのべたように，ユーロの導入後，ユーロ参加国が有する対外準備の一部が，ECBへ移管された．ECBは，この対外準備を使用して，為替市場への介入を行うことになる．ただし，それは物価安定の維持という金融政策の最終目標に抵触しないことが前提となっている．ユーロ圏においては，金融政策の目標から独立して遂行されるアクティブな為替相場政策というものは存在せず，ユーロの為替相場も，すでにのべたように金融政策運営にあたっての金融・経済指標の1つとして取り扱われているのである．

第11章 欧州の統合と経済システム

このように,ユーロの導入後,金融政策と為替政策の権限はユーロシステムに一元化されたのに対して,財政政策の権限については,各参加国の手に留保されている.しかしながら,ユーロ導入後においても,物価安定の維持という金融政策の最終目標との整合性を維持する観点から,参加国の財政規律を遵守させる仕組みが存在している.それが「安定成長協定」(Stability and Growth Pact)である.これは1996年12月のダブリンEU首脳会議において合意されたもので,過剰な財政赤字を回避するために,参加国の財政赤字は,原則として,その対名目GDP比の3%以内に抑えることとされている.

ところで,こうした財政政策が参加国に留保されたことについては,既にみたような,1970年の『ウェルナー報告』と1989年の『ドロール報告』との異同にも注目しておかなければならない.両者はともにEMUの達成に向けて10年間を想定した漸進的アプローチを採用していたのであるが,両者の重要な相違点は,前者がEU予算の大幅な増加をはじめ,経済政策の意思決定の集権化を意図していたのに対して,後者は集権主義を抑制して,財政政策の部分的分権主義を取り入れていたことである.この変化の背景には,世界同時的な分権の潮流も反映されており,欧州では,EUのもとで経済統合の枠組みを広げる一方で,分権化のシステムを同時に導入しようとしているのである.

以上は,ユーロシステムにおける金融・財政政策,為替政策というマクロ政策の動向であるが,ユーロシステムの経済政策を考える場合には,構造政策というミクロ次元の政策にも触れておかなければならない.すなわち,ユーロのような単一通貨圏のもとでは,各国の景気循環や経済構造が異なる場合には,単一の経済政策では,対応がむずかしくなりやすい.例えば,参加国に景気循環のズレが存在する場合,一元的な金融政策では,好況国と不況国のいずれに焦点を合わせるのかという問題が発生する.為替政策も一元化されているから,不況国が自国通貨を安くするといった近隣窮乏化的な政策を採用できない.また,財政政策についても「安定成長協定」による制約が存

在しているのである[5]．

ここから，ユーロ圏においては，構造政策の重要性が強調されるようになっている．それは，例えば，域内の労働力の移動性を高めるような政策である．そうすれば，労働力は不況国から好況国へ移動することにより，賃金は平準化し，雇用も確保できるものとされているのである．だが実際のところ，ユーロ圏においては，それほど労働力の移動性は高くない．また，そもそも，そのような構造政策は，マクロ政策とは違って，中期的なタイム・スパンをもつ課題であり，短期的なマクロ政策に代わりうるものではない．しかしながら，欧州においても新自由主義的な構造政策が進行しており，そのもとで，とくに大陸欧州の一部にある協調的な労使関係や，北欧諸国に代表される福祉国家システムがどうなるのかが，重要な係争点となっている[6]．

(2) 単一通貨ユーロと国際経済

国際経済関係で言えば，ユーロの導入以来，ユーロの国際化が進展しつつあることに注目しておきたい．ここで，ユーロの国際化とは，ユーロ圏外の非居住者によってユーロが国際的に使用される事態を指している[7]．

例えば，世界の公的対外準備に占めるユーロのシェアをみると（表11-3），2001年末現在で，米ドルが75.1％，ユーロが14.3％，円が5.4％となっている．ユーロはドルに大きく水を開けられているが，これは独マルクや仏フランなどを外貨として保有していた域内諸国が，これを国内通貨ユーロに切り替えたことにより，外貨として計上されなくなったという特殊要因によるところも大きい．ただ，発展途上国によるユーロの保有は16.9％と増加傾向にあり，さらに近年，中国，韓国，

表11-3 ユーロとドル・円との比較

(％)

	1999年	2001年
外貨準備		
ドル	75.0	75.1
ユーロ	13.9	14.3
円	6.0	5.4
国際債発行		
ドル建て	43.9	45.0
ユーロ建て	36.7	35.1
円建て	5.5	6.9

注：外貨準備は年末．国際債はグロス発行額．
出所：IMF, *Annual Report*, 2002; BIS, *International Banking and Financial Development*, various issues, より作成．

第11章 欧州の統合と経済システム

ロシア，パキスタン，ルーマニアなどが，対外準備に占めるユーロのシェアを増やす予定であることを公表している．一方，国際債の新規発行についても，ユーロはドルに匹敵するシェアを占めるようになっている．例えば，2001年の実績をみると，ドル建てが45.0％，ユーロ建てが35.1％，円建てが6.9％となっている．

もっとも，現在のユーロの国際化は，ドルとは異なる特徴をもっている．端的に言って，ドルがグローバルな国際通貨であるのに対して，ユーロは強い地域的偏向をもっていることである．例えば，貿易取引においては，ユーロはユーロ圏に地理的に近接する国を中心に使用されるにとどまっている．また，国際債の発行についても，ドル建て債券の場合には，グローバルな機関投資家が買い手の中心であるのに対して，ユーロ建て債券の場合には，その大部分がユーロ圏の投資家であることである．

ところで，ECBは，このようなユーロの国際化について，どのように捉えているのであろうか[8]．ECBは，ユーロの国際的利用に関しては，ニュートラルなスタンスを維持する，つまりユーロの国際化を促進しもしないし妨げもしない，それはグローバルな市場参加者によって決められる，という見解を表明している．同時に，ECBは，ユーロの国際化が徐々に進展しつつあることも認めており，その実態を監視・分析することの必要性を強調している．そして，その1つの理由として，ユーロ圏外の現金需要や，国際資本移動の活発化が，ECBの金融政策運営に与える影響を指摘しているのである．

このように，ユーロの国際化が進展しているが，しかしそこには米ドルにない経済政策面の特殊性が存在することにも注意しておく必要がある．すなわち，第1に，財政政策面においては，アメリカのような単一の経済財政主体が存在せず，また「安定成長協定」による財政節度が課せられていることである．それゆえ，域内諸国の景気循環のズレにどのように対処するかという問題が残されているとはいえ，アメリカのような巨額の財政赤字を計上するような通貨にはなりにくいとも予想されるのである．第2に，金融政策面

においても，ECBの中央銀行としての独立性と物価安定志向が高いことである．この点で興味深いのは，ECBが，この間のユーロ国際化の進展を，同行の物価安定維持政策によるものとし，ユーロを「安定した国際通貨」と特徴づけていることである．

ところで，欧州の単一通貨ユーロの導入は，近年急速に進展してきたグローバリゼーションに対する欧州の対応という面もあったと考えられる[9]．最近のグローバリゼーション論では，市場と国家の関係性が問われているが，両者の間をつなぐ地域経済圏の視点も重要である．アメリカは1990年代にグローバリゼーションを主導し，そこから多大な恩恵を享受したが，それはまた国際通貨ドルの流通領域を拡大する試みであった．これに対して，欧州は，1990年代に単一の地域通貨圏に向けた取り組みを本格化させ，通貨主権の共同行使（諸国家の合意）という道を選択することで，グローバリゼーションへの対応を図ったともいえる．また，それは，アメリカ一国中心の覇権システムをチェックし，新たな国際秩序を構築する試みとみることもできる．もっとも，そこには欧州の一部大国による覇権主義や帝国の論理が持ち込まれる危険性も残されており，欧州統合の本質ともいえる「不戦共同体」という理想が今後維持されるのかどうかが問われている．

ともあれ，現在のところ，欧州の単一通貨ユーロには，アングロ・サクソンとは異なる欧州独自の理念が投影されているとみることができる．かりにユーロの国際化が一層進展し，ドル・ユーロの複数基軸通貨体制が形成されるとしても，ユーロはドルと異なるタイプの通貨になることも予想されるのである．現在までドルの一極集中が続いてきたのは，アメリカの政治経済的基盤の大きさに加えて，ドルに匹敵する国際通貨が存在していなかったという事情もある．1980年代半ばに独マルクと日本円が国際通貨の一角に仲間入りしたかに見えたが，マルクは西欧の地域的な基軸通貨としての地位を超えるものではなかったし，円もバブル崩壊とともに低迷するに至った．これに対比すると，ユーロは，ECBの意図はともかく，ドルに対する初めての「対抗通貨」の出現という面を有している．欧州単一通貨ユーロは，グロー

第11章　欧州の統合と経済システム　　　　　　　　　　　217

バリゼーション，そして国際関係の行方に，大きなインパクトを与えることが予想されるのである．

注
1) 以下，第2次大戦後の欧州統合について詳しくは，田中素香『欧州統合』有斐閣，1982年，島崎久彌『ヨーロッパ通貨統合の展開』日本経済評論社，1987年，Vanthoon, W.F.V., *European Monetary Union since 1848*, Edward Elger, 1996, 島崎久彌『欧州通貨統合の政治経済学』日本経済評論社，1997年を参照．
2) 以下は，Reis, J., ed., *International Monetary System in Historical Perspective*, Macmillan Press and St. Martin's Press, 1995, Vanthoon, W.F.V., *European Monetary Union since 1848*, Edward Elger, 1996 を参照．
3) 以下，欧州通貨統合については，田中素香編『EMS：欧州通貨制度』有斐閣，1996年，田中素香・藤田誠一編『ユーロと国際通貨システム』蒼天社出版，2003年，上川孝夫「ユーロと欧州通貨協力」田中素香・春井久志・藤田誠一編『欧州中央銀行の金融政策とユーロ』有斐閣，2004年を参照．
4) 以下，ユーロ圏の経済政策の枠組みについては，European Central Bank, *The Monetary Policy of the ECB*, 2001, European Central Bank, "The Economic Policy Framework in EMU", *Monthly Bulletin*, Nov. 2001 を参照．
5) 実際，ユーロの導入後，ユーロ参加国の経済成長率やインフレ率の格差には大きいものがあり，また失業率（EU加盟国平均）も高水準で推移している．現に独仏両国においては景気低迷と高失業率から，2003年に名目GDP比で3％を超える財政赤字を記録しており，「安定成長協定」に抵触するものとして，問題視されている．2003年11月には，欧州委員会は独仏両国の財政赤字を是正するよう勧告を出したが，ECOFIN（EU経済相・蔵相理事会）はこの勧告を拒否する決定を行った．この決定に対しては，ECBも深い憂慮の念を表明した（European Central Bank, *Press Release*, 25 Nov. 2002）．今後，「安定成長協定」の見直しや，域内財政トランスファー制度の強化などが課題になるものと考えられる．
6) 星野郁「グローバリゼーション下の欧州統合とユーロの課題」，紺井博則・上川孝夫編『グローバリゼーションと国際通貨』日本経済評論社，2003年を参照．
7) 以下，ユーロの国際化の現状については，European Central Bank, *Review of the International Role of the Euro*, Dec. 2002, European Central Bank, *Review of the International Role of the Euro*, Dec. 2003 を参照．
8) 以下，ユーロの国際化に関するECBの考え方については，European Central Bank, "The Economic Policy Framework in EMU", *Monthly Bulletin*, Nov. 2001 を参照．
9) 以下，近年の金融グローバリゼーションについては，上川孝夫・新岡智・増田正人編『通貨危機の政治経済学』日本経済評論社，2000年，上川孝夫「金融グロ

ーバリゼーションと国際通貨システム」『歴史と経済（旧土地制度史學）』第179号，政治経済学・経済史学会（旧土地制度史學会）編，農林統計協会，2003年，紺井博則・上川孝夫編前掲書，川波洋一・上川孝夫編『現代金融論』有斐閣，2004年を参照．

第12章
東アジア経済システムと共同体構想

岩 田 勝 雄

1. WTOシステムの展開と東アジア

　WTOへの加盟国拡大に伴う世界貿易システムの進展は，日本を含めた東アジア諸国・地域（ASEAN 10カ国，中国，韓国，台湾，香港）の産業構造の転換，国際分業関係の再編を促すこととなった．

　1995年WTOは発足し，今日では加盟国が148カ国となっている．WTOの前身であるGATTの加盟国は100カ国にも充たなかった．それが2001年，中国の加盟に象徴されるように先進国はもちろんのこと多くの発展途上諸国が加盟している．WTOはGATTと相違して加盟国に罰則規定もある国際機関である．最近アメリカは輸入規制などの保護主義的政策を広汎に講じている．こうしたアメリカの政策に対してEUあるいは日本がWTOに提訴するという事態も生じた．これまでのアメリカは，自国産業の維持のために「アメリカ通商法」を盾とした対外貿易政策を行ってきた．その内容は日本あるいはアジア諸国からの事実上の輸入制限であり，自国産業のための保護主義政策であった．ところがWTOは，自由貿易主義の旗手であったアメリカさえもEU，日本あるいはアジア諸国から提訴される事態を生じさせているのである．WTOの理念は自由貿易の推進であり，サービス貿易，直接投資などの自由取引の保証である．さらにWTOは農業貿易の自由化，知的所有権の保護など大企業やアグリビジネスによる世界大での活動を保証するシステムの構築を目指している．したがってアメリカの通商政策は，必

ずしもWTOの精神とは一致しないことを明らかにしたのであった．

　WTOは，今日の経済のグローバル化現象を支える象徴的なシステムとなっている．WTOは，いわば市場万能主義あるいは新古典派経済モデルの世界大での適用であり，発展途上諸国も含めて資本，商品，労働などの自由な移動によって各国が「均衡的」に発展する「理想のシステム」すなわち市場競争を通じて強者の論理が貫くシステムの構築を目的としている．多国籍企業を中心とした企業のグローバル展開がWTOシステムの進展を要請しているのである．

　日本はこのWTOシステムに適応する経済体制を構築することが使命であるかのように国内・国際経済関係の整備を行ってきたのであった．小泉内閣が提示した「構造改革」は，まさにWTOシステムの適用政策である．ところがWTOに加盟している先進国および発展途上諸国の実態は，一方ではWTOの規約に則りながら自由貿易を推進し，他方では自国産業の保護あるいは差別的な地域主義をより強固に行おうとしているのである．

　地域主義は，EU，NAFTA，ASEAN，MERCOSURなどの経済統合の推進によって明らかになっている．EUは2002年ユーロの流通によって経済統合の進展・地域主義を一層推進しようとしている．さらにEUはポーランド，チェコ，ハンガリー，スロバキア，スロベニアなどの旧東欧諸国の正式加盟を承認した．EUはこれらの新規加盟国および加盟申請国を併せると人口5億人でNAFTAを凌駕し，さらにアメリカのGDPに匹敵する経済規模となる．EUは，まさにアメリカに対抗する，あるいはWTOへの挑戦ともいえる地域経済統合・地域主義の内容をもって進展している．

　アメリカはEUに対抗する地域経済圏として1994年NAFTAを形成した．アメリカ，カナダ，メキシコの3カ国によるNAFTAは，人口4億人，2002年のGDP 11.4億ドルの巨大経済圏である．アメリカの自動車，電子・電機産業は，1990年代後半から競争力を増し企業利益の拡大もあった．その要因の1つは，メキシコでのマキラドーラ（保税加工区）利用によって安価な部品が供給されるようになったからである．20世紀末の自動車・電

子・情報産業などでのアメリカ経済の一人勝ちは，第1に世界各国で蓄積されているアメリカ・ドルが還流したこと，第2に中国・東南アジア諸国などの低価格商品の輸入によるコスト低下および消費の拡大，第3にメキシコの低賃金利用によるコスト削減が主要因となっている．またアメリカは2003年に中米4カ国とFTAAの締結を行い，さらに北，中央，南アメリカ34カ国と2005年までにアメリカ自由貿易地域を発足する計画である．こうしたアメリカの政策は，日本をはじめEU，東南アジア諸国に市場開放・自由貿易の推進などのWTOを基軸とした市場万能主義を浸透させようとし，他方ではNAFTA・FTAAなどの地域主義政策を一層推進しようとしているのである．21世紀の世界貿易システムは，WTOシステムの浸透のなかで地域主義・地域経済統合が進展している．その中で東アジア諸国・地域は新たな経済システムの構築を要請されている．それは中国を含めた東アジア諸国が対等，平等，互恵，平和共存，内政不干渉，相互経済協力を推進するシステムの構築であり，いわゆる「東アジア経済共同体」ともいうべき地域統合を視野に入れた地域経済システムである．

2. WTOシステム下での中国の高度経済成長

(1) 中国経済成長の軌跡

東アジア経済発展の象徴である中国は2001年末のWTO加盟によって開放政策を一層推進していくこととなった．中国は977品目の関税率を1998年平均22.7%から2005年に9.3%に，小麦，トウモロコシ，綿花などは低関税率を適用するとともに輸入割当制度を実施する．その他の輸入禁止措置，輸入数量制限措置，輸出補助金を撤廃する．外資系企業に関する規制を緩和する．流通部門を開放する．外国銀行による人民元の業務を認める．さらに農業に関しては補助金を生産額の8.5%にまで削減するなどの措置を講じることになった．

中国の貿易は急速に拡大しているが，その規模は2003年に輸出入合計

8,000億ドルを超えた．とりわけアメリカとの貿易は拡大傾向にあり，アメリカの最大輸入赤字国となった．中国の輸出は機械類，電子・電機など工業製品を主軸にしている．そのなかで企業別輸出は，国有企業43％，外資系企業50％，その他7％となっており，輸入においても国有企業42％，外資系企業52％，その他6％であり，貿易拡大における外資系企業の寄与率は大きいのである．

中国はいまや「世界の工場」になりつつあるが，とくにハイテク製品の生産において顕著である．外資系企業による中国でのハイテク生産は増大しており，世界全体に占める比率（2002年）もDVDプレーヤー54％，携帯電話28％，ノート型パソコン12％，デスクトップパソコン30％，デジタルカメラ13％などとなっている．また家庭電器製品の世界シェアも増大し，エアコン44％，カラーテレビ27％，ビデオデスクレコーダー33％でこれらは世界最大の生産国になっている．さらにオートバイは世界の約半分の生産を担い，粗鋼生産は日本の生産の約2.5倍以上の年間2億5,000万トンを超えている．

中国は輸出拡大の中で輸入も増大傾向にある．いまや中国は日本の輸出市場としてアメリカと並ぶ重要市場になった．台湾にとっても中国は重要な輸出市場になりつつある．これまでの台湾の輸出第1位はアメリカであったが近年は中国になった．また台湾企業の直接投資も拡大し，2002年には30億ドルに達している．中国は台湾との関係はいわゆる3通（直接の通信，通航，通商）を実現することで将来の方向性を探ろうとしている．

中国はアジアを中心とした貿易の拡大をめざす施策を追求してきている．2001年にASEANとのFTA構想を提唱し，2002年には枠組み協定の署名と交渉を行い10年以内の締結をめざすこと，2010年に関税を撤廃することを明らかにしている．ASEANの中国向け輸出は増大傾向にあり，2002年には日本を抜いて第1位となっている．ASEANから中国への主要な輸出品は電子部品であり，中国で現地生産している日本や欧米企業向けの部品である．

(2) 外資導入政策の展開

　中国の貿易が拡大したのは国際競争力が急速に強化したからである．国際競争力が増大した要因は，第1に，アメリカを中心とした輸出市場が拡大したこと．とくに1980年代後半からアメリカ経済は景気が拡大し，輸入も増大した．そのなかで中国は低価格製品の輸出をアメリカ，さらにはヨーロッパ，日本に拡大した．第2に，中国は国有企業改革に代表されるように，企業に競争原理を導入することによってコストを低下させただけでなく，輸出目当ての生産体制を構築した．第3に，国有企業あるいは郷鎮企業はこれまで過剰な人員を抱えていたが，社会保障，教育制度，住宅制度などの一定の改革によって労働者数の削減が可能になった．第4に，国内において一部の富裕層の出現は耐久消費財などの国内市場の拡大を可能にした．第5に，改革・開放路線の拡大は，沿海地域を中心に外資導入・外国技術導入を容易にしたのである．もちろん中国が外資導入を拡大できた背景には，世界市場でのアメリカ・ドルの大量過剰流通があったからである．すなわち中国は過剰ドルの処理地として，また多国籍企業の進出拡大地域として位置づけられたのであった．

　2002年の世界の直接投資は27％減少するなか，中国のみ増大した．1979-89年までの中国の直接投資受け入れは，件数で22,000件，金額で契約額340億ドル，実行額172億ドルであった．1990年以降中国投資は飛躍的に増大する．1993年は投資件数83,000件，契約額1,140億ドル，実行額275億ドルとそれまでの10年間の投資件数・投資額を1年間で超えたのであった．その後も投資件数こそ減っているが，投資額はほとんど変わらずに推移している．2001年の対中投資は香港，アメリカ，日本，台湾，韓国，シンガポールの順になっているが，近年EUからの投資が増大傾向にある．とくにEUは，ハイテク・情報産業を中心とした大規模投資を行ってきている．

　中国の外資導入は，中央政府および地方政府の開放政策，外資導入・企業誘致政策の結果でもあるが，同時に東アジアが「世界の成長センター」として多国籍企業の海外展開の領域に巻き込まれていることの反映でもある．む

しろ中国の外資導入政策の積極的展開は，多国籍企業進出による中国経済への基盤形成の意味をもっているということもできる．多国籍企業の海外進出は，先進諸国での市場確保・拡大，発展途上諸国での低コスト生産という棲み分け的な目的を持って行われている．中国への進出は，低コスト生産が可能であり，投資国への逆輸出および第3国への輸出と，標準化された商品の中国市場での販売という2つの目的で行われている．したがって中国は多国籍企業の世界的な生産体制に巻き込まれれば巻き込まれるほど，輸出は増大し，また国内市場も拡大することになる．さらに多国籍企業の中国進出は，中国を世界的生産体制の網の目に組み込んでいくことであり，それが貿易，外資導入などにあらわれているのである．また中国は貿易収支の黒字額が大きくなり，巨額の外貨準備のもとで中国人民元の切り上げも要請されるほどになっている．

(3) 外資の波及効果

中国の産業育成政策は，基幹産業である自動車産業にのみ特徴的に現れているのではなく，製造業の近代化政策全体すなわち国有企業の改革，競争力拡大，技術集約産業の導入など全域で生じている産業の再編である．こうした状況は，中国経済の市場経済化を促進する起爆剤になっているとともに，多国籍企業による世界的な生産配置に巻き込まれていること，さらに巨額な過剰資本の貴重な投資先として位置づけられていることを示している．国際的巨大自動車企業の中国市場での進出は，世界市場での地位を高めることにつながる．そのために多国籍企業は中国市場で熾烈な競争を行っていかなければならないし，同時に中国市場での棲み分けも行っていかなければならない．すなわち中国での生産は，巨大企業間で地域生産配置，市場分割を行っていくことである．そのために中国政府は，条件整備を行わなければならなくなり，WTOへの加盟であるとか，IMFの条件にそった金融制度改革などを行っている．中国の開放政策は，一面では多国籍企業の中国進出を促す内容をもっているし，他面では国有企業に代表されるような不採算企業，競

争力の低い企業を淘汰していく内容をもっている．中国における国際的巨大自動車企業の展開は，中国の開放政策を一層促進していく契機になっている．

中国における多国籍企業は，中国国内市場を目当てとした生産と輸出を目当てとした生産に二極化する傾向にある．それは中国の市場経済化を目指す方向とも重なり合ったものである．中国は開放政策の推進のなかで国内の生産力水準の向上とともに対外経済関係の強化をおこなった．国内の生産力水準の増大は，いわば既存の生産システムを応用した国内市場拡大あるいは「輸入代替型」産業の育成であった．1980年代に急速に拡大した家庭電器，自動車生産などはその典型である．これらの産業拡大は，同時に多国籍企業をはじめとした先進国企業の技術あるいは生産設備の導入でもあった．しかし中国国内市場での需要に委ねる限りにおいては，多国籍企業の中国市場への進出は旧生産設備，旧技術の移転で十分対応可能であった．一時期に生じたカラーテレビ，自動車，冷蔵庫の過剰生産，過剰設備問題は，国内市場の拡大を求めた国有企業による外資，外国技術，生産設備導入競争がもたらした結果でもある．

中国はこうした国内市場目当ての外資・技術導入と並んで輸出主導型をめざした外資導入・技術導入システムも構築していった．深圳，廈門，珠海，汕頭の4つの経済特区は，輸出主導型の生産システムの構築であった．輸出主導型の生産システムは，開放経済体制を導入した初期段階には，繊維品，雑貨，玩具，電気部品などであったが，やがて電子部品，電機製品，情報機器などの高度技術を要する産業部門に移行していくことになる．その結果は中国の貿易構造に明確に示されることになった．すなわち輸出依存度の上昇と輸出の増大は，同時に製品素材・部品を含めた輸入の増大を招くという特徴である．中国政府は，国内市場重視の生産すなわち輸入代替型産業の育成と輸出主導型産業の導入といういわば異なった生産システムを同時に進行させようとしたのである．それはまた多国籍企業の中国進出とも重なり合ったことになる．国内市場確保を目的とした多国籍企業は，新規技術を移転せずに旧技術・旧生産設備を移転し中国市場のシェアの確保を重視する政策を追

求してきたのであった．

　多国籍企業の中国進出は，中国の経済構造を輸入代替型と輸出主導型という両極の生産構造の進展を促したのである．多国籍企業の中国における動向は，中国政府の開放政策の内容でもあった．したがって，中国の開放政策・多国籍企業進出は，輸入代替型産業編成と輸出主導型産業編成が並列したまま産業構造が形成されつつあるということになる．しかし多くの国有企業は，外資導入・外国技術導入が進行しないまま旧生産設備と旧技術での生産を余儀なくされ，さらに大量の過剰人員を抱えるという状況に追い込まれた．いわば中国の産業構造は，多国籍企業の進出によって輸入代替型，輸出主導型産業の並列的構造が形成されるとともに，両方の型から取り残された国有企業あるいは郷鎮企業が存在するという構造が形成されているのである．

　自動車をはじめとした多国籍企業の中国進出は，どのような特徴を有しているかを整理すれば次の通りである．第1に，中国国内の生産増大は外資系企業の導入によって可能になったこと．第2に，中小規模を含めて国有企業・郷鎮企業を整理統合し，大規模な企業再編の契機となること．第3に，自動車産業のような基幹産業においての改革は，国内のあらゆる部門に広がる国有企業の改革を進めざるをえないことを認識させること．第4に，外資系企業の競争・生産拡大は，政府の投資資金を節約すること．第5に，新規技術の導入が競争力を高めることを可能にすること．第6に，関連産業の生産拡大・技術進歩が可能なこと．第7に，基幹産業部門・耐久消費財産業における価格競争によって1980年代後半から加速化したインフレーションを抑える可能性をもつこと．第8に，産業間・企業間の競争の激化は，1979年以来進めている改革・開放路線あるいは市場開放化の象徴として位置づけることが可能なことであり，国家・政府が経済過程に介入していないということを示すことになる．第9に，産業間・企業間の競争は，単に企業・国有企業のみの問題だけでなく，広く労働者全体にも波及する問題であることを認識する契機となっていること．すなわち企業間の競争を通じて，国有企業の倒産・合理化などの現象が生じ，労働者の失業や配置転換などが生じる可

能性が高いことを全社会的に認識させる効果をもっていること，また同時に労働者の技術水準を高める契機にもなること．第10に，価格競争は国内の流通過程で生じている不明朗な取引・コネクション販売などを解消する契機ともなること，などである．

3. 中国開放政策の諸課題

(1) 経済特区・開放政策

中国経済は，鄧小平が1978年いわゆる「改革・開放」路線を提示して以来，経済改革・開放システムへの移行が課題となった．厦門，汕頭，深圳，珠海の4つの経済特区の新設は，これまでの「閉鎖経済システム」からの劇的転換であった．4つの経済特区は，事実上のフリーゾーンであり，外資導入政策である．経済特区の成功は，中国各地に経済開放区，高度経済開発区，経済技術開発区などの名称で外資導入を柱とした開発政策を推進していくことになる．とくに1990年に実施された上海市浦東地区の開発計画は，その集大成ともいうべき大事業であり，今日の中国の改革・開放路線の象徴的プロジェクトとなった．

しかし中国の経済発展は，4つの経済特区，上海市のようにすべて順調に進行しているわけではない．中国の経済発展にとって改革しなければならない課題は数多く存在している．たとえばその最も重要な課題は国有企業改革である．国有企業はこれまで「中国社会主義」の象徴的な存在であった．国有企業は，生産工場のみならず学校，病院，住宅，保育施設さらには退職者の年金まで負担していた．中国における社会保障制度，医療制度，教育制度の未整備は，国有企業によって補完されていたのである．こうした国有企業は，従業員のみならず企業財政も過剰な負担となり，国際競争上不利な状況となった．また国有企業の多くは旧式の生産設備・技術，過剰人員の存在などがあり，大規模な改革以外国際競争の場で生き残ることはできなかったのである．国有企業改革は，学校，医療，住宅あるいは年金などの負担を軽減

し，新規技術導入と設備を更新し，さらには過剰人員を処理することである．その結果は，大量の失業者（下崗・在家待機）を生み，再就職のためのプログラムも講じられた．

　また中国の経済改革を成功するためには，人口問題および過剰労働力の解決が重要である．中国の人口は世界最大であり，地球上の人口のほぼ5人に1人は中国人となっている．この膨大な数の人口を養うため，あるいは職を確保するためには，生産力水準の上昇と産業の拡大および食糧生産が要請される．ところが，中国は1960年代は生産力の発展がみられず，もっぱら国内の分配体制あるいは就業構造における特殊要件をつくることによって問題の発生を抑えてきた．そこで1970年代後半からはじまった開放化・市場経済化の方向は，資本主義化への道であり，企業をして資本主義的生産システムを採らねばならなくなったのである．それは国家＝中国共産党によって維持・管理されてきた経済システムの変革を行わなければならないことでもあった．

　資本主義の道は，いうまでもなく商品生産に基づく利潤原理，企業間の自由競争および労働力の自由な売買を目指すことである．商品生産に基づく利潤原理の追求および自由競争に関しては，1979年の開放政策によって経済特区を設定し，外資を導入することによって一層の推進を図った．しかし，労働力の自由な移動，職業選択という資本主義の民主主義原理あるいは社会との契約に基づいた制度は，不十分な体制のままであった．それは国有企業が膨大な労働力を有し，国際的競争力が低く，さらに技術水準も低いという状況の下での改革は膨大な数の失業者を排出することになるからである．国有企業は大量の過剰人員を抱えていても労働者の解雇という形態で簡単に問題を解決することはできなかったのである．中国は「社会主義」建設を建前とする以上失業という形態はとることができず，過剰人員を抱えたまま企業活動を行っていたのであった．鉄鋼，石油，石炭などの国有基幹産業は，膨大な過剰人員を抱えたまま生産活動を行わざるをえず，その結果巨額な赤字を累積するということになった．とくに1980年代後半からの賃金上昇は，

企業収益を圧迫し，赤字を拡大したのであった．

　開放経済システム以前の国有企業は，赤字を出しても国家からの財政補填などによって企業活動を存続することが可能であった．しかし開放政策は，いうまでもなく国家によるコントロールを少なくすることであり，国家による国有企業への財政補填が減少することを意味している．国家財政は，すでに1970年代初めから危機的状況にあり，その建て直しをはかるために開放政策を必要としたのでもあった．企業への財政支出を削減するためには，企業自らが経営の建て直しと競争力の増大をはからなければならない．国有企業も改革を迫られたのである．国有企業の改革は，国際的競争力を有する生産部門への移行，技術の開発・導入，そのための資金の調達，さらに過剰人員の処理などが課題である．国有企業の資金調達に関しては，従来は国家金融機関から調達していたのであるが，今後は企業自ら調達しなければならない．企業自らが資金調達を可能にするためには，株式・社債を発行すること，外資を導入すること，金融機関などからの融資などが必要である．とくに金融機関から資金を調達するためには，企業は黒字に転換する見込みがなければならないのである．企業が黒字企業に転換するためには，競争力の増大，コストの削減とさらに大量の過剰人員の処理をはからねばならない．したがって，国有企業は，競争力を有し，外資系企業との協調関係を築けなければ，完全に隘路に入り込んでしまうのであった．

(2) 金融改革

　中国の市場経済への移行は，国有企業だけでなく金融制度の改革も重要な課題であった．中国の銀行は，これまでは中央政府の政策にすべて依存し，政府の国債引き受けなどの過剰融資あるいは不良債権などを大量に抱えていた．中国はこうした金融制度を近代的な形態に変革しなければ資本市場の育成あるいは株式市場の育成もままならないばかりでなく，外資導入や国際金融センターの設立さえも困難であった．金融制度改革は，証券市場の整備のみならず，企業への融資制度の見直しも行われる．中国銀行の不良債権処理

は，国有企業の改革をもたらすとともに銀行による企業管理の方向性をも目指すものとなっている．

　中国は高率な経済成長を達成してきたが，その原動力となったのは外国資本・技術である．とくに外資系企業は，輸出の50％以上を占めるようになった．その反面国有企業，国内企業は脆弱であり，持続的成長の障害にもなっている．また中国の工業製品生産は，80％以上が供給過剰の危険性がある産業部門である．

　中国の経済成長は，国内での設備投資の拡大，輸出の増大，外資の導入が主な要因となっている．そのうち設備投資の拡大は，それぞれ2000年10.3％，2001年13％，2002年23.4％増である．設備投資の拡大は，中国政府による公共投資が大きな要因になっている．公共投資は，中国政府の建設国債の発行によって行われている．その規模は近年1,500億元であり，国家財政の赤字増大の要因でもある．国家の財政赤字は，GDPの4％に達している．また資金需要を支えているのは，公定歩合の引き下げによって設備投資が拡大しているからである．公定歩合は1995年の10.44％から2002年には2.7％に低下した．こうした資金需要の拡大の中で中国の国有4大商業銀行の不良債権は1兆8,000億元となり，貸し出し総額の40％以上に達した．

　中国は高率な経済成長を維持しながら，最近では消費者物価が下落する事態が生じた．第2次世界大戦後の資本主義国家は，高率な経済成長を達成すれば同時に消費者物価も上昇するという状況があった．成長の過程では需要の増大によって，賃金上昇によるコストアップによって，さらには寡占価格などによって価格が上昇した．中国も1990年代は急速な物価上昇を招いた．しかし1998年からは物価下落あるいは横ばいという事態が生じた．1990年代初めまでの物価上昇は，供給不足による需要の増大が主因であった．しかし最近の物価停滞・下落は，供給不足から供給過剰の状態に転換したことを意味している．供給過剰になった要因の1つは，中国人民銀行の金融緩和策により豊富な資金が企業に流れ込み設備増大を招いたことである．その結果需要を上回る生産量となり販売価格の低下となった．しかし企業は販売価格

が下落しても生産稼働率を維持するために採算を無視した生産拡大と激しい企業間競争を誘発した．とくに家庭電器製品であるテレビ，エアコンなどでの販売価格低下は顕著であった．

(3) 開放政策の課題

　中国経済は，経済発展の過程の中で国際経済との関係を強めざるをえないという状況がある．こうした中国経済の国際経済とのリンクは国内経済に与える影響は大きく，また種々な問題も生じている．そこで国際経済体制に組み込まれる過程にある中国経済は，今日どのような問題に直面しているのであろうか．

　今日の世界経済は，先進国企業とりわけ多国籍企業を中心に過剰資本の存在，過剰生産設備の存在，およびEU・NAFTAなどの経済統合の進展に伴う市場拡大の制限が表面化したこと，発展途上諸国での経済的困難の一層の拡大，新規技術の開発の困難性などの諸要因が重なって，中国市場へ向かわざるをえない状況を創り出しているのである．そこで中国市場は，先進国にとって将来的にも拡大の可能性をもっているのか，そうでないのかという問題がある．少なくとも先進国にとっての中国は，今後も共産党政権が維持され国内において政治・社会的混乱が起こらないとすれば，依然として有望な市場としてあるいは国際的生産基地としての意義は大きいということになる．多国籍企業を中心とした世界的な生産配置システムは，中国の生産構造とアジアとりわけ日本，韓国などの東アジアおよびASEANとの国際分業の関係を一層深めていくのかどうかの課題がある．これまでの中国は多国籍企業の国際経済体制の網の目の中に組み込まれた生産力発展であった．したがって中国経済は，多国籍企業の網の目に組みこまれることによって，自立性を失うことになる．中国は，多国籍企業の世界戦略のなかの一地域として位置づけられているのであるから，経済構造は当然多国籍企業の国際分業体制に似せられて形成せざるをえなくなっていく．多国籍企業による国際的生産配置は，アジア地域との国際的分業関係も推進していくことになる．したがっ

て中国は自立的国民経済形成をめざすならば，多国籍企業に依存する生産配置ではなく，アジア諸国との共同化・連携によってアジアとの国際分業関係を推進していくことが重要である．アジア諸国との共同化・連携は，華僑・華人資本を中心に行われることもあろう．中国はアジアとの連携を強めていくことによって中国の主体性を発揮できる条件を形成しうるという方向性もめざさなければならない．

　中国の経済発展は外資系企業を中心とした国際経済関係を一層強化しているのである．その結果は，外資系企業と非外資系企業との経済的格差・生産力格差・技術格差などが増大する傾向にある．したがって，国有企業も郷鎮企業も外国企業との合弁あるいは資本投下を望んでいる．外資との合弁を達成するためには，経営を黒字基調にしなければならない．そのためには国有企業は輸出企業になり，外国技術を導入しなければならないのであり，過剰な労働力を処理しなければならないのである．国有企業，郷鎮企業で大規模なリストラクチュアリング，過剰労働力の処理を行った企業の中には，外資導入に成功している例も出てきている．そうなると多くの企業で，いわゆる合理化を推進していくことになるが，過剰労働力をどのように救済していくのか，あるいは農村における過剰労働力を解決する策を具体的に講じなければならない．さらに中国のWTO加盟以降の国際経済関係のあり方である．中国はWTO加盟によって，対外市場進出を加速化していくとともに国内市場も開放していくことになる．したがって中国は公正貿易を志向していくことになる．とくに中国市場開放ということでは，関税率の大幅な引き下げが余儀なくされている．自動車をはじめとして農業生産物も例外なき関税制度が適用される．また知的所有権，サービス貿易などでの市場開放も求められている．こうした開放政策・自由貿易志向は，既存の地域産業・地場産業などが国際競争の中で生産維持が可能になるのかの問題を生じさせている．

　中国経済のもつ問題点を国際的経済関係を中心に整理してみた．このほか中国経済は，沿海地域と内陸部との経済格差の問題，輸出企業と非輸出企業，技術集約型企業と労働集約型企業，工業と農業・林業・水産業などとの発展

格差の問題，産業基盤整備の遅れの問題，土地・農業地の私有化問題，人口問題，環境問題など多くの経済的困難を抱えている．これらの問題は経済発展過程において克服されていく側面と問題を大きくしていく側面の両面をもっている．また1997年に生じたアジア通貨危機は，タイ，インドネシア，韓国などの金融体制の脆弱性を明らかにしたのであり，同時にこれらの諸国がアメリカ，日本など先進国への貿易，金融，技術，市場依存から生じたのであった．東アジア諸国・地域でのアメリカ・ドルに対する事実上の外国為替相場切り下げは，中国の国際競争力を相対的に低下するという状況を生んだ．中国は国民経済政策の基本として内需を拡大し，公共投資を中心とした財政政策の推進とともに人民元の通貨安定を追求することとしている．ここでの内需拡大とは都市と農村における低所得層の所得拡大をはかることであり，また養老年金や失業保険制度などの社会保障制度を充実して所得格差を少なくすることである．国民経済構造に関してはIT，バイオ，新素材などの新規産業を導入すること，西部開発を進め地域間格差を是正すること，さらに国有企業の改革によって競争力のある企業を育成することである．基幹産業である農業に関しては，伝統農業の近代化を図ること，インフラを整備すること，農民の租税負担などを軽減することによって，農業収入の増大を図ることを基本とする．中国政府はこうした経済政策を推進することによって経済成長率7％前後を達成しうるものとしている．

また中国政府はWTO加盟によって国民経済構造の転換を図り，所得格差，地域間格差などを解消する契機となると期待されているが，同時に実効あるものにするためには法体系の一層の整備を必要とすること，ASEAN，日本，韓国など近隣諸国との経済協力を推進すること，輸出商品・地域の多様化・多角化を推進すること，外資の利用を拡大することが必要であるとしている．またWTOルールに基づいた国際関係を形成するためには，国内で氾濫しているコピー商品を流通させないこと，不透明な商慣習を改めることなどの市場経済秩序の整備が必要である．さらにこれまでの「社会主義的伝統的な経済体質」を改め市場経済化を推進するとともに，規制緩和を図り，

公共サービスを充実すること．中国独自の技術開発を進めるための基礎研究，ハイテク研究を促進することなどが課題であるとしている．

　いずれにせよ中国経済を取り巻く国際関係は，混迷を深めている．とくにアメリカの経済は不安定要素が多々あるし，EUの統合も拡大はしているが必ずしも加盟各国が同調しているわけではない．日本は長期不況を脱する政策すら確定していない．したがって中国市場をめぐっては，中国企業とアメリカ，日本，EU企業間あるいは韓国企業も交えた競争が激化せざるをえない．それは中国経済は，先進資本主義諸国・企業にとって21世紀最大の巨大な市場として位置づけられているからである．もちろん中国市場をめぐる争奪競争の主要な担い手は，多国籍企業であるが，さらに国際金融市場にあふれる巨額の過剰資本の処理地としても重要な位置を占めることになった．また中国は，貿易収支の黒字を背景にしてアメリカ・ドル中心の国際通貨体制を維持する担い手としての重要性も増してきている．

4. 東アジア経済システムと共同体構想

(1) 地域経済統合の進展

　現在世界の貿易は，輸出入合計年間約13兆ドルの規模で行われている．このうちアメリカ，ヨーロッパ，日本など先進国の貿易は，約70%を占めている．さらにアジアNIEs，ASEANを含めると全体の80%になる．貿易はいかに特定国に集中しているかを示している．

　世界貿易はゆるやかながら拡大傾向を続けているが，その担い手になっているのは，アジアNIEsであり，ASEANそして中国の東アジア諸国・地域である．とくに1995年のWTOの発足は，これらの地域・国の貿易拡大を促すこととなった．WTOは，自由貿易の推進という資本主義国際経済関係の究極的な貿易システム構築の指針ともいうべき内容をもっている．日本政府はこのWTO体制に対してもっとも積極的な対応すべく政策を実施している．日本の政策は，日本企業の海外進出を促すばかりでなく，日本市場の

開放をも約束するものである．市場開放は日本から諸外国への輸出拡大だけでなく，諸外国に進出した日本企業が，アメリカ，ヨーロッパへの展開さらには日本市場への逆輸入までを目的としている．すなわち日本企業のグローバル展開のためには，世界各国の貿易の障壁を取り除くことが必要なのであり，そのためにはWTOの規約を十全に実行することが求められているとともに日本市場の開放も求められているのである．

　今日の日本の国際経済関係は，アメリカ，ヨーロッパ，東アジアへの海外生産の拡大によって製品を輸出し製品を輸入するという構造に変わっていった．いわば日本は先進諸国と東アジアへの海外生産と国際分業関係を拡大し，さらに依存する経済構造となっている．ところが中国は開放政策の進展によって外資に依存し，外国市場に依存する経済構造を形成している．韓国はすべての産業・製造業の国内生産と外資・外国技術に依存しない国民経済構造形成を目指しながら，1997年の通貨危機に象徴されるように安定した外国市場を持たないがゆえに，再び輸出に依存した経済構造を構築しようとしいる．またASEAN諸国・地域は資本・技術を先進国に依存しなければ生産を拡大できない状況にあり，したがって先進国の経済動向に左右されやすい構造になっている．日本は海外生産・国際分業拡大型経済構造に転換してきている．中国は外資，外国技術，外国市場依存型経済であり，一部の地域・所得層の内需依存型経済になっている．韓国は，内需拡大型経済から輸出主導型経済構造への転換が進んでいる．ASEANは，外資・外国技術依存型，日本・アメリカとの国際分業形成・市場依存型経済構造という特徴をもっている．

　こうした東アジア各国・地域との経済構造の特徴が進展する中で，アメリカは独自の国際経済関係を形成していく．アメリカはNAFTAによってアメリカ企業の安定した部品供給と安価な労働力利用という競争力強化の拡大する条件を整備した．ヨーロッパはEU統合によって安定市場を形成し，ヨーロッパ多国籍企業の基盤を強化している．日本はアメリカ，ヨーロッパのような地域統合・地域主義が形成されていないがゆえに，WTOに頼らざる

をえないのである．また日本がAPECのような環太平洋経済圏，東アジア経済圏，東アジア共同体の形成をめざす背景には，日本の安定市場の確保および日本を中心とした国際的分業体制の構築をはからねば，アメリカ，EUに対抗できないからである．さらには環日本海経済圏，環黄海経済圏などの国境を超えた地域経済圏建設は，いずれも日本の置かれた経済的地位を象徴するような構想である．すなわちアメリカ，ヨーロッパに対抗するための経済圏を形成することによって日本経済の地位保全と日本企業の海外進出を拡大するということである．日本経済は，一方ではWTOの規約を遵守し，他方ではアメリカ，ヨーロッパに対抗する経済圏の建設が迫られるという状況におかれているのであり，そこに東アジアの位置づけがある．

(2) 東アジア経済共同体への道

2003年の年末小泉首相は，日本とASEANとの特別首脳会議で「東アジア共同体」の創設を提案した．首脳会議は「東アジア共同体」の創設を含む東京宣言を採択した．ASEAN首脳会議がASEAN諸国以外で開かれたのは今回が初めてであり，日本がイニシアティブをとって開催するのも初めてである．日本はこの会議でASEANの基本条約である「東南アジア友好協力条約（TAC）」への加盟を表明した．さらに日本は「東アジア共同体」構想を提起したのである．「東アジア共同体」は，ASEAN10カ国と日本，中国，韓国の地域連携を目標としたものである．しかし東アジア諸国は，カンボジア，ラオス，ベトナム，インドネシアのように製造業の発展が相対的に遅れ，国民所得も小さい国と，韓国，台湾，シンガポール，日本のように経済発展が進行し国民所得も高い国・地域もある．したがって東アジア経済といっても一括りにはできない状況がある．東アジアにおける1970年代の韓国は，資本主義経済発展の1つ典型を示したのであった．それは強力な国家・政府の経済政策が市場を整備し，企業の競争力強化を可能にしたのである．アジア型経済は国家・政府の役割を重視し，その上で国際経済関係に接していく政策である．いわばアジア経済は，市場重視，国家・政府の経済過

程への関与を小さくするという新古典派的経済政策に反する政策システムが主流であった．

日本の政策は，IMF体制の崩壊やドル安・円高への移行，2度にわたる石油ショックを通じて産業構造の転換を促し，日本企業の海外展開を拡大していくことであった．韓国は1960年代の経済発展は外資・外国技術依存型であったが，やがて国内企業による技術・資本自立型経済構造を確立していく．しかし韓国は1997年のアジア通貨危機以降，外資・外国技術積極的導入型への転換を余儀なくされる．アジア通貨危機以降マレーシア，タイ，インドネシアをはじめとしたASEAN諸国・地域は，地域間経済協力を一層推進しなければ，自立的な国民経済形成が困難になってきている．

WTOシステムを受け入れながら同時に地域経済圏を建設することは，WTOの目的に反することである．しかしアジアを除く世界の貿易体制はWTOを発足させながら，他方では地域主義が進展するという事態が進行している．日本はこうした世界貿易体制の変動の中で最も中途半端な選択を強いられており，それが東アジア経済圏・東アジア共同体の建設構想に繋がったのである．日本の世界貿易体制・WTO体制への積極的参加を促したものは，1980年代に入ってからの貿易摩擦の激化であり，日本企業の海外進出の拡大の結果である．今日の日本経済は長期不況にあり，さらに東アジアとの貿易・投資が拡大する方向にある．中国を含むアジアはいまや日本の最大の市場であり，日本の不況を悪化させない要因もアジアへの輸出拡大にある．アメリカ，EUはそれぞれ地域主義への道を歩み始めようとしている．したがって遅ればせながら日本も地域経済圏の建設を図らねばアジア地域からも見放される事態が生じようとしている．そこで21世紀の日本経済は，自由貿易と地域主義という2つの相反した貿易システムのなかで活路を見いだしていかなければならないのである．

日本を中心とした東アジア経済圏の建設は，必ずしも東アジア諸国・地域の経済発展を促すものではない．むしろ日本経済の生き残りをはかる戦略でもある．しかし東アジア諸国・地域は，現実は日本の市場，資金，技術に依

存しなければならない経済システムが形成されつつあるとともに，アメリカ，EUに依存する構造となっている．先進資本主義諸国の経済状況が東アジア経済の発展を支えているということになる．先進資本主義諸国に依存する限り東アジア経済は，政治体制を含めて不安定要素を数多く抱えているのである．とりわけ急速な経済成長を維持している中国は，国際経済関係に依存する構造から内需依存への構造に転換できなければ東アジア経済の中心国として位置することは困難であろう．今日「世界の工場」として位置づけられようとしている東アジアであるが，実態は独自の経済システムを構築できない対外関係依存型の経済が形成されている．

第13章
社会主義システムの問題性と可能性

長砂 實

　1917年のロシア十月社会主義革命に始まり，一時は「社会主義世界体制」の成立さえ現実と見なされた「20世紀社会主義」は，80年代末から90年代はじめにかけて崩壊してしまった．中国やベトナムはなお「社会主義」国であるが，その名称と実態との乖離は極めて大きい．概して，旧「社会主義世界」では資本主義への体制転換が不可逆的に進行している．この「20世紀社会主義」の崩壊・失敗を根拠にして，「そもそも資本主義を乗り越える選択肢としての『社会主義』はありえない，現在もなおその可能性を主張するのは妄想の類である」，という見解が広がっている．他方で，そのような見解に抗することを意図して，「そもそも『20世紀社会主義』なるものは社会主義ではなかった」とする主張も有力に行われている．これらの見解・主張を念頭におきながら，「社会主義システムの問題性と可能性」を「社会主義に未来はあるか？」という観点から検討しようとするのが，ここでの課題である．なお，「社会主義システム」という用語は多義的であるが，ここでは，「学説・運動・体制としての社会主義」の総称と理解することにする．

1. 科学的社会主義の古典における社会主義論

　今日まで最も大きな影響力をもってきた社会主義論は，マルクスおよびエンゲルスを創始者とする科学的社会主義のそれである．科学的社会主義の古典における「学説・運動・体制としての社会主義」はどのようなものであっ

たか．その基本的輪郭を確かめることから始めよう．

まず，「学説としての社会主義」のうち，史的唯物論に関わっての社会主義論．

a）人類社会は，生産手段の共同所有，無階級，および共同体（無国家）を特徴とする原始共産制社会の段階から，生産手段の排他的・私的所有，敵対階級への社会の分裂および階級国家を特徴とする諸段階（奴隷制，封建制そして資本制の社会）を経て，生産手段の高次の社会的所有，階級的差異・対立の廃止，そして国家の「死滅」を特徴とする「共産主義社会」へ向かうであろう．この「共産主義社会」から人類の「本史」が始まる．

b）「共産主義社会」は人類史の最高の発展段階であり，最高度に発展した生産諸力，あらゆる搾取を知らない生産諸関係，そして国家を必要としない自治的上部構造，からなる．

c）「共産主義社会」到来の客観的および主体的諸条件は，「資本主義社会」の胎内で成熟する．資本主義のもとで高度に発達した社会的生産諸力と資本主義的生産諸関係との衝突（生産の社会的性格と所有・領有の私的・資本主義的形態との矛盾，その発現形態としての搾取・貧困，周期的恐慌）．この矛盾は生産手段の私的・資本主義的所有を社会的所有に転化することによって解決される．その歴史的課題を担って資本主義の「墓掘人」になるのは，経済・政治闘争で鍛えられた労働者階級である．

d）「資本主義社会」から「共産主義社会」への移行はプロレタリア革命によって切り開かれる．これら2つの社会は直接には接続せず，両者の間には「過渡期」が介在する．この「過渡期」には「プロレタリアートの革命的ディクタトゥーラの国家」，継続する階級闘争，生産手段の複数所有制が避けられない．「過渡期」の基本的矛盾は，「新たに生まれた社会主義が勝つか古い資本主義が勝つか」である．

e）「過渡期」の終了によって到達するのは，（広義の）「共産主義社会」の「第1段階」＝「社会主義社会」である．それはその「より高い段階」＝（狭義の）「共産主義社会」と区別される．2つの段階には「共産主義社会」「それ

第13章 社会主義システムの問題性と可能性

自身の基礎」(高度な生産力水準,生産手段の社会的所有,個性の全面発達,など)が共通しているが,その成熟度に差がある.また,「第1段階」にはあらゆる面で「旧社会の母斑」が存在する.このことから,「第1段階」では「能力に応じて働き,労働に応じて受け取る」という分配原則が必然になる.「より高い段階」では「能力に応じて働き,必要に応じて受け取る」という分配原則が行われるであろう.

次に剰余価値論と関わっての社会主義論.マルクス=エンゲルスはしばしば資本主義との対比で未来社会の経済体制に言及した.詳細な「青写真」を描こうと意図したものではなかったが,その基本的な経済的諸特徴に触れた機会も少なくない.(広義の)共産主義経済に関わるものとしては,生産手段の社会的所有,「結合生産者」たちの共同体とその連合,直接に社会的な生産,社会的生産の計画的管理・運営,高度な社会的生産力(=労働生産性)の系統的発展,労働日の短縮(=自由時間の拡大),個性の全面発達,精神労働と肉体労働の差異・対立の解消,貧困の克服と物質的・文化的欲求の最大限充足,都市と農村の格差・対立の解消,人間と自然とのノーマルな物質代謝(=自然環境保全),等々.しかし,「社会主義経済」ではこれらは未熟である.さらに,「分業への個人の奴隷的従属」,精神労働と肉体労働の対立の残存,生活のための手段に止まっていて「第一の生命欲求」とはなっていない労働,まだ低い生産力水準,などの「旧社会の母斑」が残存し,それに規定されて「労働に応じた分配」が不可避となる.

さらに「プロレタリア・共産主義革命」論に関わっての社会主義論.社会主義革命の必然性,革命の強力的形態と平和的形態,一国革命と世界革命,民主主義革命とプロレタリア革命,個々の国での具体的戦術および「インターナショナル」の任務,といった諸問題.

「運動としての社会主義」についてはどうか.当時のヨーロッパの社会主義運動で,マルクス=エンゲルスはもっとも権威ある理論的指導者・アドバイザーとしての役割を果たした.しかし,当時の資本主義諸国では,社会主義革命が現実のものとなる客観的および主体的諸条件は未成熟であった.ヨ

ーロッパの社会主義運動は未だ星雲状態であった．

　マルクス＝エンゲルスの時代には，「体制としての社会主義」は存在しなかった．マルクスが注目したパリ・コミューンの経験も極めて偶発的，局地的，短期的なものであった．したがって，マルクス＝エンゲルスにおける「体制としての社会主義」は，もっぱら，「学説としての社会主義」のなかでの社会・共産主義社会の理念像にとどまったのである．

　以上で概括したような19世紀の科学的社会主義の古典における社会主義論については，その後の「20世紀社会主義」の失敗を最大の契機にして，その妥当性を疑問視する様々な議論がなされている．このような議論については，次のことが考慮されねばならないであろう．a) マルクス＝エンゲルスの社会主義論は19世紀の資本主義の批判的考察から打ち出されたものであって，一定の時代的制約を蒙っていることは避けられない．しかし，その批判が資本主義の核心的本質をついている以上，その社会主義論は資本主義が存続するかぎり基本的に妥当する，と考えられる．b) マルクス＝エンゲルスの社会主義論は「体制としての社会主義」が実在しない歴史的条件のもとで展開された．したがって，それが一般的かつ抽象的な科学的予見に止まることは不可避であった．それは，歴史の発展のなかで，後代の科学的社会主義者達によって創造的に具体化され発展させられるべきものである．c) マルクス＝エンゲルスの社会主義論の諸命題をドグマとして扱うべきでない．しかし批判は，マルクス＝エンゲルスの見解の正確な理解に基づくものでなければならない．

2.　「ソビエト社会主義」における社会主義論

　20世紀に入って，マルクス＝エンゲルスの科学的社会主義の社会主義論を継承し，資本主義発展の帝国主義段階および特殊具体的なロシア資本主義に適応してそれを創造的に具体化・発展させたのはレーニンである．彼を理論的および実践的指導者として，ロシアで十月社会主義革命が成功し

(1917),世界で最初の「体制としての社会主義」の建設が目指された．しかし，その「ソビエト社会主義」は 1991 年に崩壊し，それと前後して，他の諸国の「実在社会主義」を糾合した「社会主義世界体制」なるものも解体した．以下では，「20 世紀社会主義」を代表した「ソビエト社会主義」の諸段階でどのような社会主義論が展開されたか，を検討する．

(1) レーニンの時代（1917-24）

レーニンの時代は，十月社会主義革命によるソビエト政権の誕生（1917）に始まり，ブレスト講和（1918），「戦時共産主義」（1918-21），コミンテルン結成（1919），第 10 回党大会とネップへの転換（1921），ソ連邦の形成（1922）を経て，レーニンの死（1924）で終わる．

レーニンにおいては，「学説としての社会主義」と「運動としての社会主義」とが直結していた．ロシアにおける資本主義の発展，労働者階級の成長の確認に基づく革命政党・ロシア社会民主労働党（ボリシェビキ）の創設．「資本主義の最高の発展段階としての帝国主義」論での帝国主義戦争勃発と不均等発展の不可避性の予測，第 2 インターナショナルの「祖国防衛主義」との闘いと「帝国主義戦争を内乱へ転化せよ」の提唱，帝国主義体制のもっとも弱い環での革命勃発の可能性の問題提起．後進資本主義国ロシアにおける民主主義革命から社会主義革命へ転化の 2 段階革命構想と「四月テーゼ」への具体化，武装蜂起，十月革命の勝利．議会主義をとらないロシア独特のソビエト形態のプロレタリアート・労農執権国家の樹立，憲法制定議会の弾圧・解散．極左的革命戦争論を排してのブレスト講和．反革命諸政党の存在を認めないボリシェビキ一党支配体制の早期樹立とあらゆる党内分派の禁止．ロシア革命に起爆される世界革命への期待とともにロシア革命生き残りの道の模索，国際共産主義運動組織・コミンテルンの創立．反革命軍および外国干渉軍との戦いと「戦時共産主義」の試練，赤色テロの容認．農民の小ブルジョア性に絶えず注意を払いながらの労働者階級と農民の政治・経済・軍事的同盟堅持の路線．「戦時共産主義」期の極左主義の克服と新経済政策（ネ

ップ）への転換．社会主義と商品経済との非両立性を主張しながらの，ネップ期ロシア経済の多ウクラード性に基づく一定の「市場経済」の容認．社会主義経済＝計画経済の確信に基づく単一国家計画制度の創立の試み，最高国民経済会議の設立，ゴエルロ計画の策定．諸民族対等平等の立場からロシア中心主義を排しながらのロシア・ソビエト連邦共和国の創立．

　レーニンの時代は，ロシアの極めて特殊な「資本主義から社会主義への過渡期」の初期であった．十月革命の基本的性格は社会主義革命ではあったが，ブルジョア民主主義革命の継続という性格をも強く持ち，解決すべき課題は複雑かつ膨大であった．革命前ロシアの経済・社会的発展はヨーロッパの資本主義諸国に比べて遅れており，社会主義の物質的および主体的前提条件は実際には未成熟であった．人口的に多数の農民を社会主義革命の同盟軍にすることは，極めて困難な課題であった．革命政党として急激に成長して唯一の政権党になったボリシェビキは，レーニンの個人的権威への依存度が極めて高かった．武装蜂起という形態でのボリシェビキによる権力掌握は，その後の反革命勢力との内戦の誘因となった．ボリシェビキの一党支配体制とソビエトの国家形態は帝政時代からの国家官僚主義・強権主義を引きずり，政治的民主主義の発揚を妨げた．ネップは経済復興には貢献したが，資本主義的要素の復活という矛盾を抱え，その戦略的位置づけはかならずしも明確ではなかった．期待されたヨーロッパ・世界革命の波は起こらず，ロシア革命とソビエト国家の国際的孤立が早期に明らかとなり，経済的独立と国防力強化という緊急課題との取り組みは，正常な「体制としての社会主義」の「ソビエト社会主義」の形成と機能に大きな歪みをもたらす要因となった．このように見てくると，この時代にすでに，「ソビエト社会主義」という「体制としての社会主義」が崩壊する諸要因が萌芽的に生まれていたことが判るのである．

(2) スターリンの時代（1924-53）

　レーニン時代の晩年にすでに党書記長であったスターリンは，レーニン死

第13章 社会主義システムの問題性と可能性

後の権力闘争のなかで,「一国における社会主義建設の可能性」の命題を提唱して「社会主義的工業化」を推進し (1926-), 第1次5カ年計画を手がけ (1929-), 「農業集団化」政策を強行し (1929-), 「スターリン憲法」を採択して (1936)「ソ連における社会主義の完全な勝利」を宣言し, 大粛清を通じて「スターリン体制」を確立した. その後,「大祖国戦争」(1939-45), 戦後復興と「冷戦」の開始 (1945-) を経て, スターリンは没した (1953).

スターリンの時代は, ソ連における「過渡期」の中・後期と「体制としての社会主義」の初期に当たる. その時代の社会主義論は, 当時の戦略的諸課題との格闘の産物であった. まず, スターリンの「一国社会主義」論. それは, 当時の世界情勢下, 自力での社会主義建設にソ連国民を動員するイデオロギー的役割を果たしたが, 同時に, ソ連国益主義・大国主義の弊害をもたらした. 次に「社会主義的工業化」論. その提唱は後進性克服と国防力強化のためには不可避であったが, 同時に,「体制としての社会主義」の経済構造に大きな歪みをもたらした. また「農業集団化」論. これはネップの早期放棄を意味する誤った「左翼」急進主義的政策の産物であり, 巨大な禍根を残した. さらに「ソ連における社会主義の完全な勝利」論. これは, 生産手段の私的所有の廃止と社会的所有 (国家的および協同組合的の2形態) の確立および搾取階級の廃絶という革命の成果に依拠していたが, それらの形式的成果が過大評価され, その内容・実体が極めて未熟・貧弱であることが無視されていた.「過渡期」的諸課題も大量に未達成であった. 実際に, 当時, 政治的には「階級闘争激化」論なるものに依拠する大粛清が荒れ狂い,「スターリン体制」のもとで社会主義的民主主義は窒息していた. 経済的には, 先進資本主義諸国に「経済的に追いつき追い越す」ことが最大のスローガンとされる発展水準であった.「外」から反革命を強制される可能性も強く残り, 実際に「大祖国戦争」を強いられた. したがって,「社会主義の完全な勝利」宣言は, 誤った自己過大評価であり,「体制としての社会主義」の理念・真価を貶めるものであった. ともあれ, これが, 後に崩壊する「ソビエト社会主義」体制の原型となったのである. スターリンはまた, ソ連での

「社会主義の政治経済学」の学説史上でも一定の役割を果たしたが，その議論には体制弁護論的性格が極めて濃厚であった．

(3) フルシチョフの時代 (1953-63)

スターリンの跡を継いだフルシチョフの時代には，「ソビエト社会主義」体制の手直し・改革が試みられた．第20回党大会 (1956) 以降の「スターリン批判」，「雪解け」現象，政治・経済・社会の諸分野での多分に思いつき的な各種の改革の実施，スプートニク (1957)，第21回党大会 (1959) での「ソ連における社会主義の完全かつ最終的な勝利」の宣言，第22回党大会 (1961) 採択の「共産主義建設」党綱領，「キューバ危機」(1962)，などがあった．フルシチョフは「宮廷革命」的手法で解任された (1964).

フルシチョフの「スターリン批判」と諸改革は，「ソビエト社会主義」の内部で進行していた体制的危機の現れであった．しかし，批判も改革もいずれも不徹底で，試行錯誤に止まった．他方，フルシチョフが音頭をとった「ソ連邦における社会主義の完全かつ最終的な勝利」の命題および「共産主義建設」綱領は，途方もない主観主義的「大風呂敷」であった．それは，「ソビエト社会主義」の成熟度についての度し難い過大評価と帝国主義・資本主義世界の「実力」のこれまた度し難い過小評価の産物であり，「共産主義社会の高い段階」の理念をアメリカ的経済・生活水準の達成のレベルに貶めるものでもあった．

(4) ブレジネフの時代 (1963-83)

フルシチョフを引き吊り降ろしたブレジネフの長期政権は，すべてに保守的であった．スターリン批判の停止，安定した「老害政治」，チェコスロバキア侵略 (1968)，アフガニスタンへの軍事介入 (1979-) などの覇権主義，および，アメリカとの核軍拡競争，新しい憲法 (1977) における「ソ連＝発達した社会主義社会」規定，など．「停滞の時代」と呼ばれるこの時期は，ブレジネフの死去 (1983) で終わる．

第 13 章　社会主義システムの問題性と可能性　　　247

　この時代に特徴的な社会主義論は,「ソ連＝発達した社会主義社会」論であった．この命題は,フルシチョフ時代の「共産主義建設」綱領が示した超楽観主義的展望の破綻を取り繕うものとして登場した．しかしそれは,当時の「ソビエト社会主義」＝「実在社会主義」の諸特徴を捉えて「発達した社会主義」を自称する以外の何物でもなかった．ここでもまた,極めて特殊かつ未熟な「体制としての社会主義」・「ソビエト社会主義」の弁護論的美化,その成熟度の過大評価,成長しつつあった体制的危機への無警戒の議論が支配していたのである．このような公式的命題のもとで,ソ連国民は,社会主義の本来的理念とソ連的現実との途方もなく大きなギャップを,否応なく自覚するにいたる．「ソビエト社会主義」崩壊の諸要因は成長しつつあったのである．

(5)　ゴルバチョフの時代 (1985-91)

　ブレジネフ後のアンドロポフおよびチェルネンコの短期政権のあと,1985年にゴルバチョフが党書記長に就任した．彼の主要なスローガン・政策はグラースノスチ（言論の自由）とペレストロイカ（抜本的再建）であった．当初は,「社会主義の刷新」,「社会主義の枠内での改革」が目指されたが,急速にその枠は突破され,それらの政策の実施は,すでに危機に瀕していた「体制としての社会主義」＝「ソビエト社会主義」を葬ることになった（ソ連共産党とソ連の解体,1990-91）．同時に,国際的には「ベルリンの壁」の崩壊に象徴される「東欧革命」が進展し,「冷戦」が終結した．ゴルバチョフは,ソ連共産党の最後の書記長,ソ連邦の最初にして最後の大統領,「冷戦」終結の当事者となったのである．

　この時代のゴルバチョフとその周辺の社会主義論の最大の特徴は,伝統的な「ソビエト社会主義」の基本的枠組みを根本的に再検討し,新しい,民主的で人間的な「社会主義」を模索することであった．そのために,はじめは徐々に,次第に急速に,西欧的価値・理論および制度の導入が図られた．政治改革では,言論の自由,法治国家,複数政党制,自由選挙,議会など,経

済改革では，営業の自由，国家計画の廃止と市場経済化，国家的所有の民営化・私有化などである．連邦国家・民族問題では，より弾力的な連合の道，国際関係では，「全人類的価値」論と「新思考」による世界共同体へのソ連の復帰・参加，そして「冷戦」の終結が目指された．公式には「社会主義の枠内での改革」が標榜されたが，その「社会主義」は科学的社会主義の「学説・運動・体制としての社会主義」からの乖離を強め，社会民主主義的な「社会主義」が指向されるようになった．この「体制内改革」路線は，従来の「ソビエト社会主義」の枠に固執する「保守派」とあらゆる「社会主義」の道を拒否して資本主義復活を目指す「急進改革派」とに挟撃されて破綻する．その破綻に止めを刺したのは，エリツィンに代表される「急進改革派」であった．ペレストロイカの挫折，「ソビエト社会主義」の終焉，ロシアの再資本主義化＝体制転換の開始である．

3. 「ソビエト社会主義」の特異性，その崩壊の諸原因

20世紀末に崩壊したのは「ソビエト社会主義」だけではない．ハンガリーの「市場社会主義」やユーゴスラビアの「自主管理型社会主義」を含む東欧諸国の「実在社会主義」も，前後して崩壊した．20世紀の「実在社会主義」は，科学的社会主義の古典が想定した社会主義とは著しく異なる強烈な特異性に彩られており，そのことはそれの失敗・崩壊と深く関連している．以下では，「20世紀社会主義」の原型であった「ソビエト社会主義」に焦点を合わせてその関連を検討する．特異性と失敗・崩壊の諸原因を，客観的要因と主観的要因，および，国際的要因と国内的要因の2つの観点から考えてみよう．

(1) 「一国革命」と「一国社会主義」建設，「戦時社会主義」

ロシアの十月社会主義革命は，結局，「一国革命」に終始した．ヨーロッパ・世界革命を待望したレーニンの目論見は外れた．強力な帝国主義的包囲

網のなかでロシア・ソ連は「一国社会主義」の建設を余儀なくされた．「ソビエト社会主義」は，帝国主義世界から反革命を強制される危険に常に晒され，そして，それに対処するには巨大なコストを要した．実際にロシア・ソ連は，外国干渉軍との戦い，軍備強化を主目的の1つとする社会主義的工業化，そして「大祖国戦争」を余儀なくされた．その結果，「ソビエト社会主義」は一貫して「戦時社会主義」の性格を色濃く帯びざるを得ず，そのことは「ソビエト社会主義」の正常な発展を妨げ，それに大きな歪みをもたらす強力な要因となったのである．

　第2次世界大戦におけるソ連の軍事的勝利と「社会主義世界」の形成も，本質的に事態を変化させなかった．ソ連は「冷戦」の主な当事者となった．「社会主義世界体制」の形成と維持は，ソ連にとっては大きな軍事的・経済的「負担」ともなった．そして，「冷戦」での敗北と「社会主義世界体制」の瓦解とほぼ同時に，「ソビエト社会主義」は崩壊した．

(2) 社会・経済的後進性克服の苦闘

　十月社会主義革命は発達した資本主義国ではなかったロシアでの革命であった．実際に，1917年の時点のロシアは，政治的にはようやく帝政を廃止するブルジョア民主主義革命（2月革命）に到達したばかりであった．経済的には，資本主義経済の一定の発展，労働者階級の形成・成長があり，したがって社会主義革命のための物質的および主観的諸条件は一応存在したとはいえ，それらは極めて未成熟であった．ロシア経済の工業化水準は西欧諸国に比べて大きく立ち遅れており，人口の多数を占める農民がまだ地主制のもとで呻吟していた．したがって，十月革命は社会主義革命であるとともに民主主義革命の継続・徹底でもあるという複雑な二重性を持っていた．労働者階級と農民の階級的利害の不一致は当初から大きかった．その利害調整は容易でなく，ロシアでの「資本主義から社会主義への過渡期」の最大の課題となった．戦時共産主義期の国家強制的食糧徴発，ネップ期の食糧税を経て，遂に，悪名高い「農業集団化」はこの利害対立を暴力的に「解決」した．し

かし，その「解決」は，周知のように，長期に亘る否定的結果をもたらしたのである．「社会主義的工業化」も，ロシア・ソ連の社会・経済的後進性克服の必要性から生じた．それは，国防力強化だけでなく，革命以前から貧弱であった「社会主義の物質的・技術的基盤」の新たな創出を目的とした．重工業・生産手段生産部門の優先的発展が至上命令となり，消費財生産・農業の発展はその犠牲となった．高い蓄積率は，国民の生活向上を阻害した．当時の高い経済成長率は，主として，このような「社会主義的工業化」政策の成果であったのである．「過渡期」の終了後も先進資本主義国に「経済的に追いつき追い越す」という課題は残り，「社会主義的工業化」政策は継続され，資本主義世界とりわけアメリカとの「経済競争」を挑むことになった．しかし，「ソビエト社会主義」はこの「経済競争」に敗北する．第2次大戦後の世界的な技術革新は，「工業化」を越える「ポスト工業化」時代を招来した．だが「ソビエト社会主義」は，「社会主義的工業化」の課題の未達成のまま，「ポスト工業化」の新しい課題にも適応力を欠くという本質的欠陥を露呈した．新社会は生産性・生産力水準で旧社会を越えることによって優越性を証明しなければならない，というレーニンの思想は実現されず，「ソビエト社会主義」は崩壊した．

(3) 「全体主義的」政治体制

帝政時代における暴政，形骸化した代議制度の帝政「議会」，ロシアに独特な人民の革命権力形態であるソビエトの誕生，などを歴史的背景とし，労働者・農民が兵士であった第1次世界大戦末期の特殊な革命情勢のもとで，十月革命はボリシェビキ指導の武装蜂起の形態で遂行された．暴力・強力革命であり，「少数者革命」であった．労農・兵士ソビエトが国家権力を握り，「憲法制定議会」は解散させられた．旧支配階級は政治参加の権利を剥奪された．あらゆる「反革命」政党が弾圧・禁止された．旧支配階級の反革命運動は内戦を呼び起こし，白色テロと赤色テロが応酬し合った．ソビエト政府は，エスエルの早期「離脱」によって，ボリシェビキの単独政権となった．

第13章　社会主義システムの問題性と可能性　　　　251

それ以降一貫して，ロシア・ソ連では共産党の一党専制が行われる．共産党の大会および中央委員会が決定する方針・政策が，そのままソビエト国家および政府のそれになった．その共産党の内部では，あらゆる分派が禁止された．レーニンの絶大な個人的権威によって支えられていた党の統一は，その死後，麻のごとく乱れ，激烈な党内権力闘争が起きる．それに最終的に勝利したスターリンは党を民主的に運営せず，権力を彼個人に集中し，あらゆる異論・反対勢力を「人民の敵」やスパイとして弾圧・粛清した．彼の死後「スターリン批判」はあったが，共産党一党専制の広義の「スターリン体制」は1990年まで持続したのである．その体制は，「全体主義的」政治体制と総称できよう．マルクス＝レーニン主義の国家哲学化，あらゆる異論の封殺，徹底した検閲，一党制，党と国家の同一化，警察国家，密告奨励，「収容所列島」等々．労働者階級と勤労人民は国家の主人公であるとされたが，実際には，党・国家のノメンクラトゥーラが「支配階級」であった．その「支配階級」の側で驕り，特権，腐敗が進行し，その一部は「反革命」を志向するようになった．他方，勤労人民・市民の側では政治的アパシーが支配した．「社会主義的民主主義」の発揚はかけ声に終わった．そして，ペレストロイカ期の一連の政治改革，グラースノスチの実施，ソビエトに代わる「議会」制度の創設，一党制の廃止と複数政党制の承認，自由選挙の実施などは，この非民主主義的な「全体主義」的政治制度を一挙に打ち壊すことになったのである．

(4)　「集権的・動員的」国家計画経済

ソビエト政権が目指した「社会主義経済」の構築は，まず，生産手段の私的・資本家的所有を廃止してそれを社会的所有に代えること，具体的には，国有化によって主要な生産手段の国家的所有を打ち立てることから始まった．その後新たにつくられる企業はすべて国有企業であった．これらの国有企業の管理と経済活動を全国家的に調整するための中央計画・管理機関の創設が急がれた．1929年には第1次5カ年計画がスタートしている．農業の分野

では「農業集団化」が強行され，コルホーズ的所有が創り出された．こうしてソ連では，1930年代の後半に，2形態での生産手段の社会的所有制の全面的確立を標識として，過渡期経済の終了と社会主義経済への基本的移行が公式に確認された．だが，生産手段の社会的所有制の確立については，法制的側面（形式）と経済実体的側面（内容）の区別が重要である．前者は自動的に後者を保障するものではない．後者は経済的諸主体が取り結ぶ「生産諸関係」の体系においてのみ実現されるのであり，その体系は自動的に形成・完成されたり有効に機能したりはしない．そしてまさにこの実体的側面で，「ソビエト社会主義」経済は生産手段の社会的所有制の（私的所有制に対する）優位性の発揮に失敗し，自らの再「私有化」によって消滅することになったのである．

では，「ソビエト社会主義」経済の生産諸関係にどのような問題があったのか．経済的意思決定とその遂行を主要な経済諸主体がどのように担ったか，が肝心な点である．連邦国家の経済的諸機関（ゴスプラン，省，など）への過度な官僚主義的権限集中，地方および企業・協同組合のレベルでの自主管理の欠如，企業管理の主人公であるべき企業従業員集団の「管理の対象」化，消費の分野での「消費者主権」の不在（「不足経済」），などの諸特徴に見られるように，本来は経済的意思決定の主人公であるべき勤労人民の「下からの」自主的創意が発揮されない，「上からの」動員的な体質を持った経済体制であった．そのような経済体制は工業化期の量的・外延的な経済発展段階にはまだ適応的であったが，「ポスト工業化」期の質的・内包的・効率的経済発展段階には不適合であった．このような生産諸関係は生産力の発展の桎梏となり，経済改革が不可避になった．そして，国家中央経済諸機関の権限縮小，企業の経営的自主性の拡大，企業従業員集団による自主管理の承認などによって経済の民主化および効率化を狙った経済改革の諸措置は，「社会主義的生産諸関係」の刷新・成熟には繋がらず，「社会主義の枠」を突破してその根本的変質に導く，という結果をもたらしたのである．

もう1つの大きな問題は，社会主義的生産諸関係が具体的に機能するメカ

ニズム，すなわち，経済運営メカニズムあるいは経済調整メカニズムにあった．科学的社会主義の古典的社会主義論によれば，「社会主義・共産主義社会」では商品生産・「市場メカニズム」は消滅し，「直接に社会的な生産」・「計画メカニズム」が支配する筈であった．しかし，「ソビエト社会主義」経済建設の実践は，「過渡期」においてだけでなく「体制としての社会主義」の段階でも，商品生産，商品・貨幣的諸関係，さらには「市場メカニズム」の存続が不可避であることを示した．「直接に社会的な生産」は未成熟のまま，「計画経済」制度が構築されていったが，程なくその機能不全が明らかになった．ここから，①「過渡期」および「社会主義のもとでの」商品生産，商品・貨幣的諸関係および「市場メカニズム」の本性，②「計画メカニズム」の本性と実現形態，そして③「市場メカニズム」と「計画メカニズム」との結合，をどう見るべきかの大問題が生じた．「ソビエト社会主義」はその歴史の各段階でこの問題と格闘したが，然るべく解決することに失敗した．この点に「ソビエト社会主義」経済が崩壊した重要な要因の１つが求められる．実際に，ペレストロイカ末期に顕在化した経済計画制度の弱体化・解体と全面的な市場経済化は，「ソビエト社会主義」経済体制の基本的枠組みを破壊し，再資本主義化に直結していったのである．

(5) 「社会主義」の到達・成熟度の自己過大評価

「ソビエト社会主義」の歴史には，「社会主義」の到達度および成熟度の自己過大評価が常につきまとった．それらは，それぞれの時代において客観的根拠を欠いたデマゴギー的命題であった．それらは国民の精神的「動員」を意図したが，かえって，「社会主義」の低められた理念・願望からさえ現実が遠く及ばないことを広範な国民に自覚させ，将来を失望させる結果をもたらした．国民は，公式命題・宣伝にますますシニカルに対応するようになった．（このような自己過大評価の対極に，ソ連は「資本主義から社会主義への過渡期」を終えなかった，「社会主義社会」には到達していなかったとする見解，あるいは，それはおよそ「社会主義社会」ではなかったとする見解

がある.)

もう1つ,「ソビエト社会主義」には対外的覇権主義の宿弊という問題があった. 国際共産主義運動の育成・連帯がソ連を中心に組織された(コミンテルンなど). 戦後は, ソ連の軍事的勝利と不可分に「社会主義世界体制」が形成された. ソ連はそれらの盟主となったが, その過程で, 真の国際主義とは相容れない国益主義・覇権主義・「社会帝国主義」への逸脱が生じた. フィンランドとの戦争(1939-40), 独ソ不可侵条約関連の秘密議定書(1939), ハンガリーへの軍事介入(1956), チェコスロバキア侵略(1968), アフガニスタンへの軍事介入(1979-), など. 他国の共産党へも露骨な干渉が行われた. 結局, この覇権主義は失敗し,「ソビエト社会主義」・ソ連の命取りの一要因に転化したのである.

4. 社会主義に未来はあるか?

以上の検討を踏まえて, 21世紀における「社会主義」の必然性および可能性について考えてみよう. 21世紀に, 社会主義に未来はあるか?

(1) 資本主義の歴史的限界, 社会主義の必然性

資本主義社会という社会経済構成体を最高の発展段階とするような人類の「歴史の終わり」はありえない. 資本主義が人類と地球の存続と持続的発展を保障し得ないことは, 21世紀の現時点での「グローバル資本主義」の実態に明らかである. 資本主義社会を乗り越える「共産主義社会」, その「第1段階」としての「社会主義社会」の到来に関する科学的社会主義の古典的諸命題は,「20世紀社会主義」の失敗・挫折によっても, その有効性を失わない.「学説・運動・体制としての社会主義」は21世紀にも生き続ける.

(2) 社会主義革命, それに先行する民主主義革命

資本主義社会から「共産主義社会」への移行は, やはり, 社会主義革命に

第13章　社会主義システムの問題性と可能性　　255

よって切り開かれるであろう．その基本的担い手は労働者階級である．労働者階級は資本主義社会でますます多数者となり，文化・技術的力量，統治能力をますます高めていく．とりわけ期待されるのは「先進国革命」である．その革命は平和的方法による多数者革命となるであろう．労働者階級が支配階級となる．その革命は，現存の民族・連邦国家の枠内で遂行されるが，それらの革命は国際的に連帯し合う．グローバリゼーションの進展は，そのことを可能かつ必然にするであろう．「世界革命」は，発展の不均等性を特徴としながらも，進行するであろう．歴史・具体的条件によっては，社会主義革命に先行する民主主義的革命もありうる．発展途上諸国でその可能性が排除されないだけでなく，日本のような先進資本主義国においても現に，当面する革命は「資本主義の枠内での」民主主義的革命とみなされている．体制転換のロシアなどでも当面選択されるべきは，社会主義革命ではなく民主主義革命であろう．

(3)　資本主義社会から共産主義社会への過渡期

　社会主義革命の後，「資本主義社会から共産主義社会への過渡期」は，やはり避けられないであろう．資本主義社会は共産主義社会のための客観的・物質的条件（高度に発達した生産諸力，社会化された生産）と主体的・人間的条件（統治能力をもった労働者階級）を作り出しはする．しかし，これら2つの条件の現実的結合である新しい政治・経済体制の建設とその「持続可能な発展」には，どうしても一定の歴史的期間が必要である．この期間の長さは，前提諸条件の成熟度・力量の程度，旧体制の残存・抵抗諸要素の強弱，国際的環境の有利・不利，といったことに依存するだろう．「社会主義社会」建設を当面の目標とするこの「過渡期」を通じて，政治的には複数政党制，経済的には生産手段の複数所有制および「市場・計画メカニズム」が維持されよう．この「過渡期」の完了をどのような標識によって捉えるかは，難問である．国内的には，革命（諸）政党が議会において安定した多数を獲得する政治状況，および，複数所有制のもとで生産手段の社会的所有形態が名実

共に主導的役割を演じるようになり，市場メカニズムを利用しながら「計画経済」制度が軌道に乗るようになるような経済状況に到達することが必要である．干渉と「反革命」を外から強要されない国際環境が望ましいことは言うまでもない．

(4) 「新しい」社会主義社会

「過渡期」のあとに，「共産主義社会」の「第1段階」・「社会主義社会」・「体制としての社会主義」がやってくる．そこでは，資本主義社会のあらゆる進歩的・肯定的側面（長所）の継承・発展とともに，その否定的・消極的側面（欠陥）の止揚が進む．「20世紀社会主義」の失敗を念頭において，この「新しい」体制の基本的諸特徴の概括を試みよう．

a. 政治体制

政治的民主主義の諸制度が全面的に展開される．言論・思想信条・結社・信仰の自由，複数政党制，もっとも民主的な全国比例代表選挙制に基づく議会制度，三権分立制，法治国家，高度な地方自治，自由な市民・住民運動など．かつて支配階級に属した人々も市民的・政治的自由を奪われない．勤労人民・市民は，あらゆる官僚主義と有効に闘い，自らの自治的統治能力を絶えず高める．政治体制の分野における「旧社会の母斑」の代表格であるような国家＝「社会主義国家」はなお存続する．しかし，あらゆるレベルで勤労人民・市民・住民の自治能力が高まり自治制度が整備されるにつれて，国家の「死滅」が進行するであろう．特に注意すべきは，政権政党のあり方である．複数政党制は政権交代を予定しているが，特定の政党が安定して政権政党の座を占めるようになるであろう．そのさい肝心なことは，その政党が高い自浄能力を保持して腐敗・堕落しないことである．そのためには，政権政党自身の民主的運営およびその大衆的基盤の絶えまない強化が不可欠である．党と国家の役割は厳格に区別されるべきであり，国家の「死滅」過程は同時に政権政党を含むあらゆる政党の「死滅」過程でもあろう．

第 13 章 社会主義システムの問題性と可能性

b. 経済体制

まず，旧社会を上回る高度な生産諸力が維持され発展させられる．それは，絶え間ない技術革新と社会的労働生産性の向上によって達成される．しかし，生産諸力の発展は自己目的とはならず，「地球と人間にやさしい」（地球自然環境の保全，労働の人間化および労働日の短縮・自由時間の拡大）ものにされるであろう．

搾取を知らない生産諸関係が形成される．その基本的枠組みは生産手段の社会的所有制であるが，複数所有制も排除されない．生産手段の社会的所有を代表するのはやはり全人民的・国家的所有であろう．問題はその「国家」の内実にある．真に民主的な「全人民国家」の所有であれば，そこには官僚主義や非効率性は宿命的ではない．国家的所有制のもとで，企業従業員集団による高度な占有・自主管理の制度，さらに個人・勤労者が自主的創意を発揮する制度を発展させることができる．資本家的所有は廃絶されるが，協同組合的所有，労働集団的所有，さらには私的・個人的所有も，国家的所有と併存できる．独占の弊害から免れた民主的な国家的所有制を社会的所有の主要形態とする複数所有制である．

生産手段の社会的所有制の経済的実体を成す生産諸関係．ここで生産の推進的動機となるのは，社会的総欲望に対応する社会的総生産物の生産を通じて最大の社会的純生産物を獲得することであろう．社会的総生産物の規模と構造は，社会的生産計画によって基本的に決定される．社会的純生産物は，社会成員および社会全体の増大する当面の物質的・文化的欲求の充足と社会的生産の拡大（蓄積）とに振り向けられる．生産の規模と効率および社会成員の福祉はたえず増大する．労働日が系統的に短縮され，真の富である自由時間が絶えず増大する．労働の自発性が高まる．社会的分業の環である経済主体（国家，企業，個人）の経済活動は，この共通の社会・経済的目的達成に向けてそれぞれの役割を果たすことになる．経済諸主体の経済活動の事後的総和が社会全体の経済を構成するのではなく，社会全体の経済のなかで経済諸主体の経済活動が果たすべき役割が事前に，社会的計画のなかで予定さ

れているのである．これは本質的に「直接に社会的な生産」＝「計画経済」であって，無政府的な商品生産ではない．ここでも社会的計算・記帳は不可欠であるが，それは間接的な「価値」・貨幣的証票によってではなく，本質的に直接的労働時間を尺度とする証票によって行われる．社会的所有以外の所有制の生産諸関係は，このような社会的所有の生産諸関係に影響され，規制されるであろう．

（広義の）「共産主義社会」の生産諸関係の基本的諸特徴はこのように描くことができる．しかし，「社会主義社会」は「共産主義社会の第１段階」である．この段階では，これらの基本的諸特徴がなお未成熟であり，諸種の「旧社会の母斑」が残存する．なによりもまず，勤労者達の間で労働の社会経済的異質性（職業的分業への緊縛，肉体労働と精神労働，単純労働と複雑労働，など）はなお大きく，企業の社会経済的分立性（不均等な技術・生産力水準，など）もなお高く，個人的および集団的な独自の経済的利害の自覚・主張，物質的関心が強い．社会成員への分配においては「労働に応じた分配」が必要であり，企業レベルでは「独立採算制」が避けられない．このように，労働と生産の社会化水準は総じてなお低い．これに加えて，生産手段の複数所有制が存在する．かくして，経済体制の分野での最大の「旧社会の母斑」である，商品生産，商品・貨幣的諸関係，そして市場メカニズムが客観的に存在・機能することになる．「直接に社会的な生産」の未成熟性は，商品生産によって補われる．直接的労働時間は社会的計算尺度としては機能しえず，価値・貨幣的計算が行われる．計画メカニズムが経済全体を規制・調整するにはなお限界があり，市場メカニズムへの一定の依存は避けられない．したがって，「直接的に社会的な生産」と商品生産との矛盾，「計画メカニズム」と「市場メカニズム」との矛盾を，理論的・実践的にいかに解決するかは，「新しい」社会主義社会の経済制度を維持・運営する上で，巨大な課題であり続けるであろう．

c. 対外政策，国際関係

対外政策は，諸民族・国家の自決権・平等の尊重，他国への内政不干渉，

「南北問題」の公正な解決，対等平等な通商関係の発展，国際紛争の平和的解決，核兵器廃絶・全面軍縮を通じてのあらゆる軍事力放棄の実現，地球環境破壊を阻止する有効な国際協調，国連などの国際諸機関のいっそう民主的な構成と運営によるグローバルな諸問題の効率的解決，などを基調とするであろう．そのような「新しい」社会主義社会（国）のあいだには，民主主義的国際関係・世界秩序が形成されるであろう．

　「先進国革命」の今後の進展，および，現に「社会主義」を目指している国々での成功に基づいて，「体制としての社会主義」が地球的規模で拡大すれば，21世紀は，世界人民が人類と地球の存続の危機を最終的に克服するのに成功する，人類史に記念すべき世紀となるであろう．

第14章
グローバル資本主義の行方

佐々木康文

1. 資本主義とグローバル化

　近年，グローバル資本主義の時代が到来していると言われる．資本主義社会が歴史的に創造してしまったグローバルな諸関係のもとに多くの人々が取り込まれ，相互依存関係におかれるとともに，その展開に翻弄されるようになっている．あらゆる諸問題が，グローバルに拡がった連関を通じて地球の隅々にまで瞬時に影響を及ぼす時代がやってきている．世界を駆け巡り国家をゆるがす投機的マネーの動き，生産の海外移転や安価な輸入品の流入による失業やコミュニティの崩壊など，地域的に生きるすべての人間がグローバルなものを意識せざるをえない時代がやってきている．

　それでは，上に述べたようなグローバル資本主義を，われわれはどのような現象としてとらえれば良いのであろうか．まず確認しなければならないことは，グローバル資本主義という表現自体が，実は同義反復という面を持つということである．後に見るように，資本主義というシステムを編成する主体としての資本とは，常に自己をグローバルなものとして展開する必然性を持っているからである．もちろん，市場原理主義的イデオロギーの蔓延や，それに影響された国際機関の政策に後押しされ，世界的な市場経済化が歴史的に急速に進んだということは間違いない．しかし，そのような歴史的な作用がこの過程を促進したことを無視できないとしても，そこからすべてを理解するのは不可能である．グローバル資本主義のもとで生じている様々な現

象を理解し，その行末を把握するためには，資本主義が本質的に世界的なシステムとして展開する本性を内在していることを確認し，同時にどのような歴史的結果がもたらされるかを理解しなければならない．以下では，グローバル資本主義と言われる現在とその行く末を理解するために，マルクスの理論に依拠しながら資本主義社会の展開を理論的に確認してみる．

(1) 生産の発達から商品交換へ

言うまでもないことであるが，資本主義社会という商品経済が全面化したシステムは，歴史的に生成したシステムである．あらゆるものが「商品」としてグローバルに売買される現在からは想像しにくいが，人間は，最初から生産物を商品として生産しているわけではなかった．人間は，最も本源的な形態においては，分散して存在する共同体に依存しながら，その共同体の諸関係や自然そのものを直接的に自己の存在基盤として生きていた．人間の諸関係，自然，生産物や生産手段が，私的な属性を帯びたものとして対立することはなかったのだ．

しかしながら，人間は，このような状況に留まることができない存在である．何故なら，人間は世界に対して媒介的に関わる存在＝労働する存在だからである．人間は，自分が何かに対して働きかける活動そのものに対して，自覚的で客観的な位置に立つことができる．それ故，働きかける対象の性質，自己の活動そのもののあり方，活動の際に利用する労働手段などを自覚的に反省し，その活動の過程を歴史的に変革していくことが可能な存在である．結果として，生産が高次化し，歴史的に多くの生産物の享受と，そのような生産の基盤の上に立つ文化や文明が開花する可能性が開かれた．しかし，それだけではない．このような生産の発達によって，商品交換の可能性が生まれることになる．マルクスが言うように，共同体と共同体の隙間で商品交換が発生するとするならば[1]，共同体が生きていく以上の生産物の増大が，交換を促進するように作用するからである．そして，商品交換の発達は，商品世界の神としての貨幣を産みだすことになる．

(2) 貨幣から資本へ

貨幣とは,不思議な存在である.商品を交換するための手段としての貨幣は,商品交換の道具に過ぎない.しかし,そのような手段に過ぎない貨幣は,一般的等価物としてすべての商品との交換可能性を秘めた神のような存在でもある.それさえ持っていれば,どのような商品も頭を下げてくれる.道具は神になり,手段は目的に変化しうる[2].そして,このような貨幣は,終わりの無い欲望の対象となる.具体的で特殊的なものが目的であれば,その充足には終わりがあるが,それらの特殊なものを包括する権力を有した普遍的な貨幣が目的の場合には,その充足に終わりがなくなる.そのような意味で,貨幣とは終わりのない増大の衝動を内に秘めた存在であると言える.

しかし,貨幣は,それ自身ではその衝動を実現することはできない.何故なら,単なる貨幣は自己を増大させる根拠を自己の中に持っていないからである.貨幣を増大させることができるのは,富を産み出す源泉としての労働だけである.このような富の源泉である労働を内に取り込んだ貨幣のみが,自立したシステムとして価値増殖しながら自己を維持することができる.そのような存在とは,端的に言って「資本」である.商品交換は,貨幣を生み出し,貨幣は資本へと進まざるをえないのである.

(3) グローバルな諸関係を形成するものとしての資本

それでは,貨幣から資本が生まれてくることは,グローバル化という現状とどのように関係すると言えるのか.端的に言うとすれば,資本が生まれたことによって,歴史上初めてグローバルに展開してしまうシステムの生成が必然となったということである.ここでは,資本がグローバルなシステムを形成する傾向を持っていることについて,以下の2つの面から指摘したい.

資本という関係の拡大としてのグローバル化

まず1つ目であるが,資本主義的システムは,未だ資本の関係が生成していない社会を自己のシステムに巻き込み,資本という歴史的な関係そのもの

第14章　グローバル資本主義の行方　　　　　　　　　　263

を拡大することでグローバルな展開を遂げていくという傾向を持つ．このような傾向は様々な側面において指摘できると思われるが，例えば次のようなことから理解可能である．

　すなわち，資本主義社会の大きな特徴の1つは，かつての共同体的な生産とは違って，労働する諸個人が生産の際に根拠としていた様々な諸条件が，私的な存在となり，商品として取引される関係になっているということである．土地をはじめとした自然，その他の生産手段など，かつては諸個人に対して私的に対立していなかったものが，私的に所有され諸個人に対立する．

　このような状況下では，労働する諸個人は生産のための諸条件を失っているのだから，かつてのように自給自足的に生きていくことは困難になる．諸個人が生きていくためには，自分自身に最後に残された「労働力」を売買し，商品を購買するために必要な貨幣を賃金という形で手に入れる以外になくなってしまう．このことは，諸個人にとっては，あらゆるものを商品交換を通じて手に入れなければならないということであり，商品経済に全面的に依存する消費者となることを意味する[3]．

　以上のことは，資本の側から考えれば次のようなことになる．すなわち，資本に即してみれば，このようにして手に入れた富の源泉である労働を利用して商品生産を行なうことで，自己の価値を増殖することが可能になる．価値を生み出すことができるのは労働だけであり，生産手段を失った労働が雇用されて剰余価値を生産することで資本の価値は増大しうる．また，生産の諸条件を失った労働者たちが資本の生産する商品の新たな消費者となることによって，資本は自己の生産した商品の価値実現が可能となる．

　このように，資本のシステムにとっては，価値を増殖するための生産という自己の本性を満たすためには，未だ労働する諸個人と生産の諸条件の分離が生じていない場所に資本の関係を生み出し，商品経済の網の目に完全に引き込むことが重要な過程の1つである．システムを成立させるためのみならず，価値を増殖し，かつ実現するためにも，資本のシステムは，伝統的な生産などを解体しながら，資本という関係をグローバルに展開する傾向を持つ

のである．

商品経済のグローバル化としての資本主義

次に，資本は，未だ資本主義的でない生産と容易に結合して自らのシステムに巻き込む傾向があるだけでなく，すでにシステムに組み込まれている世界のあらゆるところに進出しようとする傾向をもつ．資本は，商品を生産し，その価値を実現し，利益を得るためには，世界のどこにでも展開する．商品経済に基づいた世界的な関係性を，私的な利益を追求する過程で形成してしまうのである．

このようなことは，次のことを念頭においてみれば良い．例えば，生産を行なう資本とは，貨幣的利益を最大化しようとして生産活動を行なう運動体である．しかも，その活動を，他の資本との激しい競争の中で行なっている．その場合，激しい競争に負けないように，様々なイノベーションを伴いながら活動を進めていくのであり，その過程において，高度で巨大な生産能力を身につけていく．例えば，機械制大工業や，現代の情報技術を駆使したオートメーションなどを連想すれば良い．そして，企業に即して考えるならば，そのような高度で巨大な生産力を手にするほど，巨大でシステム化された生産をよどみなく稼動させるために必要な原材料の年間を通じての確保や，巨大な生産力によってもたらされた生産物の販路が必要となる．世界市場への展開は必然的である．また，反対に，世界市場というビジネスチャンスがあるからこそ，企業は他の企業に先駆けて生産を高度化するインセンティブを持つとも言えるし，場合によっては競争上の優位を確保するために国外に生産の拠点を移すという形で自己の諸関係を世界化することもありえる．

さらに，流通に携わる資本に即して考えてみても事情は同じである．利益が稼げるのであれば，何も国内の流通にのみこだわる必要はない．海外の流通に参入することで，利益をあげることも可能であるし，海外ですでにブームを巻き起こしている商品を輸入するなど，新しい性質の商品を提供することで利益を稼ぐようなことも行なわれるだろう．

第14章　グローバル資本主義の行方　　265

　また，利子を生む資本という形態を考えても事情は同じである．国内の投資から得られるリターンが海外に比して少ないということであれば，高い利子率を求めて海外への投資が選択される傾向が強まる．そうなれば，資本は海外へと輸出され，そこで商品生産や流通などの利益を生む活動に投下される．グローバルに移動したマネーが，移動した先で商品経済に基づく社会的諸関係を形成することになる．関係は，グローバルに拡大する．

　以上のように，資本主義は，これまでのシステムとは異なって，商品や貨幣に基づいたグローバルな連関を形成するシステムである．結果として，商品交換というグローバルに拡がった私的な諸関係にのみこまれた人々が，その私的な諸関係なしには生きていけない状況，それ故，この私的空間の変動に翻弄される状況が形成される．グローバル資本主義とは，資本の性質に即して必然的結果であると言える[4]．

(4) 資本主義社会の歴史的意義

　それでは，このようにグローバルな連関を生成する資本主義社会の歴史的な意義とは何か．マルクスは，資本主義的生産の3つの主要な事実として，① 少数の手の中での生産手段の集積，② 社会的労働としての労働そのものの組織，③ 世界市場の形成を挙げている[5]．これらを参考にすると，次のことが言える．

企業内における生産手段と労働組織の社会化

　まず1つ目は，これまでになく社会化された生産手段の体系と労働の組織を作り上げるということである．つまり，資本主義以前の生産や消費のあり方は，相対的に点在するような傾向が強いものであった．しかし，資本は絶え間なくグローバルに展開し，点在していたものを1つのシステムにまとめあげていく．しかも，多くの企業が競争し，優勝劣敗の結果として，国内市場における競争のみならず，世界市場における大競争に対応可能であるほどに生産手段と労働組織が社会化される[6]．

例えば，現代の企業を見てみればこのことは明らかである．資本主義以前では点在していた生産の担い手たちが，利潤を目的とした生産活動のために1つの企業体に集められ，巨大な規模で社会的協働を行なっている．しかも，この社会的協働は，情報ネットワーク化の進展によってグローバルに展開するものになっている．

また，社会的協働の規模が拡大することと同様に，生産手段も社会的な規模で集積されている．旧来の点在した生産が個人的で分散的な生産手段で遂行されたのとは異なって，高度に機械化され自動化された規模の大きな労働手段と，その規模に見合う量の原料が1つの企業体に集められる．

以上のような，グローバルに社会化された組織による社会的協働と社会的規模の生産手段によって，生産が単に個別的に点在していた時代には発揮できない社会的な生産力と生産物が可能になる．企業内の生産活動の有機的つながりは著しいものになっており，労働者が相互依存して全体労働者となった結果，もはや個人的成果ではなく社会的労働の成果としての生産物が産出されることになる[7]．企業という私的外皮を被った中から，社会的生産手段と社会的生産力を産出する社会的な労働の連関が現れてくる．

私的に作られたグローバルな相互依存関係

次に，資本主義は，私的な前提ながら，グローバルな相互依存関係を形成してしまう．すなわち，資本主義社会の生産と消費のあり方は，特定の場所に制限されずグローバルに展開するものであり，かつては相互関係を持たなかった諸個人が，商品経済を通じて，相互依存関係を結ぶことになる．

ただし，このような相互依存関係の形成について，注意すべき点がある．それは，この社会においては，自己と他者は相互に私的な存在であり，基本的に諸個人はバラバラの存在だということである．資本主義社会が，このような社会的相互依存関係にすべての人々をおくとしても，それは他者と切り離され，私的な領域に存在する人間としてであり，人々は，商品所有者としての他者と私的な交換の関係に入っているに過ぎない．しかし，実は，相互

に私的な関係を取り結ぶという形で，社会的相互依存関係が生成しているのであり，社会的過程が進行しているのである．

つまり，このようなことは，自己とその外部とは別々であり，相互に無関心であるとしながら，相互に関係しているということである[8]．他者に対して対立的で私的なあり方をしつつも，実態としては，社会の多くの人々の活動に依存することで自己の生命が再生産されている．私的で相互に無関心であるという振る舞いをしながら，実は相互依存的な社会的関係を形成しているという矛盾したあり方が，この社会に生きる人間のあり方である．

以上のように，資本主義社会とは，グローバルにその領域を拡大しながら，社会的な生産手段の体系，社会的な労働の組織，私的な領域をこえた社会的相互依存関係を形成するシステムである．しかも，そのようなものを形成する結果，自己の前提としての私的なあり方を，実は否定するシステムである．すなわち，私的な企業の生産力が労働者の社会的協働に生み出された社会的な力であるという実態は，そのような力が，発生源である労働者の社会関係に対して私的なものとして疎遠に対立することの不当性を露出する．実態としての社会的なものの形成は，それが私的な閉じた空間におかれていることを批判するのだ．また，世界レベルで相互依存関係が形成されることは，自己と他者が単にバラバラに向かい合う私的な存在ではなく，相互の存在が自己の条件となる関係にあることを露出する．自己は自己であり，他者は他者であるというあり方は，他者において自己を見るというあり方に高次化せざるをえないのである．ひとまとめに言えば，システム全体の公共性が私的な前提に対して露出してくるのである[9]．

にもかかわらず，資本がこのような普遍的連関を編成しているということ，それゆえ私的な前提のもとにグローバルな諸関係がおかれたままであるのが現在の状況である．このことを脱ぎ捨てることができないうちは，様々な諸問題や現象が生じてくるのである．

次節においては，ここまで確認してきた資本主義的システムの理論的展開を踏まえつつ，グローバル資本主義において生じている諸問題が含む意味と，

グローバル資本主義をめぐるいくつかの論点について検討する．

2. グローバル資本主義をめぐる諸論点

(1) グローバル資本主義とマネーの暴走

　グローバル資本主義において発生している大きな問題の1つとして，ヘッジファンドなどが運用する短期の資金が世界中を暴走し，国民経済をゆるがすような事態が生じたことが挙げられる．とりわけ，90年代後半に生じたアジア通貨危機とそれに起因するアジア経済の失速と世界不安は，世界的に浮遊するマネーの暴走が引き起こしたものであり，世界がグローバル化していることを示す象徴的な事件であった．以下では，このマネーの暴走が含む意味について検討してみる．

それ自体が富を生み出すものとしてのマネーの世界的暴走

　まず確認すべきことは，マネーの暴走は資本主義にとって特殊歴史的な出来事ではありえないということである．もちろん，グローバルなマネーの移動を可能にする情報ネットワークなどを介して，この時代にマネーが暴走したことは，資本主義社会の世界性の深化と，それを通じて世界不安を引き起こすマネーの暴力性を象徴する出来事として，グローバルな問題として認識された点では歴史的意義がある．しかし，資本主義とは，マネーの増殖＝資本の価値増殖がその編成原理である．それは，価値を増殖するという資本の本性が歴史的に具体的な展開を見せたということであり，決して特別なことではない．

　特に，利子生み資本の形態においては，富の源泉が生産＝労働であることが消え去り，あたかも貨幣自身が，それ自体として増殖するもの，貨幣を産むものであるかのように神秘化される．生産という自己の根拠から独立して，自己の価値を増殖するマネーが自立化するのは必然である[10]．マネーの暴走という現象は，このような性質を持つマネーが現実に世界を駆け回ったとい

うことであり，そのこと自体は何ら新しいことではありえない．

　もちろん，このような形態で世界的に集められた貨幣が新たに生産部門に投下され現実の富を産み，新たな生産や流通の関係を作り出すということもあるだろう．しかし，現代では，それ自体が貨幣を産むように観念された神秘的な貨幣は，富を生み出すことなしに，様々な思惑のもとで上下するゼロサムゲームの世界において展開してしまう．そこでは，富を生み出すプロセスが消えているだけに留まらない．実際には何の富も生まれず，心理を揺さぶる様々な声や駆け引きによって，市場に投入された貨幣の奪い合いと移動が生じているだけである．それにもかかわらず，その世界に投入された貨幣は実際に富を生んでいるかのように観念されるという現象が生じている．このような自己増殖するマネーが，発達した情報通信体系と世界大に拡大した市場を通じて24時間グローバルに展開し，世界中の人々を翻弄しているのである．

マネーの暴走の意味

　それでは，上に述べたような性質のマネーが，資本が歴史的に形成したグローバルな市場を暴走し，世界の人々に対する脅威になったことの意味をどのように考えれば良いのか．

　重要なことは，次のことである．すなわち，資本のシステムが世界化すると，利潤追求のもとに営まれる資本の生産・流通活動や利子生み資本の増殖運動が世界化するわけであるが，この世界的なシステムは私的な運動が作る社会的関係として実現することである．社会的なものは，私的なものとして形成されている．しかし，この社会的なつながりや連鎖が単なる私的なものでないことは，歴史的に必ず露出する．その場合に問題になるのは，この社会的な関係の連鎖を，私的な運動が駆け抜けているということである．すでに，相互依存が明らかで，公共空間になりつつあるものが，相変わらず敵対的なゲームの展開の場になっているのである．グローバルなマネーが展開することで，現実経済における商品交換の連鎖という営みも影響を受け，われ

われの社会的な営みが影響を受ける．この公共的連関を守るために，何とかマネーの暴走を制御しなければならない．このことがグローバルなマネーの問題の本質である．つまり，私的なグローバル資本主義の社会的実態を露出させ，グローバルに増殖するマネーに対する制御意識を発生させているのである．

なお，このマネーの制御は，生産を行なう資本などにとっても問題となる点が重要である．生産を行なう資本と，生産から自立化し自己増殖する貨幣の対立が生じるのである[11]．そして，これは，実は，資本に対する資本の対立である．生産から自立化し自己増殖する貨幣が，生産する資本などにとって邪魔になり，制御しなければならないということは，資本が自己を否定し，自己自身の制御を求めるということなのである．グローバルなマネーの暴走は，単に制度的規制やトービン税の導入に終るものではない．資本そのものの制御，グローバル化の私的な側面の除去が，世界レベルで問題にされているのである．

(2) グローバル化推進論

ここまで検討してきたグローバル資本主義をめぐっては，グローバル化推進論から，反グローバリズムまで，様々な主張がなされている．ここでは，グローバル化推進論にしぼって，その問題点を検討してみる．

グローバル資本主義に対する懸念が広がる中，このあり方に賛成の立場をとる論者の1人としてフィナンシャル・タイムズ紙のマーティン・ウルフがいる．彼は，次のように述べることによってグローバルな資本主義の展開をストレートに肯定する．

「私の出発点は市場は巨大な富の増大を生み出すということです．（中略）．人類の歴史において，必需品としての財（衣服，住居，輸送，暖房等など）を，市場経済がその生産に成功したほど豊かにつくりだした社会はいまだかつて存在しないのです」[12]．

また，次のように述べて，利益を追求する企業活動の意義を強調する．

「利益の原動力は人々を新たな可能性の追求にむかって鼓舞するものと同じものです．そうであるからこそ，それは重要なのです」[13]．

ウルフによれば，人間がこれまで形成してきた経済システムの中でも，市場経済ほど信頼に足るシステムはないのであり，市場における利益を追求する企業活動のおかげでわれわれの生活は豊かになったのである．

ウルフの主張していることは，資本主義社会のポジティブな側面のみを一面的にとらえるならば正しい．資本主義社会は，利潤を追求するための生産が行なわれることで，巨大な生産力を作り上げ，様々な範囲におよぶ消費物を生み出し，人間の欲求の体系を全面的に開花させてきた．この歴史的な社会が作った恩恵なしに，人間の自由はありえない．

しかし，ウルフは，このような肯定的側面のみに着目し，資本によってシステムが運動することの否定的側面を見ない．資本の価値増殖は，諸個人に犠牲を強いるものであり，諸個人を翻弄するものである．人間の自由は，不自由において実現しているに過ぎない．

しかも，ウルフは，資本主義というシステム自身がすでに自己の前提を覆すほどに成熟しつつあり，自己に留まれないほどにそのあり方を変容させていることも見ない．

すなわち，資本が作ってしまったグローバルな生産の体系は，すでに，私的前提で形成されたグローバルな相互依存関係という形で，その社会的実態を露出している．この相互依存関係なしに，われわれの生命の再生産はありえないし，豊かな欲求の充足もありえないが，この相互依存関係が私的な主体に担われていることによって，われわれの生活は翻弄されることになる．重要なのは，この社会関係の公共性を認め，これを管理することなのであるが，それが私的主体に担われる限りは私的経済の気まぐれな変動に振り回され続ける．資本という自立した主体をどう制御するかということが，すでにわれわれのグローバルな課題なのである．マネーの暴走も，銀行の破綻も，企業の倒産も放置しておくわけにはいかないのである．私的経済をコントロールする様々な政策や社会介入は，必然である．このように，資本主義が歴

史的に展開すればするほど，資本を前提としながらも，資本をこえる試みがなされるのである．

また，利潤をめぐる競争に駆り立てられなければ進歩がありえないかのように考えるのも誤りである．人間は長年に渡って利潤がなくても社会を進歩させて来たのだし，例えば，LINUX などを見れば，利潤なしでも優れたものが十分に開発されうることは明らかである．しかも，現代では，私的な利益を目的とすることはかえって進歩の障害にさえなりうる．特に，知的所有権がグローバルなレベルで強化される流れのもとで，知の私的な囲い込みに走る企業の行動などは，結果的には，そのような行動がかえって社会全体の進歩を阻害することを今後明らかにする可能性があると思われる．

ウルフは，以上のような点を見ようとしない．歴史を停止し，いつまでも同じ循環の中に留まることはできないのである．

(3) グローバル資本主義と国家

グローバル資本主義において，しばしば議論されるテーマとして，従来の国民国家をどのように位置づけるかという問題がある．このことに関わる議論は，様々な角度からなされているが，中心的な論点の1つは，グローバル資本主義において国民国家の重要性が低下するかどうかという問題である．以下において，この議論を検討してみる．

グローバル化の深化における国家の役割の増大

上に述べた論点に関して，グローバル資本主義と言われる現在においても，国家の役割が低下するどころか，国家の役割が資本にとってますます重要になるとする論者としてエレン・メイクシンズ・ウッドがいる．彼女は，アントニオ・ネグリとマイケル・ハートの『帝国』のようなラディカルで革新的な書物ですら，資本の権力を国家をこえるものとしてとらえ，領土的な国民国家は重要性を失うと主張していると批判する．その上で，資本にとっては国民国家がますます枢要なものになっているのであり，とくにグローバルな

第14章 グローバル資本主義の行方　　273

資本主義にとって，国民国家の重要性が高まっていることを指摘する[14]．

　ここで問題にすべきことは，この2つの見解のどちらが一方的に正しいかということではない．ポイントは，グローバル資本主義は，資本によって作られるグローバルな相互依存関係であることによって，上のような2つの側面が交差する状況をもたらすということだと思われる．言い換えれば，資本のグローバル化が進行する局面においては，一時的に国民国家の重要性の増大やナショナリズムに帰結するということがありえるが，資本が国家と結びつきながら現実にグローバルな連関を形成してしまうことによって，国家をこえたグローバルな統治機関を必然的にしてしまうということである．

　すなわち，国家とは，資本主義に先行する存在であり，とりあえずは国民経済を総括する形態として抽象的に資本のシステムに位置づけられるものである．しかし，資本のシステムが歴史的に社会関係を成熟させるにつれ，国家は資本のシステムにおける理性の形態としてその内容を具体的に形成することになる．特に，私的な領域の社会性が露出するにつれて，私的な領域に入り込む社会介入などは必然となる[15]．資本のシステムの成熟は，国家が機能することを要請するのである．

　しかし，問題は，このような国家が国民経済の成熟化とともにその理性的形態としての姿を形成することと並行して，資本が国民経済をこえて世界市場という連関を形成するプロセスが進んでいることである．そして，このような世界市場への資本の展開の局面に，資本の理性的形態としての国家の存在が結びつくことで，グローバル資本主義の深化過程における国家の役割増大の局面が出てくるのではないかと思われるのである．

　つまり，グローバル資本主義におけるメガ・コンペティションの時代を前提にした，様々な自由化政策，構造改革論議などは，資本のシステムによって形成されている国民経済が公共的であるからこそ出現する政策である．世界市場が前提となればなるほど，そこにおいて妥当する形態を保たなければ，資本は競争に敗れ，資本によって展開されている国民経済という公共性は崩壊する．世界市場における競争に勝ち抜き，国民経済という公共的空間を守

るためには，自由化政策や構造改革を行なわなければならなくなる[16]．このような，歴史的局面で発生する国民経済という公共性の維持の要請は，自己の外側の領域に対する排他的な競争政策として現れる[17]．また，内に対しては，公共性を守る（国民経済を世界市場の中で守る）ための新自由主義的政策という形態をとる[18]．この面をとらえて，国家の役割の増大を述べる限りにおいて，ウッドの指摘は正しいということになる[19]．

グローバルな公共性の自覚化と制御の必然性

ところで，以上に述べた資本主義のグローバルな性質の深化と国家の役割のからみあいにおいては，2つの矛盾が明らかになっている．

1つは，すでに指摘したことであるが，このような世界市場的な流れとリンクしながら国家の介入が増大すること自体，私的な経済としての国民経済の公共性が露出していることである．私的なものは社会的なものなのであり，私的な資本のあり方を社会的に制御する意識が，ここでは国民経済という局所的な限界のもととは言え露出している．これは，実際にとられる政策がケインズ主義的であろうが，新自由主義的であろうが同様である．

2つ目は，このような形で世界市場に組み込まれるほど，資本は外に展開し，世界市場が陶冶されてしまうということである．そこでは，すでに一国ではコントロールできないグローバルな相互依存の関係が生成しており，他の国々を押しのけて，一国だけで私的に利益を得ようとすることが矛盾であることが明らかになってくる．もちろん，当面は，私的に形成された世界市場をめぐって，国家も巻き込んだ利己的なゲームが繰り広げられるに違いない．しかし，そのような世界市場という相互依存性の形成において，自己が他者の存在なしにありえないことが世界レベルで認識される局面が必ず訪れる．国民経済も資本も，それだけでは自己完結しないのである．

この点において，ジョセフ・E. スティグリッツは自覚的である．彼は，90年代終わりに生じた東アジア危機の際にIMFがとった政策を批判しながら，次のように述べる．

「IMFがおかした多くの誤りのなかでも最も理解に苦しむのは，それぞれの国で追求される政策の重要な相互作用になぜ気づかなかったのかということだ．ある国で実行された縮小政策は，その国の経済を圧迫しただけでなく，周囲の国々にも悪影響をおよぼした．縮小政策を提唱しつづけることにより，IMFはある国の景気下降をどんどん隣の国へ伝染させていったのである．どの国も経済力が弱まると，周囲の国からの輸入を減らした．したがって，周囲の国も経済力が低下することになったのである．」[20]

資本主義という私的な振る舞いが前提された社会では，自己のみの合理化を追求する行動パターンがしばしばみられる．しかし，私的な振る舞いにおいてグローバルな相互依存を形成してしまった状況では，ある国家が他国に矛盾をしわ寄せする形で自分だけを合理化しようとしても，それは相互依存関係にある他国へ負の影響を及ぼし，かえって自国の経済の下落を招いてしまう．それどころか，このような相互作用による経済の下落は，さらなる負のスパイラルを巻き起こし，全体の下落へとつながってしまうとスティグリッツは指摘しているのである．

結局，世界レベルでの相互依存的な関係においては，私的論理に従って，単独で合理的に振舞ったとしても，本当の合理性に帰結しない事態が生じうるのである．そのことをふまえれば，グローバルな相互依存関係の拡がりという現実に即して，それを制御するためのグローバルなレベルの組織と規制の体系が要請されざるをえないのである[21]．

以上のように，グローバル資本主義の展開における国家の役割の増大は，歴史的に必然的なものであるが，それが世界市場を陶冶する限りにおいて，世界的公共性の自覚化と制御に席を譲らざるをえないのである．

3. 自己と他者の分離から同一性の経済システムへ

グローバル資本主義とは不思議な状況である．それは，国境をこえて多くの人々が結びつき，それのおかげで生命を再生産することができるような普

遍的な連関であるにもかかわらず，それ自身が資本という私的な運動によって編成されることで，排他的で疎遠な存在となっている．その連関は，世界中の人間の存在根拠であるにもかかわらず，手段であるはずの貨幣が主人になることでつながっている連関であることで，世界中の人間を翻弄し，安らぎを与えることのない怪物である．

　それでは，このようなグローバル資本主義を，われわれはどのような問題としてとらえ，行動すればよいのか．確実に言えることは，自給自足的な昔に戻るとか，狭い範囲に閉じこもることが最善の方策ではないということである．現在のグローバル化に対する批判意識の１つの現れ方として，そのような方策がありえるとしても，それは人間の解放とは言えない．世界的な生産と分業に支えられることによってわれわれの生活の全面的開花はありえるのだし，人間の自由がありえる．狭い範囲に閉じこもれば，世界的な変動からは逃れられるが，われわれの自由の実現は局所的なものに留まってしまう．かつてのように局所的なところに人間が留められる状態に戻ることは決して前進ではないし，すでにそこから解放された人間には不可能である．

　認識すべきことは，このようなグローバルな関係を直接に拒否することが重要なのではないということである．グローバル資本主義における本当の問題は，グローバルに拡がった相互依存関係そのものではない．そうではなくて，私的にグローバルな連関を作った歴史的な主体としての資本が問題にされているのである[22]．資本は，私的に価値を増殖することで歴史的に普遍的連関を作ってしまったのであるが，相変わらず私的にその普遍的連関を駆け回っているのである．

　相互依存関係であるにもかかわらず，自己と他者の分離が前提された私的利益の追求の場としてグローバルな関係が機能している．それ故，本来は様々な文化や観念をもった人間を支える普遍的な土壌としての世界的分業のシステムが，人々を苦しめるものになっている．相互依存関係が，相互を排除する論理のもとに形成され，解放の手段が，人々を苦しめる手段になっている．実態としての社会的関係が，私的な運動において作り上げられている

ことで，人間が翻弄されているのである．このような実態を自覚化するのであれば，資本というあり方の制御が問題として浮上してくるはずである．相互依存という実態が形成されているもとでは，自己と他者の分離のシステムをこえなければ，人間がグローバルなレベルで経済に翻弄される状況がいつまでも継続するであろう．どんなに解決が難しいとしても，この本当の問題に制御の手綱をかけられるかどうかがグローバル資本主義におけるわれわれの課題なのである．

注

1) マルクス（資本論草稿集翻訳委員会訳）『資本論草稿集④』大月書店，1978年，55ページなど参照．
2) 「貨幣はたんなる流通手段としては，僕（しもべ）の姿をもって現われたものだが，この僕（しもべ）の姿から，突然に，貨幣は，諸商品の世界の支配者および神になる．」マルクス（資本論草稿集翻訳委員会訳）『資本論草稿集①』大月書店，1981年，242ページ．
3) 商品経済の領域に依存する度合いが強まれば，労働する諸個人が生産の諸条件を喪失することが起こりうる．資本にとっては，この諸条件を喪失した労働が，価値増殖の源泉として必要であるのみならず，資本の生産物を商品として購入する消費者としても必要になる．「じっさい，小農民を賃金労働者に転化させ，彼らの生活手段と労働手段を資本の物的要素に転化させる諸事件は，同時に資本のためにその国内市場をつくりだすのである．」マルクス（マルクス＝エンゲルス全集刊行委員会訳）『資本論』第1巻第2分冊，大月書店，976ページ．
4) 「世界市場をつくりだそうとする傾向は，直接に，資本そのものの概念のうちに与えられている．」マルクス（資本論草稿集翻訳委員会訳）『資本論草稿集②』大月書店，1993年，15ページ．
5) マルクス（マルクス＝エンゲルス全集刊行委員会訳）『資本論』第3巻第1分冊，大月書店，333-334ページ参照．
6) 「1つの事業部門における資本の最小限は，その事業部門が資本主義的に経営されるようになればなるほど，そしてその事業部門における労働の社会的生産性の発展が高ければ高いほど，ますます大きくなる．それと同じ度合いで資本は価値量を増して社会的な規模をとらざるをえず，したがっていっさいの個人的な性格を脱ぎ捨てなければならない．」マルクス（岡崎次郎訳）『直接的生産過程の諸結果』大月書店，1970年，105ページ．
7) 生産活動が実態として社会化し，生産物がもはや個人的でありえないにもかかわらず，これに私的な覆いを被せようとするのが「成果主義」である．社会

的に発揮された力の成果が，人事部などの決断によって「誰かの私的な成果」とされる．見えにくい協力や助け合いも無駄ということになり，評価されるもの以外はしないという個人主義的振る舞いが蔓延する．結果として会社の力＝社会的労働の力は衰退する．

8)「生産と消費とにおける一般的連関と全面的依存性とは，消費者と生産者との相互の独立性と無関心性と同時に増大する．」マルクス（資本論草稿集翻訳委員会訳）『資本論草稿集①』大月書店，1981年，143ページ．

9) この展開を踏まえない議論は，資本主義の進歩性のみを強調する単なるグローバリストと，その全く反対にグローバル化に絶望のみを見る悲観論に二極分解する．

10)「われわれがG─G′で見るのは，資本の無概念的な形態，生産関係の最高度の転倒と物化，すなわち，利子を生む姿，資本自身の再生産過程に前提されている資本の単純な姿である．それは，貨幣または商品が再生産にはかかわりなくそれ自身の価値を増殖する能力─最もまばゆい形での資本の神秘化である．」マルクス（マルクス＝エンゲルス全集刊行委員会訳）『資本論』第3巻第1分冊，大月書店，492ページ．また，投機的熱狂の際に，労働過程なしに価値増殖を達成しようという一般的狂騒が資本主義的諸国民をとらえると指摘している部分として，マルクス（資本論草稿集翻訳委員会訳）『資本論草稿集④』大月書店，1978年，151ページ参照．

11) 世界市場におけるマネーの暴走を，金融が生産を阻害する構造として把握するものとして，佐伯啓思『ケインズの予言』PHP研究所，1999年，第3章．

12) スーザン・ジョージ，マーティン・ウルフ（杉村昌昭訳）『［徹底討論］グローバリゼーション賛成／反対』作品社，2002年，91ページ．引用文中の省略は筆者による．

13) 同上書，136ページ．

14) エレン・メイクシンズ・ウッド（中山元訳）『資本の帝国』紀伊國屋書店，2004年，25-26または216-227ページなどを参照．

15) 資本論に即すれば，工場法など，現代では，公的資金の注入などの私的領域に対する様々な社会介入などが挙げられる．実際に実行されたわけではないが，数年前に日本経済におけるデフレスパイラルへの突入が問題とされた際に，インフレ・ターゲット論などが真面目に議論されたことなどは，その最たるものである．国民経済という公共性を守るためには，社会介入によるインフレで，私的な資産が否定されても良いということだからである．

16) コーリン・クラウチとウォルフガング・ストリークは次のように述べている．「国際化──とくに国際競争──に対する唯一の経済合理的な政治的回答として，また競争力における国民的利益を守るために唯一の将来性ある方途として，国内の規制緩和が各国政府によって提示される傾向にあるということに注意しよう．」コーリン・クラウチ，ウォルフガング・ストリーク編（山田鋭夫訳）『現

代の資本主義制度』NTT出版，2001年，21ページ．
17) ロバート・O. コーヘンは次のように指摘する．「組織的政府が存在しない状況で相互依存が深化すると，アクターが自らの問題を他におしつけることで解決しようということになりかねない．」D. ヘルド，M.K. アーキブージ編（中谷義和監訳）『グローバル化をどうとらえるか』法律文化社，2004年，128ページ．相互依存を前提にして排他的政策をとることは，実は矛盾である．相互依存においては，他者がなくして自己はありえない．しかし，私的経済の前提のもとでは，そのような本質がなかなか自覚化されにくい．
18) 公共的なものを守るために，その全く反対の論理を推し進めることになる．ただし，この場合，社会に露出しているのは経済の公共性の意識であり，市場化はそれを維持する道具になっている．市場化は，公共性のために行なわれるに過ぎない．なお，新自由主義政策や規制緩和政策を，単なる資本主義の先祖帰りでなく，私的経済の公共性の露出として位置づけるものとして，神山義治「マルクスにおける資本と国家」鶴田満彦・渡辺俊彦編『グローバル化のなかの現代国家』中央大学出版部，2000年，286ページ参照．
19) ただし，このような国家の介入をともなって世界市場の成熟が進むほど，グローバルな統治なしにはコントロールできない状況がもたらされてしまう．
20) ジョセフ・E. スティグリッツ（鈴木主税訳）『世界を不幸にしたグローバリズムの正体』徳間書店，2002年，159ページ．また，別の場所では次のようにも述べている．「欧米の個人主義でも，現在では個人が相互に依存しあっていることを認めており，他者から何も受け取らない仙人のような暮らしは想像すらできない．われわれは社会のなかで生きており，その社会がどう機能するかによって，一人一人の生活に影響がおよぶ．」ジョセフ・E. スティグリッツ（鈴木主税訳）『人間が幸福になる経済とは何か』徳間書店，2003年，368ページ．
21) 現代のグローバル資本主義の展開において，グローバルで民主主義的な世界統治のシステムの必要性を指摘したものとして，鶴田満彦「グローバル経済の矛盾」徳重昌志・日高克平編『グローバリゼーションと多国籍企業』中央大学出版部，2003年．世界的公共性の枠組の必要性を論じたものとして，有井行夫「現代マルクス経済学の基礎づけ問題」『経済理論学会年報第34集』青木書店，1997年．
22) この点に関しては，神山義治「21世紀問題としての資本」中央大学経済研究所編『現代資本主義と労働価値説』中央大学出版部，2000年を参照のこと．

［付記］本稿は，日本証券奨学財団研究調査助成金による成果の一部である．

> **コラム5**

日本のモノづくりから東アジア共生の道を探る

渡 辺 博 子

深まる東アジアとの連携

　1980年代半ば以降の経済環境の急激な変化は，日本企業の海外進出を活発にし，日本経済，とりわけ日本のモノづくりのグローバル化を急速に促進させた．

　そのひとつの典型である日本の家電産業を例にあげれば，それまでの家電企業の海外進出は，販売・営業拠点の設置，関税回避や貿易摩擦解消のための当該諸国への生産拠点設置というパターンであった．しかし，1980年代後半以降の海外進出は，とくに東アジアを対象とし，生産コスト削減のため相対的に安価で豊富な現地労働力や資材を求めての生産拠点の移転へと変化した．

　東アジアへの進出を歴史的に概観すると，日本の家電企業（あるいは電機企業の家電部門）は，1960年代頃の相対的に早い時期から現地に進出している．当初は現地の輸入代替が目的で，製品は複合型生産（扇風機，電気冷蔵庫，電気洗濯機などが混合された生産体制）であった．それが1980年代の円高対応の進出のなかで輸出拠点としての役割を担うようになり，さらに日本との製品の棲み分けや工程の分担などが実施され，やがて現地国内の需要に対応する生産も開始されるようになった．進出対象地域はアジアNIES（新興工業経済地域）からASEAN（東南アジア諸国連合）へと移り変わった．

　1990年代に入ると，ASEANでの工場新設のペースは緩やかになり，既存工場での生産拡大や生産性向上のための改善活動などが盛んになる一方で，新規進出の対象先が中国となった．また，生産拠点だけでなく企画や開発部門などの展開や現地を市場の対象とするなど，東アジアを中心とした世界的規模での供給体制を構築し，最適地生産・最適地販売といった本格的なグローバル戦略をとってきた．それにともなって，主要製品の海外生産比率もますます上昇した．さらにいえば，ほとんどの家電企業では，1990年代半ばまでの日本—ASEANという2極体制から，本格的な日本—ASEAN—中国の3極体制を強化しながら，当該諸国の市場供給も目指した展開を図ってきた．

　こうした日本企業の海外展開や海外生産が進むにつれて東アジア偏重の傾向はますます深まり，生産分業構造も変化してきた．まず，家電製品生産に関する分業関係について，製品間分業は，おおむね高付加価値製品を日本で生産し，単機能あるいは低付加価値製品をアジア地域で生産してきた．あるいは，日本

における成熟製品の生産を海外に移転しつつ高付加価値あるいはハイテクなど成長製品は国内に残す分業戦略であったが，それがすでに崩れてきた．最先端のデジタルカメラ，DVD プレーヤー，薄型テレビなどの東アジアシフトが進行しただけでなく，日本からのシフト期間が非常に短くなっていった．

また，工程間分業に関しては，最初は生産工程が中心であった．それが企画や開発設計などの機能も取り込むようになり，とくに消費国生産が基本である白物家電のような分野では，現地消費者ニーズを満たすための一貫した製品開発・供給体制が整備されていった．

一方，部材調達については，当初，進出国の工場の内製化や当該企業グループ内での内部調達や日本からの輸入により，必要な部品・資材の調達をまかなってきた．その後，家電企業に追随した日本の協力・下請企業や部品企業の進出，政府方針による地場企業の育成も行われて，また周辺諸国間の調達にかかわる提携もみられるようになった．一部，特殊な部材は日本からの輸入が必要であるものの，こうした変化は，1990 年代のいちだんと緊密化した特徴としてマクロ指標にも如実にあらわれている．

成長する東アジアとモノづくりの課題

1980 年代後半からの日本企業の東アジア展開などにみられる外資導入は，現地の経済発展に寄与しただけなく，産業育成にも貢献したといえる．東アジアでは，外国企業の積極的な誘致により，輸出基地化あるいは輸出産業の育成が進められた．それにともなって，輸出が拡大を続け，現地の経済が活性化することによって，内需や所得の拡大，国内投資の活発化をもたらしてきた．

その後は順調に推移し，"奇跡の東アジア"とよばれ高度成長を記録していたが，1997 年には，タイから始まった通貨・経済危機がまたたくまにその周辺諸国や韓国にまで波及し，金融不安や経済不安とともに，アジア全域における生産の低下，失業，物価高をもたらす不況に陥ってしまった．その原因には，輸出振興による工業化の一方で，各国の金融システムが十分に機能しなかったこと，過大な経常収支赤字が海外からの短期資金流入により補われていたこと，為替レート制度が適切でなかったことなどがあげられる．

しかし，それを契機に，早急に金融システム改革と企業の債務処理を行いながら，産業基盤の多面的強化，情報化とネットワーク化を軸とした産業構造の高度化など経済・産業のマクロ的な対応策のみならず，あらためてモノづくり技術の強化・育成が見直された．そのため，東アジア諸国の自助努力とともに，それを促進する貿易投資障壁の低減・撤廃が実施され，いっそうの外資導入や技術移転がみられるようになった．その結果，東アジア域内分業体制がいっそう高度化されていっただけでなく，東アジア域内の投資・貿易の推移が指し示

すように，相互依存がますます進んだ．一方で，東アジアでは，既存および新規の外資系企業や地場企業間での競争が激化した．

またこの時期は，着々と実力をつけてきた中国の台頭が顕著であった．世界における中国の存在およびその影響は，"世界の工場"としての生産拠点，潜在需要も含め巨大な"世界の市場"としてのそれぞれの位置づけ，中国資本による地場企業の勃興および勢力拡大という意味できわめて大きかった．

こうしたなか，一方で，グローバル化のもとで展開される生産分業には，進出した側，進出を受け入れた側の両者が望む形で必ずしも進まないことが多く，課題も存在する．

モノづくりにおいては，素材産業を含むサポーティングインダストリー（裾野産業）や調達環境の未整備が大きな課題である．こうしたモノづくりの周辺部分で，日本の企業が積極的に東アジアへ進出しなかったこと，したがって日本の家電企業のなかには，最初から自社内あるいは自社工場内で内製化させているところもあった．その原因は，人手による部分，すなわち技能への依存度が大きい技術の移転には現場での長期間の経験が必要になるため時間がかかり，わずか数年の期間で技術のキャッチアップを果たすことは不可能であったこと，また東アジアでは，労働者がより有利な就労条件を求めて次々と就業先をかえる"ジョブホッピング（転職）"が多く，その企業あるいは人に技術や技能が蓄積されなかったことなどがあげられる．

しかし，より大きな課題は，日本の企業のほとんどが，東アジア拠点を日本の強い統制下におき，日本国内の一部門として位置づけようとしていることが往々に見受けられることである．日本の経営スタイルや慣行をそのまま移動させている場合もある．その一方で，デジタル家電などの先端製品になればなるほど，コア技術やノウハウなどはブラックボックス化されている．事業運営の一環としてやむをえないこととしても，進出先の経済産業状況に対応した両者がお互いに発展するような生産分業体制の構築，すなわち現地国内における部品産業やモノづくり技術の育成と研究開発にかかわる技術移転にもとづく国際分業体制づくりが必要となってくる（ただし，知的財産・知的所有の国レベルでの移転については慎重な対応が必要である）．

さらに，進出先の市場では，製品レベルの違いを保ちながらも現地市場に適した各国独自のモノづくりが目標とされている．そのためには，上記のサポーティングインダストリーあるいは地場産業の育成を含め，現地での技術強化と拡充，労働集約型から高付加価値型への製品転換，より効率的な生産体制への変革と生産性向上にむけた改善運動，部材の現地調達率の引き上げや内製部門の強化，マーケティングの現地化，現地人材の経営部門への登用と育成などが必要となってくる．

21世紀型モノづくりと共生のゆくえ

1990年代にはいり，それまで名実ともに強力であった日本の家電企業の国際競争力は，相対的に低下した．その背景には，国内外の市場における熾烈な企業間競争，価格低下や価格競争の激化，市場の成熟化や飽和傾向，需要の激しい変化，韓国企業の増強や中国企業の大きな躍進にみられるアジア諸国の台頭，高コスト体質に代表される企業内部の問題など実に様々な課題があった．

こうした課題に対応すべく，日本の家電企業は経営改革や組織変革など企業の再構築を実施してきた．その過程において，2003年後半からは，デジタル家電好況（とくに"新三種の神器"といわれている薄型テレビ，DVDレコーダー，デジタルカメラの活況）が到来し，関連する他の家電部門のみならず，他電機部門，他業種にも大きく波及し，日本のデジタル景気を招いただけでなく，生産拠点の国内回帰の様相も散見されるようになった．

しかし，この好況は，これまで日本の家電企業がかかえていた課題をすべて払拭したわけではない．むしろ，日本の家電企業を取り巻く国内外の厳しい状況を覆い隠しただけの脆弱な基盤のうえに成り立ったものである．また，生産拠点の国内回帰については，これまで日本における産業空洞化懸念のなか，家電企業の生産能力（"企業としての力"）と日本としての生産能力（"国としての力"）のミスマッチが大きな課題であったが，その乖離が狭まっただけであって，国際競争力の向上あるいは回復にむけたグローバル視点による戦略の建て直しおよびそれにもとづく国際分業の再編は継続されているのである．そして，東アジアがますます日本の家電企業の一戦略拠点として機能するような統括が行われるという懸念も出てきている．新たな国際的生産分業構造の可能性にむけた，先進諸国のエゴを追随する諸国に押しつけない形での共生的な戦略の必要性が強調される．

また，さらに重要なことは，"21世紀型モノづくり"への変革である．現在，経済社会の変化にともない産業構造や市場形成のあり方が変化してきていること，大量生産・大量消費・大量廃棄といった，いわゆる"20世紀型モノづくり"が機能しにくくなっていることは誰の目にも明らかである．人間や自然環境を重視したモノづくりへの視点転換と，それが企業の組織・製品といったあらゆるレベルにまで波及するような体制の必要性をあらためて認識せざるをえないのである．また，こうした考えは，経済的な利益から乖離することもありうるし，世界規模で行使されていかなければ意味がない．

経済論理のみに偏った関係から脱脚するためにも，進出企業（国）はまずはそれらに真摯に対応していくとともに，今後の課題として，強者の論理だけでない，諸国間の経済関係に対等・互恵の原則で結びついた本当の意味での日本と東アジアとの「共生」およびその共生による真の成長が必要になってこよう．

コラム 6

ロシアのコーポレート・ガバナンス改革

井 本 沙 織

企業改革の方向

ロシア企業の民営化の時期においては，企業経営，事業免許等についてのいくつかの法律が採択されている．その中でも企業のあり方に直接関連する法律は「株式会社法」，「有限会社法」，「証券市場における投資家の権利保護法」，「倒産法」である．旧ソ連邦の解体後，新生ロシアの基本となる法制改革はフランス・ドイツのモデルをベースに行われたのに対し，会社法はアングロ・サクソン（英米）のモデルに沿って作られたものである．したがって，コーポレート・ガバナンスも米英型に極めて近い発想の下で発展している．

取締役会と経営陣との関係においては，大きく分けてドイツ型の二層の構造と業務執行と監督を兼務する英米型の２つのタイプが存在している．ドイツ型の場合は，すべての株式会社（AG）と従業員 500 人超の有限会社（GbmbH）には，法律によって監査役会（Aufsichtsrat）と取締役会（Vorstand）が設置されている．一方，英米モデルの取締役会の場合には，取締役会には監査機能も執行業務機能も含まれている．つまり，監査委員会は取締役会の一部であり，重要な役割を果たしている．

現在のロシアでは取締役会が監査役会の役割も果たしていると見られるが，取締役会における英米モデルのように指名委員会，報酬委員会，監査役委員会，財務委員会，執行委員会など，目的別の委員会を設けている企業はまだ少ない．しかし，ロシアのコーポレート・ガバナンスが英米型と異なっているということよりも未熟さを表すもので，今後の方向性は英米型に向かっている．

コーポレート・ガバナンス改革のはじまり

1998 年以降は経済成長が著しいが，老朽化している設備の更新に関する内外からの新規投資が今後の発展の鍵を握っている．2003 年の国内投資は好調であり，とくに輸出産業では前年比で 12% 増加している．しかし，ロシア国内市場指向の企業，あるいは輸出競争力がない企業にとっては，海外からの投資や国内投資家（石油，ガス等の天然資源で大きな利益を上げた企業）からの投資資金が必要である．ロシア向けの海外直接投資は，他の体制移行諸国に対する投資を下回っており，旧ソ連邦崩壊以降は，ロシア向けの海外直接投資は GDP の 1% 未満であるのに対し，中・東欧諸国向けの海外直接投資は GDP

の5〜10%となっている．

　これまで海外の投資家が慎重であった理由としては，投資環境，とくに所有権の保護，株主の権利の保護といった法制面でのリーガル・インフラストラクチャーの不備またはコーポレート・ガバナンス不在の問題が大きいとされていた．ロシアではコーポレート・ガバナンスがまだ十分発達していないため，株主と経営者の間に対立がしばしば起きている．最も多い違法行為は，外部株主の持分を少なくすることを目的とした，資本の「水増し」である．経営者は，しばしば，いくらかの株主を株主総会に参加させないなどの方法をとっている．また，関係者の間で追加の株式発行，転換社債発行を行ない，少数株主の持分が割安で買い戻されて，会社の資産および資金が経営者のコントロールの下に置かれる企業に流されているといったことである．次いで，多く場合，事実上のオーナーが同時にトップの責任者であることによって，企業全体の利益の最大化，とりわけ，大株主に有利になるような資金の流入・流出のコントロールが優先されている．このようなケースにおいては，企業価値は市場の株式の市場評価と乖離しており，大株主と少数株主の権利は事実上，不平等な関係になる．さらに，株主総会の際にも，株主の権利が阻害されているケースがある．企業および経営者は参加者登録している担当者を直接および間接的にコントロールしたり，企業活動に関する重要な変更事項について，株主に対する情報提供を遅らしたり，あるいは行わなかったりして，株主が株主総会に積極的に参加し投票する権利を妨げていた．

　しかし，2004年6月には，モスクワにて「ロシアにおけるコーポレート・ガバナンスおよび経済成長」と題する国際会議が行われた．ロシア側の報告によれば，国際市場，グローバルな市場におけるロシアの経済力，競争力を一層高めるためには内外からの投資および融資が必要であることが強調されている．そして，ロシア国内市場を投資家にとって魅力的な活躍の場にするためには，以下の3つのポイントが重要であると主張された．第1に，所有権の保護，第2にコーポレート・ガバナンスの改善，第3に情報開示，とりわけ情報公開の面においての透明性の向上が重要であると述べられている．ロシア企業にとって，成長を持続させるためには，コーポレート・ガバナンスの問題の解決こそがまさに活路であるといっても過言ではない．

コーポレート・ガバナンス・コードの導入

　2000年までは，所有権の配分・再配分の争いの際に，資本の「水増し」，株主の「追い出し」，資産の持ち出し，適切な支払いがなされない敵対買収，株主総会の偽装が数多く起きていた．また株式を取り上げる目的での株主リストの不適切な修正等の違法行為も行われていた．これは，ロシアにおける法制の

不整備によるものである．また，株式会社を巡る多数のスキャンダルがロシアの投資環境の整備を妨げていた．このような状況を変えるため，2000年からは，ロシア政府および国際組織のイニシアチブの下でコーポレート・ガバナンス改革が始まった．「株式会社」連邦法が採択されて，コーポレート・ガバナンス・コード（Corporate Governance Code）が作成されたことによって状況は改善され始めた．

ロシアのコーポレート・ガバナンスの改善に最大のインパクトを与えたと言われているコーポレート・ガバナンス・コードは，2002年，EBRD（欧州復興開発銀行）および日本政府のスポンサーシップの下で，証券市場連邦委員会の監督により作成されている．

2000年から2002年にかけて，OECDはロシアのコーポレート・ガバナンス白書を作成した．また，IFC (International Finance Corporation, 世銀グループ）はロシア企業のコーポレート・ガバナンスの向上および投資対象としての魅力を高めることを目的として，改善プロジェクトを開始した．こうした外的な力も得て，コーポレート・ガバナンスの改善の重要性が幅広く伝わり，民間組織も独自で力を注ぐようになった．2002年2月には「独立取締役連盟」ができており，次いで「コーポレート・ガバナンス全国会議」が2003年5月に発足，2004年6月には「ロシアにおけるコーポレート・ガバナンスおよび経済成長」会議の主催を行った．また，ロシア取締役研究所が研究・教育活動を行っている．さらに，これまでロシア市場で活動してきた投資会社，格付け会社およびコンサルティング会社も，コーポレート・ガバナンスの普及に努めている．

2004年現在においては，資本の水増し問題，株主追出し問題は解決されてきており，株主総会の操作の可能性は急減している．また，大口取引（株式会社の資産の帳簿価格の25％以上の取引が大口取引とみなされる（2002年，株式会社法））および大株主以外の株主にとっては不利になる条件での取引，すなわち，Interested (related) party transactionに関する規制がより明確になっている．情報開示の面についても進展がみられ，ロシアの株式会社が開示している財務情報およびそれ以外の情報の量は，すでに，EU基準および国際証券市場連邦委員会（IOSCO）の基準に適合している．

取締役会の独立性について

ロシアの大手の87株式会社がロシア取締役研究所のアンケート調査（2001年）の対象になっているので，これを紹介すると以下のとおりである．まず，アンケートにおける「独立社外取締役」の定義は次のとおりである．「独立社外取締役とは，経営者や大株主，さらには株主である政府との関係においても，金銭面や事業面，その他の面で関係がなく，株主全体の利益のためだけに行動

する取締役である.」
　なお,独立でない取締役は上記以外の取締役であり,以下に分けられる.
1.　執行機関のメンバー(企業の経営陣)の代表
2.　大株主代表
3.　国が株主であり,取締役会に国の代表の取締役をおく

　調査の結果では,取締役会における執行役員と外部役員との割合は,3：7,つまり3分の2は執行役員ではない.ロシア株式会社法によれば取締役会には執行役員(経営陣)が半分以上になることはできないと定められている.この点においては,調査対象企業はロシアの法律にそって企業を運営していることになっている.一方,独立社外取締役は52％の企業にしか置かれなかった.独立でない取締役と独立社外取締役の割合は8：2であった.

　独立外部取締役が少ない理由としては,次があげられる.①現在,ロシアでは株式の所有権と経営がはっきり分けられていないケースが多いこと.すなわち,個人大株主がトップ経営者(社長ないし会長)として兼務しているケースが多いこと.②個人大株主および経営陣が取締役会のメンバー構成および意思決定プロセスに圧力をかけていること.③適切な経験,知識,資格のある取締役が不足していること.しかし,外部取締役制度,そして独立社外取締役の数を増やすことが今後の課題とされていることは,企業の透明性改善に向かって意識改革がなされているということである.

取締役会の人数

　アンケート調査によれば,1企業あたり取締役の平均人数は9人であり,平均すれば1人の取締役が1,800人の株主を代表している.また,取締役1人あたりでは,1,200人の従業員を抱えている.

　株式会社法によれば,1,000人の株主がいる株式公開株式会社の場合には,取締役人数は7人以上と義務付けられており,10,000人の株主がいる企業の場合,9人以上である.実際には,2001年,77％の企業においては取締役会の人数が6人〜10人であり,15％の企業は同11人〜15人である.

　平均すれば41％の取締役,また9人のうち4人が他社の取締役を兼務していることになる.これはロシアの大手企業の形態を反映している.たとえば,調査の対象のひとつであるRAO UES(ロシアの最大手電力会社)の場合のように,ホールディングカンパニーの取締役が傘下の会社(地方電力会社)の取締役を兼務しているケースが多く含まれる.同様に,Svyazinvest(大手の通信会社)でも地方会社を兼任するケースが含まれた.このように,一般的には,地方会社の取締役会にホールディング組織のメンバーが入っている場合が多いことも影響している.

あとがき

　1970年代以降，資本主義経済は全般的に停滞基調に陥っているように思われる．米国経済の深刻な停滞と急激な拡大，欧州経済全体の停滞，日本経済の急激な拡大と深刻な停滞，またその延長線上での各国間の対立や国際通貨体制の動揺といった現象が，この停滞基調を裏付けている．とくに80年代になると，資本主義諸国はいずれも財政赤字に陥るとともに経済対立を深め，また旧社会主義諸国の激しい動揺や途上国の累積債務問題も表面化し，これらが世界経済の停滞を助長した．そしてこれらを背景に，資本や情報の急激な移動を中身とする経済のグローバル化という独特な波が作り出された．この波は，世界的な資本過剰や経済停滞を背景にしながらも直接的には米国に主導された規制緩和を起動力とし，またその波紋は膨大な情報を生み出すとともにその処理の必要性を高め，情報収集・処理のための技術的発展，いわゆるIT化を促した．こうしてグローバル化の波は規制緩和とIT化をともなって大きなうねりとなって世界経済に波及した．だが90年代に急激に発達したこの波は，停滞基調にある各国経済を直撃し，資本間競争の激化を通じて停滞を深化させた．停滞は，膨大な企業破綻と失業者を生み出しただけでなく，深刻な財政危機，さらにはカジノ経済やバブル経済と表現される激しい経済変動や各国間経済格差の拡大となって現れる．

　このような状況は，各国の経済システムの変容をもたらすとともに，経済システム自体の再編成を迫ることになる．欧州連合の成立や世界各地での共同市場の創設，2国間自由貿易協定の相次ぐ締結，さらにはWTO（世界貿易機関）の創設に見られるような国際的通商ルールの再構築などが再編成を特徴づけている．またこれらと並んで，構造改革を掲げる政権が世界各地で相次いで誕生している．いずれも，持続可能な経済体制の構築を旗印にして

いる．だが試みは，今までのところ必ずしも成功しているとは思われない．そればかりか，事態は一層深刻化しているようにすら見える．また，地球温暖化やエイズ患者の増大など，緊急に解決を要する問題が急浮上している．だがこのような各国間の協調を要する問題についても，足並みが揃っているとはいいがたい状況にある．さらに 2000 年代になると，戦争やテロという破壊行為が規模を拡大して世界中に蔓延し始めた．このような状況は，世界中の人々に強い閉塞感とストレスをもたらしているように思われる．そしてこの緊迫した事態は，各国政府に事態への早急な対応を要請するとともに，経済停滞や経済システム変容の実態と原因の早期の科学的解明を要求しているといってよい．

　そこで本書は，はしがきにも述べられているように，望ましい経済システムを模索することを共通の問題意識に据えて，現代経済システムが直面する諸問題を取り上げ，その実態と原因を追及しようとしたものである．

　第Ⅰ部では，資本主義の理論的分析を行うとともに，現状分析のための理論的基礎が与えられる．これは現状分析が単なる事実の羅列に終始することのないように，その方向性を提示するという意味を含んでいる．さらに，理論的分析の延長線上で望ましい経済システムに対する展望が指し示されている．第Ⅱ部では，日本の経済システムを経済動向や企業行動を切り口に分析し，その実態と問題点の検出を試みた．ここでは，とくに国民生活に直接かかわるものとして，雇用問題が強く意識されている．第Ⅲ部では，世界の経済体制を比較しながら今日の状況を特徴づけるとともに，その問題点を検出し，併せて今後の方向性を模索した．また，全体を通じて強く意識されているのは経済のグローバル化とその影響ならびに問題性についてである．事実，経済のグローバル化は様々な分野に，様々な形と程度で影響を及ぼしており，この問題は，とくに本書のように現代経済システムを直接の分析対象とする著作では避けて通ることのできないものとなる．とはいえ，問題の全容をとらえることはもとより，複雑に絡み合う諸問題の本質と解決の糸口を探し出すのは容易ではない．また方法を誤れば，問題とその解決の糸口を

ますます見えにくいものにしかねない．本書は，現代経済システムの諸問題の検出をめざしたものではあるが，ここで取り上げたのは諸問題の一部に過ぎず，分析の切り口も部分的であることは否めない．したがって，上記の学問的な要請に応えるにはさらに詳細な分析がなされねばならないことはいうまでもない．

なお本書は，本書編著者でもある鶴田満彦先生が2005年3月をもって中央大学を定年退職されるのを機に，その記念として計画されたものである．この企画が持ち込まれた当初，鶴田先生はこれになかなか同意されなかった．いつものことながら，私事の装いを避けるという思いから固辞されたことは容易に推察される．だが他方では，経済システムが大きな転換期を迎え，その実態解明という学問的要請が高まっている中で，何らかの形でそれに応える必要があるという認識は一貫して保持されていた．そこで，鶴田先生には，あくまでも研究書としての性格を崩さないという条件付で出版に同意していただいた．本書が鶴田満彦先生の定年退職記念という意味を持つにもかかわらず，先生自らに編著者になっていただくというやや変則的な体裁をとっているのも，あくまでも研究書としての出版へのこだわりからに他ならない．

鶴田先生は，1965年に中央大学に着任されて以来，学内外で重責を担われる一方で，数多くの著作物を世に送り出されてきた．本書の第Ⅰ部に示されるように，先生は現実に対して極端な悲観や楽観を排し，ただひたすら冷静かつ厳密な分析を行うことを学問的スタイルとして一貫して保持されてきたように思われる．この姿勢は大学院生に対する指導においても貫かれている．先生は，若手の研究者が陥りがちな一面的，一方的な見方に対して慎重に言葉を選びながらも絶えず警告を発しておられた．とりわけ，学問の場においては安易な憶測を限りなく排除する一方で，同時に人間は認識の誤りを犯すことをあえて受け入れ，それゆえにしっかりと論考し議論すべきであることを常に念頭に置かれて大学院生の指導に当たられてこられたように思われる．このような学問的厳密さを中身とする慎重さをベースにして，なおか

あとがき

つ必要に応じて大胆に問題を提起するという姿勢が数多くの著作，論考の随所に示されている．このことは，研究や発言領域の広さにも示されている．本書がコラムを設けているのは，ごく一部ではあるが鶴田先生の著作や研究領域を取り上げることで先生が辿ってこられた研究生活の一端を読者の皆様に紹介するという意味がこめられている．だが，コラムは単なる紹介ではない．ここに取り出された著作ならびに研究領域は，今日の問題を考察する上でも極めて有益な視点や分析領域を示すものとなっている．

また本書は，現代経済システムの分析を直接的課題としている．だがこれはあくまでも，望ましい経済システムの模索のための手段に他ならない．鶴田先生の数多くの著作に共通しているのは，まさにこの精神であるといってよい．そしてそこには，平和と共生のシステムに人間社会の持続的発展の条件を見出し，経済学的分析をそのようなシステムを模索するための手段として鍛え上げるという姿勢が示されている．本書もまた，このような精神のもとに企画されたものである．

とはいえ，本書の試みがどの程度その目的を果たしているかは，ひたすら読者の皆様の判断を仰ぐほかはない．ただ執筆者の1人として，本書が，読者の皆様にとって現代経済システムを考えるさいの何らかの手助けになることを願うと同時に，本書の精神の一端を感じ取っていただければ幸いに思う．そして当然ながら，本書の内容についての読者諸氏の忌憚のない批判については，これを心から歓迎したいと思う．

2004年12月

工 藤 昌 宏

事項索引

【欧文】

APEC（アジア太平洋経済協力会議） 236
ARPANET（アーパネット） 66
ASEAN（東南アジア諸国連合） 72, 81, 219-20, 222, 231, 233-7, 280
BIS（国際決済銀行） 206
BIS 規制 70
CIM（コンピュータ統合生産） 57
CMS（キャッシュ・マネジメント・システム） 143
COMECON（経済相互援助会議） 202
E コマース（電子商取引） 67, 80
EC（欧州共同体） 199-200, 204, 208, 210
ECB（欧州中央銀行） 202, 209, 211-2, 215-7
ECSC（欧州石炭鉄鋼共同体） 199-200, 204
ECU（欧州通貨単位） 208-9, 211
EEC（欧州経済共同体） 51, 199-200, 203
EFTA（欧州自由貿易連合） 203
EMS（エレクトロニクス・マニュファクチュアリング・サービス） 156-7, 159, 162, 168-9
EMS（欧州通貨制度） 201, 206-8, 210
EU（欧州連合） 72, 192, 199-200, 203-5, 213, 219-20, 223, 231, 234-8
EURATOM（欧州原子力共同体） 199-200
FMS（フレキシブルマニュファクチュアリング・システム） 66, 80
FTA（自由貿易協定） 222
GATT（関税と貿易に関する一般協定） 46, 50-1, 64, 71, 219
IBRD（国際復興開発銀行） 46, 49
ILO（国際労働機関） 187
IMF（国際通貨基金） 46-9, 51, 64-5, 67-8, 71-2, 74-5, 81, 187, 192, 206, 210, 224, 237, 274-5
IT バブル 74, 98, 153, 157-9, 162-3, 166, 169, 171
IT 不況 153-4, 157, 167, 169
M&A（合併・吸収） 97-9, 103-4, 116, 126, 185
ME（マイクロ・エレクトロニクス） 57, 66, 80
ME 革命 68, 80
NAFTA（北米自由貿易協定） 220-1, 231, 235
NATO（北大西洋条約機構） 41, 54, 204
NGO（非政府組織） 65, 72
OA（オフィス・オートメーション） 66, 80
OECD（経済協力開発機構） 51, 187-8, 202-3
OEEC（欧州経済協力機構） 51, 203
OPEC（石油輸出国機構） 55
SCM（サプライ・チェーン・マネジメント） 159, 162
SDR（特別引出し権） 210
UFJ グループ 134, 149
UFJ ホールディングス 124-5, 133
WTO（世界貿易機関） 64-5, 187, 219-21, 224, 232-7

事項索引

【あ行】

アジア型経済　236
アジアNIEs　43, 72, 81, 234, 280
アメリカナイゼーション　70, 191
アメリカン・スタンダード　70, 82, 185
アングロ・サクソン型資本主義　16
安定株主工作　45

インターネット革命　57
インフレターゲット論　109, 278

ウインブルドン化現象　118
ヴェトナム戦争　41-2, 53-4, 58, 67, 69
ウェルナー報告　201, 213
ウルグアイ・ラウンド　63-4

円売り介入　98
円高不況　96, 100
エンロン　124

オイル・ショック　43, 66, 68, 120
オイル・ダラー　68
オイル・マネー　81
欧州通貨危機　64
オタワ条約（対人地雷全面禁止条約）　195

【か行】

改革・開放　72, 81, 223, 226-7
科学的社会主義　16, 239, 242, 248, 253-4
貸し渋り　101
過当競争　30, 136
株式会社資本主義　29
株主資本主義　194
カルテル　30
関税同盟　200, 203, 206
管理通貨制　38, 46, 71

機関投資家　35
企業集団　33-5, 45, 104, 129, 133-4, 136-7, 139, 141, 148-51

企業の社会的責任　185, 187
規制緩和　58, 63, 70-2, 80, 96, 99, 107-8, 111, 113, 120, 129, 192, 234
擬制資本　29, 178
機能資本家　23
規模の経済　21-2, 24-5, 30
規模の不経済　34
キャピタル・ゲイン　32, 35, 115
キューバ危機　246
共産党宣言　65
京都議定書　74, 195
金庫株　97
銀行等保有株式買取機構　109
金・ドル交換停止　47, 55-6, 58, 67, 206
金融寡頭制　28, 32, 34-5
金融恐慌　98
金融グローバリゼーション　58, 64, 72, 75
金融資本　28, 32-5, 40, 68, 73-5, 88-90, 115
金融資本論　32, 36
金融ビッグバン　118-22, 124
金融持株会社　104, 119, 121-2, 124

グラースノスチ　247, 251
グローバリズム　63-4, 76, 82
グローバリゼーション　58, 62-9, 72-5, 82, 99, 101, 103, 182, 184-5, 188, 191-2, 195-7, 216-7, 255
グローバル資本主義　15, 57, 59, 61-2, 65, 74-6, 254, 260-1, 265, 267-8, 270, 272-3, 275-7
グローバル・スタンダード　64, 70, 82, 185, 193
軍産複合体　53, 60

経営者支配　45, 177
経営者資本主義　194
景気循環　12, 15, 19, 99, 213
経済財政諮問会議　111
経済システム論　14-5
経済団体連合会　45, 113
経済の軍事化　54-5

系列取引　45
系列融資　45
限界効用価値論　7

交換価値　4, 8-9
後期資本主義　17
構造改革　107-8, 111-3, 220, 273-4
郷鎮企業　226, 232
公的資金　97-8, 101, 108-10, 127
高度経済成長　51, 54, 174
国債依存度　110
国民負担　101-2, 106
国連環境開発会議（地球サミット）　196
ゴスプラン　252
国家資本主義　2
国家社会主義　39, 72
国家独占資本主義　15, 17, 39, 41, 43-6, 48, 50-1, 57-60, 66, 71
固定レート制　48-9, 56, 60, 68
古典的帝国主義　35
古典的独占資本主義　15
古典派経済学　5, 8
コーポレート・ガバナンス　284-6
コミットメントライン　143
コンツェルン　28, 33

【さ行】

歳入欠陥　105, 110
財閥解体　45
サッチャーリズム　58
サミット　58, 72
産業革命　18, 78, 83-4
産業空洞化　73
参入障壁　21-4, 27, 30, 36, 69, 88
参入阻止価格　25
三位一体の税財政改革　108
三和グループ　140-2, 151

自社株所有　97
市場原理主義　63, 70, 82, 260
支配の集中　28

資本主義のアジア化　80-1
資本の集積　21
資本の集中　21, 28, 103
資本論　4-7, 9, 12-6, 19, 21-2, 32, 36, 78, 88
社会的総資本　20, 195
社会的蓄積構造論　14
社会的労働　7
収穫逓増　21, 69, 82
自由競争的資本主義　12, 14-5, 19, 21, 24-5, 27
重商主義　17
終身雇用　45, 106
需給ギャップ　102
修正資本主義論争　13
準備預金制度　212
使用価値　4-5, 9
情報技術革命　66, 68-9, 74, 84
情報資本主義　15, 57, 60
情報通信革命　57-8, 67, 80, 82, 115
剰余価値　4-6, 9-10, 20-1, 184, 190, 196, 263
所有と経営の分離　26, 28-9, 177
新国際経済秩序宣言　58
新古典派経済学　5
シンジケートローン　143
新自由主義　71, 75, 111, 159, 191, 214, 274
新植民地主義　42-3
シンディケート　30

スタグフレーション　56, 58, 87, 201, 207
スネーク制度　201, 206-7, 210
スミソニアン体制　56, 206
住友グループ　140-2, 148, 150

成果主義　106, 113
政・官・財複合体　46
生産の集積　19, 21, 32-3, 88
ゼロ金利政策　98, 105
1917年革命　71, 79, 239
1929年恐慌　38, 71
全国銀行協会連合会　127

潜在的国民負担率　105

創業者利得　31-2, 35
相互持合　45, 105, 129
ソリューション・サービス　166
ソロー・パラドックス　153, 170

【た行】

第1次石油危機　55-6
第1次大戦　17, 35, 38-9, 250
第2次大戦　15, 38-40, 42-4, 46, 49-53, 55-60, 64, 71-3, 79, 81, 100, 199, 230, 249-50
第4次中東戦争　55
多国籍企業　51-2, 63, 73, 81, 120, 186-7, 220, 223-6, 231-2, 234-5
タックス・ヘイヴン　52, 73
多品種少量生産　57, 66, 80
単独行動主義　74-5

知的所有権　188, 192, 232, 272
チャーチル・プラン　202
中ソ相互援助協定　41
調整インフレ政策　56
朝鮮戦争　41, 50-1, 53, 204

通貨バスケット　205, 207-9

帝国主義　12-4, 17, 35-6, 38-40, 51, 71, 73, 243, 248-9
帝国主義論　12, 88-9, 243
デフレスパイラル　101, 278
テーラー主義　27
デリバティブ　58, 69, 119

東京証券取引所　111
投資銀行　31, 108, 118, 122
独占価格　25
独占資本主義　12, 14-5, 18-9, 24-7, 30, 42, 87-9
独占利潤　25, 31, 88
特別利潤　25

トービン税　270
トラスト　28
ドル危機　48, 206, 210
ドル本位制　67
トルーマン・ドクトリン　41, 50, 202
トレーサビリティ　185
ドロール報告　201, 213

【な行】

ニクソン・ショック　48, 55-6, 67, 69, 80-1
日米安全保障条約　41, 45, 54
日米円ドル委員会　100, 121
日本型資本主義　16, 102
日米構造問題協議　100
日本経営者連盟　113
日本経済団体連合会　113
日本的経営　106, 192
ニュー・エコノミー　70, 153
ニューディール　43-4, 59, 194

ネップ　79, 243-5, 249
年功型賃金　106
年功序列　45, 106

【は行】

パクス・アメリカーナ　40-3, 46-7, 52, 58-9, 69, 82
パクス・コンソルティス　59
パクス・ブリタニカ　52
バブル経済　87, 96, 99, 101
バブル崩壊　101, 103
範囲の経済　34
反グローバリズム　65, 270

東アジア経済共同体　221, 236-7
東アジア通貨・金融危機　64, 72
必要最小資本量　18, 22-5, 28, 30, 57, 177

双子の赤字　68, 82
芙蓉グループ　141, 148, 151
プライマリー・バランス　98

プラザ合意　100
不良債権　97-9, 101, 105, 107-8, 229-30
ブルジョア民主主義革命　244, 249
フルセット型産業連関　143, 147-51
ブレトン・ウッズ体制　46-8, 50, 52, 56-8, 67, 81, 205-6
プロジェクトファイナンス　143
ブロック経済　39, 50, 71
プロレタリア革命　240-1

ペイオフ　108-10
ベヴァレッジ報告　40, 45
ヘッジ・ファンド　73, 114, 268
ベルリンの壁　247
ペレストロイカ　247-8, 251, 253
変動相場制　47, 56, 68, 206-7

包括的核実験禁止条約　74
法人資本主義　45
ポスト・フォーディズム　56, 60
ポスト・マテリアリズム　85

【ま行】

マーシャル・プラン　48, 50-1, 202, 206
マーストリヒト条約　201, 204, 207
マーチャント・バンク　31
マネーサプライ　109, 212
マルクス経済学　2-4, 6-11, 16, 22, 91-2

みずほグループ　135, 152
みずほフィナンシャルグループ　116-7, 125, 132, 134-5, 150
三井グループ　140, 142, 148, 150
三井住友フィナンシャルグループ　116-7, 125, 132
三菱グループ　135, 140-2
三菱東京フィナンシャル・グループ　116-7, 124-5, 132-4
民営化　58, 71, 108, 111, 113, 118, 127-8

ムーアの法則　159

メインバンク　45, 139, 143-5, 147-9
メキシコ通貨危機　64

持株会社　97, 104, 119, 124, 126, 132-3, 137-8
モネ・プラン　203
モラルハザード　98

【や行】

安上がりの政府　19, 36

郵政事業の民営化　110, 126
ユーロ・カレンシー　68
ユーロ・ダラー　49, 68
輸出至上主義　100
ユニバーサル・バンク　31

ヨーロッパ型資本主義　16

【ら行】

利潤率均等化　27
利潤率の低下　24, 79
量的金融緩和　108-10

冷戦　40-2, 44, 49-50, 53-4, 60, 74, 79, 204, 247, 249
レーガノミクス　58, 68, 82
レギュラシオン理論　14
連邦預金保険公社（FDIC）　124

労働価値論　5-11
労働の社会化　13
6大企業集団　131, 141, 148, 152
ロシア社会主義革命　79, 239, 248
ロシア通貨・金融危機　64
ローマ条約　200

【わ行】

ワイマール体制　45
ワルシャワ条約　41
ワールドコム　124

執筆者紹介 (目次順)

鈴 木　　 健　　桃山学院大学経済学部教授（第Ⅰ部コラム，第Ⅱ部第8章）
佐 藤 智 秋　　愛媛大学法文学部助教授（第Ⅰ部コラム）
工 藤 昌 宏　　東京工科大学バイオニクス学部教授（第Ⅱ部第6章，第Ⅱ部コラム）
山 田 博 文　　群馬大学教育学部教授（第Ⅱ部第7章）
藤 田　　 実　　桜美林大学経済学部教授（第Ⅱ部第9章）
跡 部　　 学　　秋田経済法科大学経済学部助教授（第Ⅱ部コラム）
神 山 義 治　　北海学園大学経済学部教授（第Ⅲ部第10章）
上 川 孝 夫　　横浜国立大学大学院国際社会科学研究科教授（第Ⅲ部第11章）
岩 田 勝 雄　　立命館大学経済学部教授（第Ⅲ部第12章）
長 砂　　 實　　関西大学名誉教授（第Ⅲ部第13章）
佐々木 康 文　　福島大学行政社会学部助教授（第Ⅲ部第14章）
渡 辺 博 子　　(財)機械振興協会経済研究所研究副主幹（第Ⅲ部コラム）
井 本 沙 織　　中央大学兼任講師（第Ⅲ部コラム）

編著者紹介

つる た みつ ひこ
鶴 田 満 彦

中央大学商学部教授．1934年中国東北ハルビン市で生まれる．1958年東京大学経済学部卒業，1963年同大学院社会科学研究科博士課程単位取得．経済学博士．

主著 『独占資本主義分析序論』有斐閣，1972年．『現代日本経済論』青木書店，1973年．『現代政治経済学の理論』青木書店，1977年．『経済学』（置塩信雄，米田康彦と共著）大月書店，1988年．『現代経済システムの位相と展開』（編著）大月書店，1994年．『グローバル化のなかの現代国家』（渡辺俊彦と共編著）中央大学出版部，2000年．『講座資本論体系第10巻 現代資本主義』（北原勇・本間要一郎と共編）有斐閣，2001年．

現代経済システム論

2005年2月10日　第1刷発行

定価（本体3200円＋税）

編著者　鶴　田　満　彦

発行者　栗　原　哲　也

発行所　株式会社 日本経済評論社

〒101-0051 東京都千代田区神田神保町3-2
電話 03-3230-1661　FAX 03-3265-2993
振替 00130-3-157198

装丁・奥定泰之　　　　　中央印刷・美行製本

落丁本・乱丁本はお取替えいたします　　Printed in Japan
© TSURUTA Mitsuhiko et al. 2005
ISBN4-8188-1748-1

Ⓡ〈日本複写権センター委託出版物〉
本書の全部または一部を無断で複写複製（コピー）することは，著作権法上での例外を除き，禁じられています．本書からの複写を希望される場合は，日本複写権センター（03-3401-2382）にご連絡ください．